DANILO MEJÍA

COPÁN Y LA IRA DE LOS DIOSES

ERANDIQUE
COLECCIÓN

COPÁN Y LA IRA DE LOS DIOSES
Danilo Mejía

©Colección Erandique
Supervisión Editorial: Óscar Flores López
Arte de portada: Dulcemaría Mejía
Diseño de portada: Andrea Rodríguez—Mariana Turcios
Administración: Tesla Rodas
Director Ejecutivo: José Azcona Bocock
Primera Edición
Tegucigalpa, Honduras—Mayo de 2025

DEDICATORIA

A mis hijas, Andrea y Dulcemaría, este pequeño regalo para que se sumerjan en las maravillas de Copán y descubran la grandeza de la civilización maya.

A mi esposa Hilda, mi cómplice en cada aventura, mi refugio en cada tormenta.

A mi madre, el origen de mis sueños, la raíz de mi ser.

A mi padre QEPD, cuya ilusión de ver su propio libro impreso, hoy es realidad en éste.

A Óscar, Lisseth, Ninfa y Adalberto QEPD, mis hermanos queridos.

AGRADECIMIENTOS

Un agradecimiento especial a Jens Rohark, por su apoyo invaluable para esta obra y su compromiso con el legado de nuestra historia ancestral.

A todos los epigrafistas, historiadores y arqueólogos del mundo maya, exploradores incansables que, con sus herramientas y conocimientos, desvelan los misterios de nuestra historia y nos dejan ver la complejidad y belleza de la cultura y cosmovisión maya.

Al Instituto de Antropología e Historia de Honduras por abrirme las puertas del CRIA, un mundo fascinante.

Al Departamento de Historia de la Universidad Nacional Autónoma de Honduras por sus aportes de datos relevantes.

INSPIRADO POR LOS DIOSES

Danilo Mejía ha escrito un libro hermoso, mágico, lleno de imágenes tan reales, que uno tiene la sensación de que solo hay que estirar la mano para tocarlas.

Mejor debut como escritor, imposible, pues la portada es de Dulcemaría, su hija. ¡Felicidad doble!

Pero la poeta y editora Melissa Merlo entrega en el prólogo un resumen perfecto de Copán y la ira de los dioses, así que no es necesario entrar en detalles.

Además, quiero permitir que el lector disfrute de la experiencia de leer lo que Danilo creó, impulsado por su pasión por la cultura maya.

Y es precisamente de esa pasión-locura que Danilo siente por esa civilización misteriosa de lo que les quiero hablar.

Eso es algo que me quedó claro desde que lo conocí a inicios de diciembre del año pasado. Emocionado, desbordado por la alegría —era como un niño —, Danilo me habló de los mayas, de su amor por ellos, de su deseo de que los hondureños (y el mundo) sepan más de sus contribuciones a la historia de la civilización.

Me mostró unos códices, me reveló sus planes, me contó de sus lecturas, me dio un dato tras otro sobre los mayas.

"Nunca es tarde para encontrar el verdadero propósito de la vida. El mío es expandir la cultura maya", me dijo.

Sin leer una sola palabra de Copán y la ira de los dioses, supe desde el primer momento que COLECCIÓN ERANDIQUE debía publicarlo. Y aquí estamos.

Fue en esa primera conversación que cometí el "error" de decirle a Danilo que podía llamarme cualquier día de la semana, incluso los sábados y domingos.

Digo "error" porque Danilo, en su emoción, me escribió durante este proceso editorial a todas horas (temprano y tarde), los sábados y domingos… incluyendo los feriados.

Claro, por distintas razones no siempre pude contestarle, pero él puede atestiguar que fueron pocas.

Como editor, leí el libro con cuidado y ojo crítico. Salvo algunas pequeñas correcciones (especialmente en el acabado de los diálogos), puedo garantizar que el lector disfrutará de Copán y la ira de los dioses, la primera de muchas obras que, estoy seguro, Danilo aportará a la bibliografía nacional.

Se ve que los dioses lo inspiraron.

No sé —es una pregunta pendiente— las razones por las cuales Danilo publica hasta hoy su primer libro. Como sea, la espera valió la pena, pues no solo es un erudito sobre la cultura maya, sino que, además, es un excelente narrador.

¿Cuál será su próximo libro? Seguramente sobre los mayas; seguramente otra obra que nos sorprenderá.

Danilo Mejía es una gran noticia para la literatura hondureña. En lo personal, ¡cómo me gustaría que Copán y la ira de los dioses reciba el reconocimiento que se merece!, cosa que no es fácil en este país que desayuna, almuerza y cena política.

Le agradezco a Danilo por la oportunidad de acompañarlo en su primera experiencia literaria. He tenido la dicha, asimismo, de descubrir a una persona entusiasta pero sencilla, estudiosa pero humilde, experto en los mayas pero sin poses de grandeza.

Ahora, a disfrutar de Copán y la ira de los dioses.

Querido Danilo: ¡¡¡Felicidades por este gran libro!!!

Ah, por cierto: su papá debe sentirse muy orgulloso de usted.

ÓSCAR FLORES LÓPEZ
Editor Colección Erandique

BAJO EL MANTO DE LOS DIOSES
PRÓLOGO

En este momento tan significativo para el reconocimiento de la literatura hondureña y centroamericana, Danilo Mejía nos presenta su primera obra, una extraordinaria novela que desde ya merece un lugar en todos los hogares de la región. Copán y la ira de los dioses trae consigo una fuerza inédita, ya que es la portadora de la historia de los mayas de Copán como nunca antes se había contado. Esta novela, con seguridad, se convierte en un portal de conexión con nuestras raíces. A través de sus páginas, Mejía evoca los genes de nuestros ancestros mayas, impregnando su narrativa en nuestra piel y esencia, recordándonos la riqueza de nuestra herencia cultural. Con mucho entusiasmo felicito al autor y a la editorial Erandique por esta acertadísima publicación, especialmente en una época donde la construcción de nuestra identidad ha cobrado una relevancia crucial.

Uno de los grandes desaciertos de nuestro sistema educativo, a lo largo de las últimas dos centurias, ha sido tergiversar, acomodar y casi anular la historia de nuestros antepasados provenientes de los grupos originarios, en este caso, los mayas de Copán. Lo que estudiamos desde el currículo nacional apenas y se acerca a la realidad. En esta época, desde la primera década del siglo, es de reconocer los trabajos históricos de Jorge Alberto Amaya, uno de los pocos historiadores que ha dedicado su vida a escudriñar, investigar y reconstruir la historia de Honduras desde la mirada de nuestros pueblos ancestrales y de los pueblos de otras regiones del mundo que llegaron a estas Honduras. Asimismo, es de mencionar la obra del historiador Guillermo Varela. Para la literatura, los procesos investigativos son cruciales, y aunque la ficción es el espíritu que le da vida a los personajes, los hechos narrados se basan en el efecto mágico que la realidad plantea.

Detrás de la construcción narrativa de Copán y la ira de los dioses, hay un encuentro profundo entre el autor y la historia. Danilo Mejía, originario de Copán, artista de la música, amante de la filosofía y de corte altamente humanista, posee una curiosidad innata sobre todo lo referente a la historia de los mayas. Su afán lo llevó a lecturas pertinentes a la desaparición de los mayas, a los hechos que marcaron la grandeza de su conocimiento y al estudio de un lenguaje que se ha reservado para pocos. Mejía ha dedicado parte de su vida al estudio autodidacta de la cultura maya y hoy, con su novela, ha entrelazado sus pensamientos, estudios y experiencias, para darnos una obra con matices que invitan a una lectura que explora nuevas dimensiones del ser y de la identidad hondureña.

Desde la perspectiva de esta novela, veremos a los mayas como una cultura que pasa por varias etapas en la construcción de su propia identidad. Una cultura que, como muchas en el planeta, se entregó al destino que los dioses habían pactado para ellos. Hay una visión clara de cómo las deidades, obviamente creadas y recreadas por las mentes más astutas, cargan con el sentido de los destinos de cada habitante, y al mismo tiempo marcan todos los procesos de la vida, desde las marcas de nacimiento hasta la forma de morir. La lluvia, la fertilidad, la agonía, las siembras, el conocimiento y todo lo relacionado con el fluir del tiempo, estaba controlado por la forma en que los sabios mayas, en que los entendidos que rodeaban al rey, los interpretaban.

El autor es particularmente hábil en el desarrollo de la trama y de su planteamiento. Los augurios, los presagios, malos y buenos, extraídos del tuétano propio de la cultura maya, son los que conducen la novela. Desde el inicio, el destino, desde sus diferentes nombres de dioses y diosas, marca el final, un final que sorprende y que dejará en los lectores y lectoras la necesidad de más. El ser humano siempre quiere controlar su destino, pero no siempre trabaja para lograrlo. Nacemos marcados por los estereotipos de nuestra casa materna, de nuestro pueblo o ciudad o región. Por décadas hemos repetido la profesión de nuestros padres y por milenios hemos creído que fuerzas sobrenaturales controlan nuestro destino. Pues aquí encontraremos la respuesta de dónde hemos sacado esa forma de pensar, de creer en el destino.

En Copán y la ira de los dioses, Mejía entrelaza con maestría los nombres de sus personajes con significados profundos de la vida cotidiana y de la rica cosmología de la civilización maya. A través de estos nombres el autor otorga autenticidad a sus personajes, y establece un diálogo constante y fantástico entre el mundo humano y el divino. Para los lectores y lectoras estos nombres tendrán, al principio, un velo de misterio en su significado y en su pronunciación, que con el tiempo se irá develando y los nombres lentamente comenzarán a ser parte de nuestro acervo. El tratar de decirlos en voz alta es casi como darles vida. Son especiales, creados con esmero por el autor y basados en la historia maya. Difíciles de pronunciar, fáciles de amar.

Y es así como Chan Ik'Tok', Cielo Negro Pedernal, K'in Nah Taj, El Sol la Primera Luminaria, sugieren una conexión con los elementos naturales y divinos. Uno se inclina a un destino oscuro y el otro a uno prometedor. La fuerza, como la fragilidad de la vida, forma parte de la esencia de los nombres de la novela, en donde el presagio es el apellido de todos. La dualidad de la existencia y su lucha por encontrar su lugar entre los mortales y los dioses está definida en los nombres de los personajes. Nadie puede escapar a su destino. Waxaklajuun Ub'aah K'awiil, Las Dieciocho Manifestaciones del K'awiil, nombre que une a las deidades con la realeza, enuncia poder y transformación. Su nombre y su conexión con los dioses lo sitúa en el centro de la trama, enfrentando las adversidades con la fuerza de sus ancestros, pero aceptando el infalible destino.

A través de estos nombres, el autor construye personajes memorables y a la vez rinde homenaje a la extraordinaria herencia cultural maya. Cada nombre actúa como un hilo de la urdimbre que trenza los relatos de los personajes con la historia y la cosmovisión de la civilización maya. La inclusión de elementos tan significativos en los nombres permite que la lectura propicie una experiencia inmersiva y reflexiva, invitando a explorar las complejidades de la vida y la divinidad. La originalidad de los personajes reside en su capacidad para representar a individuos únicos, buenos y malos, leales y traidores, que podemos relacionar con nuestras lecturas del mundo. Los nombres, como sello que trasciende el tiempo, nos permiten un vistazo a la sabiduría ancestral de los mayas.

Para los mayas, ha sido de suma importancia dejar su huella en el mundo y no hay mejor forma de hacerlo que con el lenguaje. Su sistema de escritura jeroglífica, combinación de logogramas y silabogramas, con los que representan desde conceptos hasta acciones, fue la forma de llegar hasta nosotros. Danilo Mejía nos muestra en esta novela, respaldado en el poder que da el conocimiento, la belleza conceptual de la escritura maya y la armoniosa forma de diseñar sus lienzos de amate y las piedras y materiales sólidos que perpetuarían su cultura hasta ahora. La poesía, al estilo maya, se inmortaliza en esta obra y nos llega desde el aroma del papel de amate, que es el elemento sutil que la representa. Cada verso está cuidadosamente elaborado, jugando con la sonoridad y la cadencia, metáforas únicas que permiten la entrada a un paisaje sensorial donde las imágenes evocadas dan paso a emociones y pensamientos. La utilización de metáforas, comparaciones y simbolismos son coherentes con la temática de la vida, la muerte y la espiritualidad, y son parte fundamental de la trama.

El lenguaje literario empleado en la novela por Mejía se destaca por su riqueza y complejidad, convirtiéndose en un elemento fundamental para contar la historia. El autor logra un entramado de imágenes que permiten visualizar la cosmovisión maya, fusionando lo cotidiano con lo divino. Esta técnica embellece la narrativa y profundiza la conexión emocional de los lectores con los personajes y su entorno, permitiendo que las experiencias sean palpables, altamente sensoriales. Las descripciones de personajes, lugares y escenas logran ese viaje tan necesario de quien lee hacia las maravillas de los mundos ficcionados.

Las metáforas, por ejemplo, se utilizan para enriquecer la narrativa, transformando elementos de la naturaleza en símbolos de vida, muerte y renacimiento. Al describir un amanecer como "el renacer del sol tras la tormenta", el autor nos da un cuadro visual que llena el momento con un significado más profundo, sugiriendo la esperanza que surge después de la adversidad. Estas imágenes poéticas son reflejo de una mente literaria que se preocupa por cada palabra, elevando la prosa a un nivel artístico que también logra separar el lenguaje del narrador del de los personajes.

Asimismo, la cuidadosa construcción del lenguaje nos muestra a un autor comprometido con la claridad y la profundidad del texto. Cada frase está diseñada para fluir con naturalidad, logrando un equilibrio entre la complejidad léxica y la accesibilidad. Esta dedicación se manifiesta en la forma en que las descripciones detalladas y las reflexiones filosóficas se entrelazan sin esfuerzo, ofreciendo a los lectores una experiencia envolvente y reflexiva. La narrativa audaz del autor se complementa con un lenguaje poético que embellece la obra. Las palabras han sido elegidas cuidadosamente para transmitir la información y para permitir saltos en la trama que conducen al pasado y al futuro, utilizando los recuerdos, los sueños y los presagios como máquinas del tiempo.

Con esta primera obra, Danilo Mejía asume su compromiso con la literatura y nos entrega una obra sin comparación, candidata a la saga. La recibimos como se merece, con buenos presagios. En nuestros genes viaja, inquebrantable, la esencia vital de los mayas. Seguimos viviendo, en cierto modo, bajo el manto de los dioses y las diosas. Disfrutemos entonces esta lectura que se ha convertido, desde ya, en una pieza fundamental de nuestra literatura y nuestra historia.

MELISSA MERLO

Danlí, febrero de 2025.

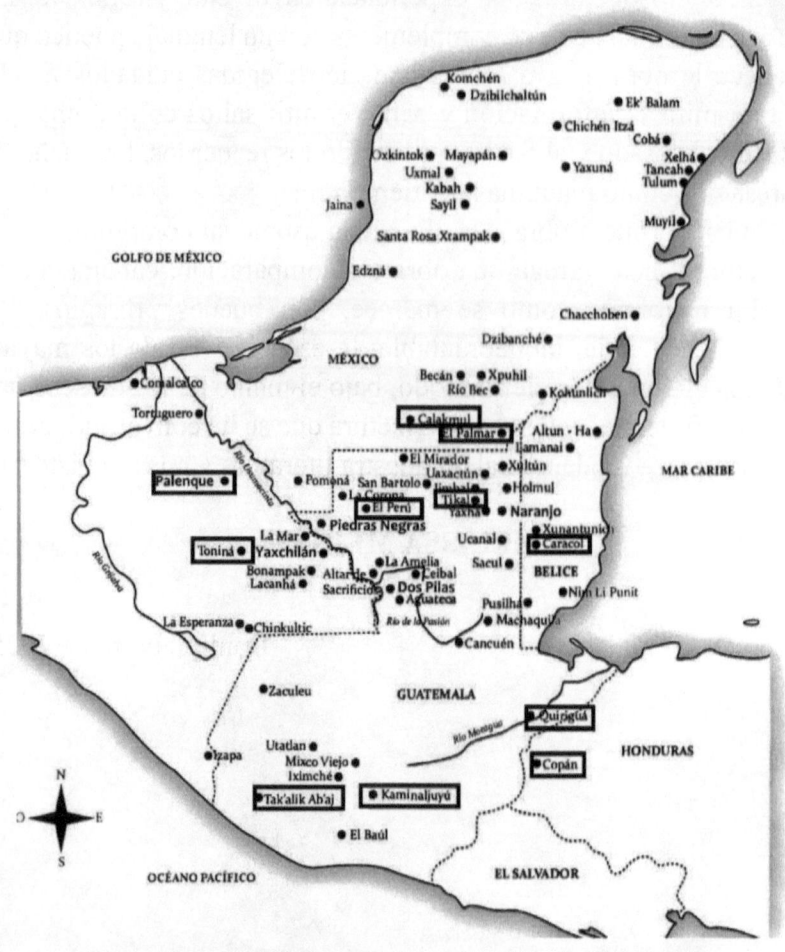

MAPA DEL MUNDO MAYA CLÁSICO

(250-900 d.C)

Copán: Uxwitik

Quiriguá: Ik' Naahb' Nal

Tikal: Yax Mutal

Calakmul: Oxte'tuun, Chiik Naab'

El Palmar: Sak Ho'ok

Palenque: Lakam Ha'

LA MARCA DE VENUS

Una choza maya al borde de la selva. Es un lugar en el que ni el paso de los días ni las urgencias de los hombres logran quebrar la paz que envuelve su esencia. El sonido de la naturaleza es constante, perenne, majestuoso. Desde fuera de la choza, un hombre, de pie, observa el cielo estrellado. Un pequeño fuego que parpadea cerca y el resplandor titilante de la cercana ciudad de Uxwitik iluminan su rostro, marcado por la preocupación. Su corazón, atrapado en un mar de presagios, palpita inquieto. Intenta reprimir el impulso de sentir, de intuir siquiera, tratando de acallar esa sensación. Sin embargo, esa noche, el aire mismo parece conspirar contra su voluntad. Denso. Cargado de una tensión palpable. Envuelve todo en un halo de inquietud que se filtra en el alma.

Esa tarde, Cha Kej preparó el espacio con devoción silenciosa, como si cada gesto estuviera impregnado de la fuerza de los ancestros. Mientras el viento templado susurraba entre las cañas, barrió cuidadosamente la zona del hogar donde su esposa daría a luz. Lo hizo con la precisión de quien entiende que cada partícula de polvo, cada brizna de paja, deben ser apartadas para abrir camino a la nueva vida que pronto respiraría el aire sagrado de su pueblo. Amarró una soga alrededor de la viga con sumo cuidado, midiendo con los ojos la talla y el peso de su amada, para que pudiera aferrarse cuando el dolor de las contracciones la desgarrara como la tierra cuando el maíz lucha por emerger.

Al final de los arreglos en su casa, se dirigió al río, al lugar donde el agua reposa más tranquila. Aquella donde los reflejos de los árboles y las nubes se deslizan suavemente, creando un espejo perfecto, limpio y sereno. Sumergió las manos en esa claridad pura, recogiendo en un cuenco grande el agua más fresca, la más viva, como si en su frescura se contuviera la fuerza que su esposa necesitaría en las horas por venir. Respiró hondo, mirando al cielo. Todo estaba listo. Los preparativos, los ritos, los nudos, el agua. Pero… ¿estarían listos sus corazones? Quizá, después de todo, esa era la verdadera ofrenda que los dioses aguardaban: la entrega absoluta a lo desconocido, a ese vacío que llamamos esperanza.

Adentro, los jadeos y los gritos desgarran la quietud de la madrugada, como si el sufrimiento hubiese quedado impreso a calor en el tejido mismo del silencio. Los gestos de dolor que imagina esculpidos artificialmente en el bello rostro de su joven esposa le parecen una máscara trágica que desafía la serenidad del amanecer. La ola de acontecimientos en la casa, mezcla de angustia y esperanza, lo consume. La vieja partera, con el cuenco de agua fresca, paños de algodón y la parafernalia necesaria, asiste el nacimiento de su primer hijo.

Lo aciago de aquellos cinco días por terminar y el hecho de que pronto amanecerá, son una carga en su espalda difícil de describir. Él la siente y entiende como un espeso y fastidioso miedo. Una fuerza lo impele a observar el cielo. En sus ojos se refleja de súbito el rojo fulgor de la estrella roja. Marte inicia su aparición. El miedo se vuelve terror. Intuye que Venus está cerca. Se acurruca entre las raíces de un árbol ancestral. Siente que las piernas no lo sostienen. Habla. No sabe si sus palabras son una súplica a los dioses o un consuelo que busca espantar el miedo. En la inquietud de aquella noche, su voz se alza, dudando entre el clamor desesperado y el murmullo que calma el alma inquieta.

—Mi corazón late con la fuerza de un jaguar en la noche. K'ahk'al Ek', la roja, ya ha asomado su rostro en el cielo. ¿Será este un presagio de sangre? El ciclo se repite, como siempre, pero hoy parece diferente. Más amenazante, más lleno de significados que no alcanzo a entender. Mi hijo… mi hijo está por llegar a este mundo, no sé si será bajo el manto de la bendición o la sombra del infortunio. Dicen los ancianos que Chak Ek', la que se levanta como estrella de la mañana —la llaman con suma reverencia Jun Tayal Chan Ajawtaak, los Señores Brillantes del Cielo que son Uno—, es la portadora de malos augurios.

Oscurece al Señor Sol y sacrifica a la luna cubriéndola con un manto rojo. Siempre la he temido, pero nunca tanto como ahora. Aparecerá pronto, lo presiento. Su luz brillante cortará la oscuridad, y con ella, traerá ruina a nuestro hogar. Pero ¿qué puedo hacer? ¿Cómo proteger a mi hijo de las estrellas y sus caminos insondables?

—¡Oh Chaahk, dios de la lluvia y el trueno, que mi hijo nazca bajo la protección de tus nubes y no bajo la maldición de este lucero del cielo! Porque si Chak Ek' trae consigo la guerra y la destrucción, ¿qué será de nosotros? ¿Qué destino aguardará a mi hijo en un mundo gobernado por estos augurios? —mira desesperado a todas partes buscando respuestas—. ¡Ix Chel, diosa de la vida y la muerte, te imploro! Guía a mi mujer, dale fuerza en este momento crucial. Que el nacimiento sea sin dolor, sin miedo. Mi alma tiembla ante la incertidumbre, y solo en tus manos deposito mi esperanza.

—Oh dioses, si esta es la noche en que los astros se alinean para traer la desgracia, que la enfrente yo solo. Que mi hijo nazca puro, limpio de malos augurios. Y si he de ofrecer algo, ofrezco mi propia vida. Que los dioses me escuchen, que la tierra me devore, pero que mi hijo nazca libre de un destino adverso.

Se queda en silencio, la vista perdida en las estrellas. Mientras, el sonido de la naturaleza continúa a intervalos con los de su casa. La luz del fuego disminuye. Se oculta, buscando refugio donde el fulgor de aquella estrella no pueda alcanzarlo. Impotente ante el tiempo, Venus aparece con el primer llanto del hijo, y el sol, indiferente ante la pequeñez de aquel hombre, traza la ruta del inicio del día que inaugura aquella vida. Es el día 11 Kimi 4 Uayeb', fecha nefasta por demás. Nace bajo el reinado de Waxaklajuun Ub'aah K'awiil, a unas horas del año nuevo.

El temor del padre no era infundado. Aquella madrugada, apenas un poco más de dos horas después de haber aparecido Marte, Venus asomó potente, alineándose con aquel en dirección este-sur hasta que K'in Ajaw, el Señor Sol, los borró de la vista. La suerte estaba echada. Habrá que continuar con los ritos de advenimiento. No puede mentir sobre esto. Habrá que declarar su día real de nacimiento al sacerdote, aunque el presentimiento paralice y hiele el alma.

Consciente de que el sacerdote en la ciudad de Uxwitik probablemente pronunciaría augurios nefastos sobre el nacimiento de su hijo y temeroso de que descubriera la mancha en su cuerpo, emprendió el camino hacia Copán. A pesar de sus temores, sabía que los ritos de nacimiento debían realizarse, y así, con el corazón dividido entre la esperanza y el miedo, se dispuso a enfrentar el destino que le aguardaba.

La ciudad mostraba aún los rastros de la gran celebración de Año Nuevo, una festividad de renovación y profunda devoción. En cada esquina de la ciudad, simbolizando los cuatro árboles sagrados, sostenes del mundo, se alzaban braseros bellamente labrados, todavía humeantes, custodiados por sirvientes y sacerdotes, quienes mantenían viva la llama del ritual. El aire aún retenía el aroma de las carnes sacrificadas, un perfume de ofrenda que se negaba a desaparecer. Gran cantidad de sirvientes, escobas en mano, recorrían las plazas y templos, barriendo los últimos vestigios de la fiesta que apenas había concluido, mientras la ciudad, lentamente, retornaba a su respiración cotidiana.

Observando todo esto a su paso, Cha Kej llegó al centro religioso y administrativo de despachos de la antigua Copán con su hijo en brazos, el sudor perlaba su frente y su corazón latía con una mezcla de expectación y desconfianza. A su alrededor, los majestuosos edificios se alzaban como guardianes silenciosos de un poder al que él apenas osaría acercarse. Cada paso que daba sobre el blanco pavimento parecía un desafío, y su único anhelo en ese momento era que el sacerdote que lo atendiera fuera un hombre comprensivo. Había escuchado demasiadas historias sobre la severidad implacable de aquellos que, desde lo alto, echaban a los humildes miradas de desdén.

Mientras avanzaba hacia la entrada, sentía la intensidad de la mirada de los guardianes y escribas, pero, sobre todo, la angustia de su propia incertidumbre. Su hijo, dormido, representaba mucho en el mundo. Sabía que, en esos salones, muchos de los suyos habían sido rechazados con palabras frías y sentencias tajantes. A menudo se decía que las puertas del conocimiento y la ayuda solo se abrían para quienes ostentaban linajes ilustres, mientras que los de abajo quedaban atrapados en el mismo ciclo de sombras y privaciones.

Aun así, no podía permitirse el lujo del miedo. Su hijo dependía de él, y, mezcla de humildad y desesperación, cruzó el umbral esperanzado de que, en esa ocasión, los dioses serían más generosos, y que el sacerdote, en vez de juzgarlo por su posición, viera en sus ojos a un padre que solo cumplía con los protocolos establecidos.

Después de hacerle aguardar deliberadamente durante horas, finalmente se presentó el sacerdote de turno. Su porte orgulloso y altivo resaltaba con cada ornamento que pendía de su atuendo sagrado. Avanzó con la solemnidad de quien se sabe dueño de las miradas y, al posar sus ojos en Cha Kej, apenas le dedicó un vistazo, uno en el que el desprecio se dibujaba sin pudor. Con desdén evidente, se acomodó sobre la estera y, alzando una mano en un gesto de indiferente autoridad, ordenó al campesino que hablara, como quien se digna a oír los asuntos de alguien muy distante de su mundo.

—Gran sacerdote, vengo en busca de tu sabiduría. Mi hijo nació hace dos noches en la villa junto al río, a un día de viaje por el camino blanco.

El sacerdote, sabiendo del acontecimiento de alineación de Marte y Venus la madrugada de ese día, y con pleno conocimiento de la fecha, mirando al pobre hombre humillado ante él, con ojos entre severos y asombrados, le dice:

—La fecha que mencionas es 11 Kimi 4 Uayeb'.

Entorna los ojos al tiempo que emite un ronroneo, se incorpora de un salto y, con un giro abrupto y teatral, ensayado hasta la perfección, se adentra en una habitación contigua. Desde allí, se escuchan responsos, oraciones y murmullos que a Cha Kej le parecen cantos profundos. Después de un rato, casi eterno, regresa con un objeto que, sin duda, es de gran valor, pues lo lleva envuelto en un lienzo finísimo, ricamente decorado con trozos de lo que parecen ser conchas rojas y blancas, precisa y bellamente trabajadas, seguramente traídas de un lugar lejano. Con cuidado reverente, deposita el bulto sagrado sobre una banca de piedra, situada a la izquierda de la entrada de aquella estancia. Cae de rodillas en una reverencia prolongada ante aquel enigmático objeto oculto, recitando fórmulas monótonas que aumentan en intensidad con sendos aspavientos, como si intentara conjurar poderes arcanos a punto de ser liberados. El padre —carga el niño en brazos—, se siente pequeño ante la escena.

El sacerdote, con delicadeza, comienza a descubrir el objeto, revelando un artefacto rectangular, cubiertas sus tapas con piel de

23

jaguar. Se reincorpora lentamente, como siguiendo el compás mismo del tiempo, y, dando fuertes palmadas, ordena a un sirviente que avive las brasas y alimente el sahumerio. Un olor penetrante, mezcla de copal y otras fragancias, inunda el aire, y en medio de la densa nube de humo, todas las figuras —sacerdote, sirviente, niño y hombre— se desvanecen.

Al disiparse la nube, como si salieran del placentero letargo de un sueño antiguo, el sacerdote abre el preciado objeto. Las láminas se despliegan, formando un biombo que revela finas figuras y colores que oscilan entre un verde azulado, amarillos terrosos y un rojo intenso, casi abrasador. Dentro de espacios rectangulares, separados por trazos rojos en tenues tonalidades, se vislumbran imágenes. Lo que parecen palabras se alinean en columnas pares, como los granos de una mazorca, sobre las figuras de personajes ataviados como dioses. Esos signos, semejantes a los que adornan las estelas en la gran plaza, están trazados con exquisita precisión en negro profundo.

Su dedo índice se desliza sobre aquellas páginas, mientras entorna los ojos y sus labios se pliegan en un gesto de concentración. El tiempo parece detenerse cuando su mano, finalmente, cesa su movimiento. Con el dedo aún posado sobre el bello códice, con una severidad que roza lo divino, gira hacia el hombre y el niño. Su voz surge entonces, solemne y cadenciosa, como un canto antiguo que oscila entre graves y agudos. Quien lo escuchara podría imaginar, en cada sonido, el sinuoso y enigmático deslizarse de una serpiente mítica. Sus palabras, emitidas en bocanadas, envueltas en un aire casi tangible, son de una verdad ineludible.

—Kimi está asociado a la muerte y la transformación, mientras que Uayeb' es un tiempo de desequilibrio. Tu hijo ha nacido en un día donde los velos entre los mundos son delgados. Puede ser un augurio de grandes cambios, pero también de pruebas difíciles.

—¿Significa esto que mi hijo está condenado a un destino oscuro?

—Muy probable, pero deberá ser cauteloso. Uayeb' trae consigo incertidumbre y la influencia de fuerzas invisibles. Quizás tenga una vida marcada por la lucha, pero también por la posibilidad de una profunda sabiduría. Los nacidos en Uayeb' pueden ser portadores de una conexión especial con lo divino, capaces de ver lo que otros no pueden. Sin embargo, será necesario que lo protejas y lo eduques lo mejor que puedas según tus posibilidades.

—¿Qué debo hacer, entonces?

—Acércamelo para examinarlo. Retírale la ropa.

El sacerdote tomó al niño en brazos, su mirada penetrante recorriendo cada centímetro de la diminuta figura. Al observar la marca oscura y peculiar que se delineaba sobre la piel del infante, sus ojos se entrecerraron en una mezcla de asombro y un indescifrable e inusitado respeto. La postura de su cuerpo acusó un cambio severo de actitud. Suavemente, trazó con la yema de sus dedos la forma inusual del lunar, que parecía esbozar un símbolo apenas discernible.

—Ah, hijo del maíz y del cielo —murmuró el sacerdote dirigiéndose al niño; su voz, en largos ecos se perdía en las profundidades del salón—. Este signo no es casualidad, ni un simple capricho de los dioses. Es una huella, un rastro dejado por la danza de los astros al momento de tu llegada a este mundo. La forma que lleva esta marca es un mensaje de los cielos, una señal que solo los ojos entrenados pueden descifrar.

Mientras esto decía, el pequeño despertó de su profundo sueño y posó por breves segundos una mirada extraña, sostenida e inquisitiva, en el sacerdote. Este último se volvió hacia el padre del niño, quien esperaba ansioso, sus manos temblando ligeramente.

—Este lunar —continuó el sacerdote, dando el niño al padre—, es una insignia que vincula a tu hijo a la gran estrella Chak Ek'. No es solo una marca, es un augurio de su destino, una guía celestial que lo seguirá hasta el final de sus días. A través de él, los dioses susurran que tu hijo está destinado a caminar entre sombras y luces, con la sabiduría de quien comprende los misterios de la noche. Su vida será una trama entrelazada con el poder de los cielos.

En un inusual arrebato de generosidad, el sacerdote tomó un pequeño amuleto de pirita pulida, un fragmento que parecía el remanente de un espejo en construcción, y lo acercó al pecho del niño. Al hacerlo, pronunció palabras en un murmullo profundo, henchidas de un antiguo significado, ininteligibles, como si en aquel gesto concentrara una bendición ancestral.

—Trae a tu hijo de nuevo en la próxima luna nueva. Ofreceremos oraciones y sacrificios para apaciguar a los dioses y guiar su camino.

Dale este amuleto, que lo protegerá en los momentos de mayor oscuridad. Enséñale a respetar las señales, a los sabios, a los que gobiernan, y a comprender los ciclos del tiempo. Su destino, aunque difícil, no está sellado; si busca la sabiduría, podrá encontrar su camino. El nombre de este niño será poseído con la aparición de la joven luna. Será llamado Chan Ik'Tok', Cielo Negro Pedernal. Ve donde el sirviente; él te dará instrucciones.

LA BELLA Y ENIGMÁTICA COPÁN

El sueño de un niño suele ser un refugio de calma. Chan Ik'Tok' se acomoda en su estera tras un día de arduo trabajo en el campo. Con el corazón sereno, se entrega al descanso, confiado en la certeza de que K'in Ajaw, el Señor Sol, regresará de su muerte nocturna con la luz de la vida renovada, como sucede en su interminable ciclo de morir y renacer. Se abandona al sueño, seguro de que los rituales realizados en la ciudad alta de Uxwitik, junto con las modestas plegarias y rituales familiares, proporcionan al sol la fuerza necesaria para cumplir ese sagrado periplo. Eso es algo que le han enseñado sus padres.

Pero nada lo prepara para la noche peculiar que se avecina, ni para la magnitud de su significado.

Desde su nacimiento, el tiempo ha trascurrido en silencio, como el murmullo de un río subterráneo, ajeno a la comprensión del niño. 9 k'ines han cruzado el cielo, 15 winales han germinado en la tierra y 7 tunes se han tejido en el gran telar del universo. Sin embargo, él desconoce aún estas medidas sagradas, al igual que ignora la existencia de aquel que, desde un lugar más allá de su mundo, lleva la cuenta de cada día, de cada latido del tiempo. Han trascurrido 2,827 días desde el momento en que abrió los ojos al mundo, acercándose a su octavo ciclo solar.

Hasta ahora, nada extraordinario ha marcado su vida, ningún signo que anuncie un destino especial. Su existencia ha sido como la de cualquier otro niño en su comunidad, tejida en la rutina de los días, en los juegos sencillos, en el aprendizaje de la tierra y el cielo, sin que el eco de algo más allá haya rozado aún su camino. El padre percibe como un recuerdo distante el acontecimiento premonitorio que marcó el nacimiento de su hijo, diluido en la monotonía de los días compartidos. Sin embargo, cada vez que sus ojos se posan en esa marca singular en el cuerpo del niño y en el amuleto que pende de su cuello, el pasado irrumpe con fuerza, arrastrándolo de nuevo hasta aquel día ante el sacerdote, en el que las estrellas parecían haber susurrado un destino diferente.

Más tarde esa noche, el niño se incorpora bruscamente en su estera, la respiración entrecortada y el pecho agitado. De sus labios escapa un alarido de terror que perturba la tranquilidad de la noche. Su frente, perlada de un sudor frío y pegajoso, brilla bajo la tenue luz. Sus manos, apuradas de una urgencia casi febril, escudriñan en la penumbra en busca del amuleto del que se había despojado para dormir. Cada rincón era revisado con una inquietud creciente, hasta que sus dedos, finalmente, lo encontraron. Lo apretó entre las manos como quien recupera un refugio perdido, sintiendo en su frío tacto la calma que su alma anhelaba, mientras sus padres, se despiertan sobresaltados. Con el corazón aún acelerado, se acercan al niño presurosos. Su madre, envolviéndolo en sus brazos, susurra:

—Tranquilo mi hijo, ha sido un mal sueño. Estamos a tu lado no hay nada que temer.

El padre arrodillándose junto a ellos, acaricia la frente del niño, alejando el sudor con sus dedos cálidos y en un tono conciliador susurra:

—Todo está bien estás a salvo. El miedo no puede alcanzarte aquí en nuestro hogar.

El niño, ahora un poco más tranquilo, aún mantiene su mirada fija en un punto distante, sus ojos perdidos en un horizonte invisible, un punto de fuga que se desvanece en la infinitud. Su respiración ya más serena, acompaña el momento en el que comienza a relatar lo que vivió en aquel sueño. Las palabras, reminiscencias de las sombras que aún lo rodean, pero que poco a poco le ayudan a conjurar las imágenes, aún vívidas.

—Tuve un sueño, pero no era como los otros... Este fue diferente, más real. Vi a un rey. Lo vi caer, y su cabeza... su cabeza rodaba por el suelo.

La madre estrechó su abrazo con mayor fuerza, infundiéndole consuelo y sosiego, pero, sobre todo, haciéndole sentir la dulzura de su compañía y la ternura de su presencia maternal.

El padre con el rostro preocupado.

—¿Qué dices? ¿Estás seguro de lo que viste?

—Sí, papá. Todo estaba oscuro, había fuego y humo, y luego vi al rey, vestido con ropas suntuosas y plumas. Pero algo lo empujó y cayó. Su cabeza... vi su cabeza rodar hasta mis pies.

Con manos temblorosas, el niño ocultó su rostro, como si en aquel gesto pudieran diluirse las sombras que lo asediaban. Sus dedos, infantiles pero firmes, parecían querer montar un muro contra el espanto, una barrera entre él y la visión que lo desgarraba. Desesperado, frotaba sus ojos, intentando borrar el mal sueño, ansiando desvanecer las figuras que, aún en la oscuridad de su mente, seguían danzando con cruel persistencia.

El padre con tono condescendiente apretuja al niño y a su madre,

—Los sueños a veces son sólo sueños, hijo.

Y pensando para sí: "Pero este... este suena como una advertencia".

—¿Qué más viste?

—Había serpientes saliendo del tajo de su cuello. Y luego, la tierra tembló, y todo se volvió oscuro.

El niño luchaba por contener las lágrimas mientras relataba su pesadilla, esforzándose por no sucumbir al llanto. Se acurrucaba en el regazo de su madre, buscando consuelo en su calidez, y lanzaba miradas furtivas al rostro de su padre, aguardando ansiosamente la próxima palabra que brotara de su sabiduría, como un bálsamo para su alma inquieta.

—Debemos hablar con los sacerdotes. Ellos entenderán el significado de tu sueño. Podría ser un mensaje de los dioses.

Y de inmediato su mente se trasladó al nefasto día en que aquel niño nació. El padre se hundió en un mar de pensamientos. Durante un largo instante, permaneció así, inmóvil, prisionero de sus propias cavilaciones. Pero entonces, la voz de su hijo rompió la quietud como un rayo en la penumbra, y aquel mutismo que lo había envuelto se desmoronó.

—¿Crees que algo malo le pasará al rey, papá?

Como quien despierta de un largo sueño, el padre se volvió hacia él, respondiendo a ese llamado con palabras que brotaban lentamente, como si salieran de las profundidades de su ser.

—No lo sé, hijo. Pero los dioses nos hablan de muchas maneras, y debemos escuchar. No temas, haremos lo correcto. Este sueño tuyo no puede ser ignorado.

—¿Qué pasará si los sacerdotes creen en mi sueño?

—Si tu sueño es un mensaje, hijo, ellos nos dirán y será tu deber desentrañarlo. A veces, los dioses eligen a los más jóvenes para llevar sus palabras. Estaremos contigo en todo momento, pero debemos ser fuertes.

Un niño maya, hijo de campesinos, que aún no ha cumplido los ocho años y que nunca ha visto a un rey, se imagina cómo deben ataviarse esos seres divinos. Un tiempo más tarde, mientras ayuda a su padre a cargar los implementos de agricultura, su mente divaga y, de repente, el recuerdo del rostro de aquel que muere decapitado en su pesadilla lo invade, nítido y perturbador.

Recuerda su rostro, de pómulos altos y bien definidos que reflejaban la nobleza de su linaje y la férrea determinación de su espíritu. Los ojos, profundos y oscuros como la noche sin estrellas, posándose en los suyos, muertos, parecían aún contener el misterio de los antiguos secretos de la ciudad. Su nariz estilizada y prominente que le daba un aire de autoridad inquebrantable. Recuerda sus labios, finos pero firmes, imaginaba debían guardar las palabras de un líder destinado a cambiar el rumbo de su pueblo. Las líneas de su rostro le parecieron endurecidas por la experiencia y la responsabilidad, parecían ser testigos de las luchas y las victorias, de los sacrificios y las decisiones que solo un verdadero rey podía comprender. Aquella imagen jamás lo abandonará.

El padre del niño, en su silenciosa observación, había reconocido en él, una curiosidad insaciable, un hambre de conocimiento que parecía trascender los límites de su corta edad. Admiraba en secreto la agudeza con la que el pequeño conducía sus razonamientos. Como un cazador que, sin pista alguna, encuentra siempre el rumbo certero hacia las verdades más esquivas. Aquella mente joven, que parecía entretejer en sus pensamientos las estrellas y los misterios de la tierra, le recordaba que el destino de los hombres a veces se insinúa en los caminos que recorren sus hijos.

Este espíritu de acuciosidad, que lo diferenciaba marcadamente de los otros niños de su edad, despertaba en el padre una mezcla de admiración y distanciamiento. Ante el inevitable, y a menudo forzado reconocimiento de aquellas cualidades singulares en su hijo, un escalofrío le recorría el alma. Era una sensación ambigua, una extraña mezcla de fascinación y miedo que se anidaba en lo más profundo de su ser. Y es que después de aquella noche, cuando los sueños del niño se inundaron con visiones recurrentes de la muerte del supuesto rey, se empezaron a manifestar con más fuerza en el pequeño, aquellas cualidades que inquietaban a sus padres y que intuían eran demasiado singulares para alguien como su hijo.

Con una agudeza poco común, comprendía lo que para otros resultaba invisible. Su capacidad para observar los patrones de la naturaleza era asombrosa, veía en el crecimiento del maíz, en el movimiento de los astros y en el comportamiento de los animales, señales que los adultos no alcanzaban a percibir. Era capaz de descubrir, con una intuición casi sobrenatural, las relaciones sutiles entre las fases de la luna y las cosechas, y su habilidad para predecir cambios en el clima, basándose en detalles que para cualquiera serían insignificantes, dejaba a todos maravillados.

Absorbía el conocimiento que los ancianos de la comunidad le transmitían con una rapidez y facilidad asombrosas. Ya fueran técnicas agrícolas, rituales religiosos o historias míticas, todo lo capturaba con la misma destreza. Su memoria era un prodigio, recordaba y recitaba genealogías, relatos antiguos y enseñanzas con una precisión y una profundidad que sorprendían, pues desmentían la juventud de su edad.

A sus diez años, ya próximo a la edad en que debería iniciarse en la vida adulta, se le presentó la oportunidad de acompañar a sus padres en un viaje a la ciudad junto a unos parientes, estibadores de mercancías. Éstos, transportando sobre sus espaldas los tesoros de tierras lejanas, llevaban a Copán una diversidad de productos que hablaban de mundos distantes y misteriosos. Con una mezcla de expectación y emoción contenida, y el pensamiento fijo en las responsabilidades que pronto recaerían sobre sus hombros, emprendió el viaje. Su cuerpo aún infantil, vibraba con la energía de quien está al borde de algo nuevo, mientras se perdía entre la multitud, fundiéndose con los porteadores y caminantes, como si ya comenzara a probar su lugar entre ellos.

De pronto, el joven, que sólo había conocido los caminos terrosos del campo, divisó un resplandor inédito. Frente a él, como un río de luz entre la selva, se desplegaba el Sacbé, la calzada sagrada de la que tantas veces había escuchado en relatos. Jamás sus ojos habían contemplado tal maravilla. Antes de dar el primer paso, se detuvo en el borde, absorto, fascinado por la infinita extensión luminosa que se agrandaba ante él. En silencio, pensó para sí, al fin, los relatos sobre esta vía sagrada los viviré en carne propia. Su corazón anhelante, sintió que cruzar aquel sendero era más que un viaje físico, era la entrada a un mundo donde los mitos y los sueños se volvían realidad.

Cuando el joven puso pie en la elevada calzada blanca, sintió que ese camino solo podía conducirlo a la legendaria Copán. Observó las estelas que marcaban los límites de la ciudad sagrada. Cada piedra tallada parecía evocar tiempos antiguos, y su admiración lo sumió en un trance que lo dejó sin aliento. Se sentía flotar, y el resplandor del sacbé le pareció un preludio, una puerta abierta hacia otro mundo, donde lo terrenal se desvanecía y lo divino comenzaba.

A ambos lados del camino, los guardianes, majestuosos en su porte, vigilaban severos y orgullos. Sus lanzas brillaban bajo el sol, y los tocados que coronaban sus cabezas ondeaban al viento, símbolos vivientes de poder y autoridad. A lo largo de la vía, una legión de mozos se afanaba en mantenerla bella y pulcramente cuidada, como si cada palmo contara una historia y cada paso sobre ella fuera sagrado.

Aquel lugar era un bullicio de vida y movimiento. Los comerciantes, en número asombroso, caminaban con sus cargamentos, hablando en una variedad de lenguas que el joven no podía comprender, tejiendo una armonía de culturas lejanas y exóticas.

Se organizaban en vastas caravanas, cuidadosamente ordenadas según su lugar de origen, avanzando bajo la atenta escolta de perros que captaron la mirada curiosa del joven Chan Ik'Tok'. Estos animales llevaban en sus cuellos collares ornamentados con la figura sagrada de Ek' Chuah, el Alacrán Negro, dios del cacao y protector de los comerciantes. Los amuletos, finamente anudados a sus cuerpos, parecían dotarlos de un aguzado instinto, oídos siempre alertas y un olfato infalible que los mantenía en constante vigilancia. Ante los peligros que acechaban en los largos caminos, donde los atracadores aguardaban como sombras al acecho, los perros, con sus collares sagrados, eran más guardianes que simples compañeros, manifestaciones vivientes de la protección divina.

La diversidad de rostros, vestimentas y acentos le daba al lugar un aire de cosmopolitismo único, como si Copán, en ese punto del mundo, fuera un imán que atraía a gentes de los rincones más remotos, cada una cargando no solo sus bienes, sino también sus sueños y esperanzas.

Entre la multitud, el joven divisó figuras que solo podían ser nobles, ataviados con ropas elegantes, pomposos sombreros y joyas que relucían bajo la luz del día, fuertemente custodiados y llevados en fastuosos palanquines por sirvientes que caminaban con paso firme. La opulencia de aquellos personajes contrastaba con la humildad de muchos de los viajeros que recorrían la calzada, pero también evidenciaba el poder y el esplendor que irradiaba la gran ciudad. Aquel camino, lleno de vida y diversidad, era mucho más que una simple ruta. Era una arteria palpitante que conectaba mundos distantes, culturas dispares, y, sobre todo, un destino común. Copán, la ciudad donde todos los rumbos convergían.

Mientras los ojos de Chan Ik'Tok' recorrían aquella escena, una sensación de insignificancia lo envolvía, se sentía una diminuta partícula perdida en un universo insondable, colosal en su tamaño majestuosidad y hondura. Y él, aún joven y lleno de preguntas, comprendía que se encontraba en el corazón de un mundo más vasto de lo que jamás habría imaginado.

Frente a la imponente entrada de Copán, se apoyó en el hombro de su padre, presintiendo que aún no había visto nada. Buscaba en aquel contacto un ancla que lo mantuviera firme y no lo dejara a la deriva ante lo que su desbordante corazón imaginaba.

Los lanceros, con rostros pétreos y mirada severa, dominaban desde las alturas de su autoridad, vigilando con ojos de águila a los viajeros que se acercaban. A medida que la visión se aclaraba, una estela monumental emergía, imponente, como un guardián ancestral que franqueaba el umbral sagrado de la ciudad. Sobre aquella estructura, esculpida con inscripciones en forma de petate que tejían relatos de grandeza, reposaba una imponente casa de piedra. Su sola presencia marcaba la entrada al umbral más sagrado de la casa real de Copán, donde el linaje gobernante entrelazaba su destino con el de los dioses. Frente a ella, poetas y cantores elevaban sus voces en un coro solemne, cuyos ecos parecían entretejerse con el viento, en una oda vibrante a la grandeza de Waxaklajuun Ub'aah K'awiil. El rey divino, símbolo viviente de la majestad de Venus, quien irradiaba un poder que se derramaba como un hálito sagrado, extendiéndose en todas direcciones, abrazando los cuatro puntos cardinales. Cada verso y cada nota, imbuidos de devoción, resonaban en el aire como si el cosmos entero se inclinara ante su presencia, como si el mismo cielo se conmoviera al escuchar la alabanza eterna de su nombre. En el costado occidental de esta estela, las palabras susurran al rey sagrado:

> su sacrificio, reflejo divino,
> sus actos, hilos que tejen el tiempo.
> De lo remoto al ahora,
> del ahora al mañana no nacido,
> su nombre resuena eterno,
> un eco entre dioses y hombres.

Así cantaba el primero, con la mirada perdida, como si intentara atrapar en sus ojos la inmensidad que evocaba en cada tono.

> Mirad los días sagrados trazados,
> Petate sagrado de poder
> momentos donde el tiempo se pliega,
> donde uno Ajaw alzó su rostro,
> y Chak Ek', joya del cielo,
> ascendió al alba, testigo del renacer.
> Armonías entre el cielo y la tierra
> unen a Waxaklajuun Ub'aah K'awiil:
> eco de la creación primera,
> hijo del linaje que forjó a Uxwitik,

y llama que brilla más allá del ocaso.
Así el tiempo canta su ciclo eterno,
así la piedra guarda su memoria.

Recitaba otro con devoción. Su gestualidad exacerbada en un extraño juego con su ajuar, que evocaba el rostro del gobernante en un tejido de delicada belleza.

—Veamos este monumento como un poema esculpido en piedra, recordándonos que los actos del rey son hilos en el vasto tejido de la eternidad, donde lo humano y lo divino bailan al compás de las estrellas —cantaba el último.

Aquellos que cruzaban ese umbral sabían que no entraban sólo en una ciudad, sino que pisaban el corazón mismo del universo, donde el sol renacía y los cielos se entretejían con la tierra. Chan Ik'Tok', todavía apoyado en su padre, se sentía extraño, como si la masa de su cuerpo se hubiera disipado, flotando entre lo real y lo intangible. Alzó la mirada, sus ojos se encontraron con los majestuosos pendones que ondeaban al ritmo del viento, como guardianes incorpóreos. Sus colores, vibrantes y sagrados, no solo embellecían la entrada con un aura solemne, sino que eran el preludio de algo más profundo, un portal hacia lo místico.

Nobles, mercaderes, escribas, escultores, pintores y sajales, quienes fungen como gobernadores provinciales; cada uno en su rango y dignidad, desfilaban con vestiduras que revelaban el esplendor de sus linajes y la devoción a sus deidades tutelares.

En armoniosa sucesión, los incensarios dispuestos para la purificación desprendían vapores perfumados, donde las hierbas sagradas ardían en una ceremonia de limpieza espiritual. Uno a uno, los peregrinos se inclinaban con reverencia, dejando que los sacerdotes menores los ungieran en los ritos de purificación que conocían desde la cuna. A cambio, depositaban ofrendas que hablaban el lenguaje de la abundancia y la devoción: mazorcas con granos de colores vivos y variados, frijoles oscuros como la tierra fértil, granos de cacao preciosos como el jade, y flores de mil colores, vibrantes mensajeras de vida, dulzura y fragancia. Ofrecían también pavos vivos, pieles curtidas con esmero, atados de tabaco que evocaban el humo de los dioses y semillas, promesas de futuros ciclos fértiles. Cada tributo, humilde o fastuoso, se transformaba en un susurro de gratitud a los oídos divinos. Así, tras cumplir con este sacro acto, proseguían hacia el corazón de Copán, el centro donde el tiempo y el universo se entrelazaban en un único pulso sagrado.

Chan Ik'Tok', tras depositar su ofrenda, una asta de venado que guardaba en su morral y con la que solía trazar surcos y símbolos en el barro, la madera y la piedra, formas que dejaban ver ya una belleza burda, llamándolos su mensaje a los dioses, cruzó al fin el umbral de la ciudad sagrada.

En su inocente acto de propiciación, desconocía el profundo simbolismo de su ofrenda, y no podía imaginar la importancia que los mismos dioses habían conferido a aquel signo.

Sus ojos, colmados de asombro, devoraban cada rincón de aquel reino de estuco, piedra y memoria. Las majestuosas estelas, guardianas eternas de la memoria, se alzaban como gigantes petrificados, esculpidas con los rostros severos de los reyes y ancestros baluartes de la ciudad. A cada paso, el suelo bajo sus pies vibraba con las pisadas de generaciones pasadas, como si la misma tierra respirara las historias de guerreros, sacerdotes y campesinos que alguna vez caminaron por esos caminos.

El resplandor del pavimento blanco de la inmensa plaza se extendía ante sus ojos como un manto luminoso, contrastando con la riqueza cromática que adornaba las estelas y los majestuosos templos que se alzaban a su alrededor. Las crestas de aquellos edificios, finamente estucadas, se imponían hacia el cielo con una elegancia que solo podía ser obra de manos expertas, pintadas en vibrantes tonos de rojo, amarillo y verde. Los colores, intensos y vivos, cobraban vida bajo la luz del sol, envolviendo el paisaje con una energía palpitante, divina.

En las cimas de los majestuosos edificios que se alzaban con una dignidad inmortal, los rostros de los dioses tutelares de Copán vigilaban desde las alturas el interminable flujo de peregrinos. Allí, Chan Te' Ajaw, desde su trono celeste, parecía contemplar con mirada infinita el sendero de los mortales, mientras los ojos profundos de K'uy Nik Ajaw, oscuros como los misterios del inframundo, penetraban las almas que cruzaban bajo su atenta presencia. Mo' Witz' Ajaw, con su porte de abundancia, lucía sobre las crestas como un testamento de la fertilidad que nutría la tierra, mientras Tukun Witz' Ajaw reinaba con su fuerza indómita, anclado en los montes que rodeaban la ciudad. Junto a ellos, Baluun K'awiil, portador del rayo divino, ofrecía su poder incandescente, y los Pawaktunes, guardianes de los cuatro rumbos del universo, sostenes del mundo, impregnaban el aire de misticismo.

Estas deidades, esculpidas en la piedra y en la memoria, no solo observaban a los peregrinos, sino que capturaban sus almas, envolviéndolas en un trance de asombro y elevación, donde el sueño y la realidad se fusionaban. Aquellos que marchaban bajo su mirada sentían cómo sus corazones latían al compás de las estrellas, conscientes de haber ingresado en un espacio donde lo humano y lo divino se entrelazaban en un solo aliento sagrado.

Cada rincón de la plaza, cada bisel de aquellos monumentos respiraba una belleza que no solo honraba a los dioses, sino también al arte de los hombres que habían sabido capturar en piedra y pigmento los secretos de la creación. El joven, contemplando tal esplendor, se sintió diminuto, pero a la vez inmerso en un mundo de maravilla que parecía abrirse a él en toda su grandeza.

Cuando el sol descendía ya en el horizonte, derramando su luz dorada sobre los templos Chan Ik'Tok' sintió un escalofrío recorrer su cuerpo. El aire estaba saturado de un perfume antiguo, una mezcla de copal y tierra húmeda, que llenaba sus pulmones con la promesa de lo desconocido. Las sombras alargadas de las pirámides y los palacios proyectaban figuras fantasmales, como si los espíritus de los antepasados lo estuvieran observando desde las alturas.

Sus ojos, aún no acostumbrados a la magnitud de lo que lo rodeaba, se posaron en las intrincadas inscripciones que cubrían las estelas. Cada glifo era un enigma, una puerta hacia un pasado remoto que, aunque ajeno, comenzaba a entrelazarse con su propia vida. Era como si los muros de Copán susurraran su destino.

En medio de la inmensa plaza, sus ojos se detuvieron en una estela solitaria. El rostro tallado en aquel gnomo de piedra le resultó inquietantemente familiar. Sin embargo, una sensación intensa lo invadió, como si el tiempo se deslizara entre sus dedos, obligándolo a concentrar sus pensamientos. Los signos grabados en ese coloso de piedra y otros más, capturaron por completo su atención, reclamando su mente con una urgencia imposible de ignorar.

Al comprender que debía dejar Copán, que el viaje había llegado a su fin, una punzada de abandono lo recorrió. La magnificencia monumental de la ciudad lo había atrapado de un modo profundo y casi doloroso. En su pecho, una tormenta de emociones se agitaba. La melancolía, esa compañera implacable, lo envolvía con más fuerza, pero un deseo ardiente y casi irracional de volver lo consumía. Sabía, con una certeza inquebrantable, que ese anhelo jamás lo dejaría.

Como si una fuerza extraña hubiera despertado en él, intuyendo que yacía latente en su alma, tras ese viaje, desarrolló una habilidad excepcional para el arte, la pintura y la escritura. Sus diseños intrincados y simbolismos complejos asombrarían a quienes lo rodeaban. Sus creaciones en lodo de las riberas, arcilla, madera, piedra caliza eran fieles, ahora tan sólo reflejos de su memoria, prodigiosa por demás. Parecían manifestar una comprensión profunda de los mitos y las creencias, dándoles una forma y un significado artístico para quienes las apreciaban en la comunidad.

Así transcurría su vida, atrapada en la rutina de lo cotidiano. Solo algunos destellos rompían la monotonía. Aquellos arranques súbitos, chispazos que sacudían su mente y le abrasaban el alma, agitándole las entrañas. En esos momentos, se atrevía a imaginar un destino distinto para sí mismo, su familia y su comunidad. Las imágenes de la bella y enigmática Copán, que se alzaban en su mente como un sueño vibrante, lo atraían con una fuerza irresistible. A veces, ese hechizo lo hacía despreciar la sencilla, aunque serena vida que hasta entonces había conocido.

En cierta ocasión, buscando ramas para alimentar el fogón familiar, escuchó el eco de risas que flotaba en la brisa que venía del río. Sus pasos se volvieron cautelosos mientras se acercaba, deseoso de no ser visto ni oído. A medida que se aproximaba, pudo distinguir la fuente de aquel sonido encantador. Un grupo de jóvenes mujeres se bañaba en las aguas cristalinas del río, sus cuerpos moviéndose con gracia mientras jugaban entre ellas, despreocupadas y alegres.

Logrando esconderse entre dos árboles de baja altura cuyas frondas lo cubrían como un manto protector, el joven observó la escena que se desplegaba ante sus ojos. Las risas ligeras y los murmullos de complicidad llenaban el aire, dándose pronto cuenta de que algunos de esos juegos iban más allá de la simple diversión. Notó cómo los movimientos de las manos se volvían caricias íntimas, los acercamientos más audaces, y los coqueteos, sutiles pero llenos de deseo.

El asombro inicial dio paso a una excitación creciente que lo mantuvo inmóvil, fascinado por lo que presenciaba. Oculto y silencioso permaneció en su escondite, disfrutando de aquel espectáculo furtivo hasta que, finalmente, las jóvenes se retiraron dejando tras de sí el murmullo del río y el eco de sus risas.

Cuando la última figura desapareció entre la espesura, el joven intuyó que había sido testigo de un ritual que no era la primera vez que ocurría en aquel recodo del río. Un pensamiento cruzó su mente, una idea que lo incitaba a regresar, con la esperanza de volver a presenciar aquel encuentro secreto.

...

EL CÓNCLAVE

Aquella tarde, después de un largo trayecto bajo el abrasador sol y el sofocante calor, Cha Kej, padre de Chan Ik'Tok', llegó al despacho de asuntos religiosos y civiles de Copán destinado a las clases bajas. Con el corazón agitado, solicitó la atención de un sacerdote, pues necesitaba compartir una consulta urgente relacionada con un inquietante sueño que había atormentado a su hijo. Para el pueblo maya, los sueños eran canales sagrados que los dioses usaban para enviar mensajes, probablemente por tal motivo, fue atendido con una prontitud inesperada.

Al ver al campesino, el sacerdote, con la altivez inherente a su rango, indagó sobre la ofrenda, preguntando si había cumplido con ese requisito sagrado. Cha Kej, con tono tímido, afirmó que así era. El sacerdote se acomodó en una estera que yacía en el suelo de la estancia, invitando al campesino a hacer lo mismo en el lugar designado.

Con voz entrecortada, éste reveló el contenido del sueño de su hijo. Había soñado con la muerte de un rey, presenciado su decapitación y cómo de su cuello salían serpientes. Este último detalle provocó que el sacerdote casi brincara de intriga.

—Repite lo último que dijiste —le pidió, con un brillo de interés en sus ojos.

—Tal cual —respondió Cha Kej tímidamente— vio serpientes saliendo del tajo del cuello del decapitado.

—Necesito saber más, campesino. ¿Qué día nació tu hijo? ¿Has notado en él alguna cualidad especial?

Cha Kej con voz temblorosa. —Nació, según dijo el sacerdote en el día 11 Kimi 4 Uayeb', pero... hay algo más. Tiene una marca cerca de las costillas.

El sacerdote frunciendo el ceño, mostrando interés:

—¿Una marca? Descríbela, por favor. Ya de por sí el día de nacimiento es muy mal augurio.

Cha Kej inquieto:

—Es... peculiar. Parece un ojo resplandeciente, surcado por una línea en diagonal, como si atrapara el fulgor de la estrella más brillante del amanecer.

El sacerdote ya al colmo de la intriga estallando en asombro, indaga con preguntas acerca de aquel signo.

—Lo que describes es el símbolo del nombre de Chak Ek'. ¡Chak Ek'!

Su tono se vuelve urgente.

—Esto es significativo.

La atención del sacerdote se intensificó, como si la revelación iluminara la estancia. Con voz grave, el sacerdote pronunció:

—Tu hijo, Chan Ik'Tok', está previendo un sacrificio ritual. Las serpientes que vio son una señal clara de ello, y, además, indican la muerte de un noble del más alto linaje y divinidad. Efectivamente, puede tratarse de un rey.

El sacerdote hizo una pausa. Sus ojos, entrecerrados y girando lentamente en sus cuencas, parecían hurgar en las profundidades de su mente. Al fin dijo. —Tu hijo, como todos, será presa del destino. Pero el destino que a él le aguarda, el que acusa esa marca, lo acerca a un mundo para el que deberá prepararse, un mundo en el que su influencia será profunda y significativa.

El pobre Cha Kej salió de Uxwitik con un sentimiento ambivalente, como si sus pies se hundieran en el lodo mientras su espíritu se elevaba hacia lo sublime. Se sentía flotando en una nube de incertidumbre, cada pisada sonando con la inquietud de lo desconocido. Aquella tarde, su mente estaba enredada en la maraña de lo revelado por el sacerdote, y no sabía si debía compartir con su familia lo ocurrido. Estaba atrapado entre la certeza de un destino inminente y el vapor difuso de un futuro incierto, como un ave en el límite entre el nido y el vasto cielo. La presión de los secretos lo acompañaba, dejando una marca persistente en su corazón. Jamás revelaría al hijo la verdadera fecha de su nacimiento, optando por darle una falsa, una que anunciaba augurios favorables y prometedores para su destino.

En el núcleo palpitante de la acrópolis, los dignatarios de territorios dominados y aliados de Copán se disponen en filas ordenadas. Consejeros, escribas, sirvientes, sajales y cortesanos reposan sobre finas esteras, sus rostros atentos dirigidos al majestuoso sitial donde el rey reposa, elevado como la encarnación de la autoridad divina.

El trono, cubierto con suaves pieles de jaguar y cojines adornados con plumas de colores brillantes, resplandece entre los destellos de las antorchas que proyectan una luz suave y dorada sobre el despacho real. Alrededor, exquisitos arreglos florales, complejos en su diseño y disposición, llenan el aire con su fragancia embriagadora, elevando los sentidos a una dimensión de refinada elegancia.

A los pies del trono, aún se amontonan los tributos: bultos de cacao, atados de tabaco, hierbas medicinales, fardos de telas y costales que resguardan pigmentos y materiales sagrados para los códices, bultos conteniendo sal, entre otros objetos valiosos. Todo dispuesto con meticuloso cuidado, simbolizando la opulencia y el orden bajo el gobierno del rey. Un enano y un jorobado, en su rol ceremonial, presentan ante el monarca los objetos más preciosos, espejos resplandecientes, bellos géneros y joyas de jade, frutos del tributo obtenido de Quiriguá y el comercio con otros reinos, mucho más lejanos. Mientras tanto, suaves abanicos movidos por manos diligentes refrescan al soberano.

Los músicos, con suavidad y destreza, dejan escapar de sus flautas, tambores y sonajas una sinfonía de sonidos delicados, tenues, que parecen mecer el aire mismo. Cada nota, un susurro que prepara el alma para los asuntos trascendentales del reino, un preludio a las decisiones que delinearán el destino de la ciudad. La música fluye como un río sutil, apaciguando el ánimo, elevando la mente hacia un estado de reflexión y armonía, donde las palabras encuentran su cauce en la serenidad del ambiente.

El rey bebe pausadamente el espeso atol blanco, sakha'. Sus labios rozando la cerámica finamente decorada, mientras saborea manjares presentados en platos de barro bruñido decorados con bellos motivos y escenas míticas. Satisfecho, observa a sus invitados, que gozan de las viandas preparadas en su honor y beben con gusto, conscientes del privilegio de compartir la mesa del divino gobernante. El cónclave está por comenzar.

Los incensarios, avivados con destreza, desprenden finos hilos de humo que ascienden en columnas etéreas, entrelazándose suavemente con el aire perfumado de las flores, creando una atmósfera sagrada.

Las volutas de humo se despliegan sobre el techo, formando delicados patrones que parecen danzar en una cadencia visual del orden y la armonía que reina en el salón, donde cada detalle es una celebración de poder, arte y sabiduría.

Detrás de la sede real, en un rincón bañado por la luz suave de las antorchas, se agrupan las jóvenes cortesanas alrededor de la princesa y las esposas del soberano. Destellos de gracia y belleza que resplandecen en silencio. Entre risas contenidas, se entretienen con espejos de obsidiana pulida, capturando su reflejo en un juego de vanidad y encanto. Despliegan lienzos delicados, tejidos de finas texturas y colores vibrantes, apreciando la suavidad de las telas que acarician sus dedos. Se adornan con joyas de jade y piedras preciosas, cada una eligiendo con cuidado la pieza que mejor realce su belleza, mientras susurros cómplices se intercambian, comparando las texturas de los géneros y el brillo de las gemas que lucen sobre sus cuellos, muñecas y tobillos. Sus movimientos son gráciles, casi imperceptibles, como si fueran parte del aire que las rodea, creando un excelso contrapunto visual a la solemne música que inunda la sala. Todo en ellas parece diseñado para exaltar la elegancia y el esplendor del entorno, reflejando en su bella coreografía, la grandeza del reino que las cobija y la divinidad de su rey.

Una vez concluido el convite y cumplidos los rigurosos protocolos con el contador real, los sirvientes se retiran con sus mecapales rebosantes de tributos y los restos del banquete. También se retiran muchos de los sajales que rindieron sus informes. El rey levanta la mano con un gesto de delicada pero firme autoridad. Con una energía velada por la cortesía, invita a las mujeres a dejar el recinto, un acto de condescendencia ancestral. Quedándose sólo sus consejeros.

Cuando la sala queda despejada, y para cumplir las fórmulas rituales en presencia del sacerdote, éste se alza en su lugar, invocando la intervención de los dioses tutelares de Copán. Con palabras ceremoniosas solicita su amparo, el acuerdo de las voluntades y el éxito en los asuntos que habrán de discutirse. Sólo entonces, en el pesado silencio colmado de augurios, la reunión finalmente da comienzo.

El sagrado rey de Copán enhiesto, su porte imponente irradia calma y autoridad. Con voz medida y una expresión enigmática, comienza a hablar, sus ojos recorriendo a los presentes.

—Dignatarios de Uxwitik, hay un asunto que debo poner ante ustedes, uno que exige nuestra mayor atención y que no ignoran —dijo, controlando cada gesto de su rostro y cada movimiento de su cuerpo—. La influencia de la dinastía Kanuu'l los Señores de la Serpiente, desde las tierras de Oxte'tuun, crece día tras día. Su sombra se extiende imparable, como una serpiente en acecho, hasta casi rozar nuestras fronteras.

El rey respiró profundamente, levantando la cabeza como recreando en su mente los eventos de tiempos pasados. Su mirada se desvió, perdida en el recuerdo, antes de retomar la palabra.

—Como bien saben algunos y otros recuerdan, el mismo año en que fui elevado al trono de Uxwitik, Yuknoom Yich'aak K'ahk', majestuoso gobernante de la Ciudad de las Tres Piedras Oxte'tuun, cayó en desgracia. Capturado y ofrecido en sacrificio por nuestra noble aliada de la dinastía Motul, la poderosa Tikal Yax Mutal. El rugido de la Garra de Fuego se apagó para siempre. Aquel acto no solo quebrantó su linaje, sino que arrancó una piedra fundamental del pedestal de su dominio. Sin embargo, como la serpiente que muda su piel, no permaneció vencida. En estos años, hemos sido testigos de su renacer, forjando nuevas alianzas y recuperando su vigor e influencia.

Los presentes intercambiaron miradas, algunos asintiendo en silencio, mientras el aire se volvía más denso con la tensión, todos fijos sus pensamientos en Calakmul la gran Oxte'tuun.

—Temo —prosiguió el rey, deteniéndose un instante como si la gravedad de las palabras descansara sobre sus hombros, —que esa influencia perniciosa ya esté infiltrándose en los hilos más finos de nuestra política interna. Ustedes, nobles y distinguidos señores saben bien nuestra alianza con la majestuosa y eterna Yax Mutal no es un mero capricho del tiempo. Es un vínculo tejido desde los días fundacionales de nuestra estirpe. Una unión que ha demostrado ser no solo necesaria, sino también provechosa para ambas casas. Yax Mutal, nuestra hermana guerrera, ha sido desde siempre enemiga jurada de Oxte'tuun. Lo que nos une, lo que da forma a nuestra alianza, es un acuerdo ancestral, un frente común contra la dinastía de los señores de la serpiente.

Uno de los dignatarios, de edad avanzada y rostro severo, se inclinó ligeramente hacia adelante, su voz grave resonando en la sala.

—Mi venerado rey, ¿debemos entonces preparar nuestra posición para un eventual enfrentamiento? ¿O existe aún margen para maniobrar entre estas dos grandes potencias?

El soberano lo observó con atención antes de responder.

—La decisión no es fácil —repuso, mirando a cada uno de los presentes—. Nuestra alianza con Yax Mutal es una defensa que también nos une a Lakam Ha', pero es así mismo una declaración de enemistad hacia Oxte'tuun. Cualquier movimiento en falso podría empujarnos a un conflicto del que no saldremos indemnes. Por eso he convocado esta reunión, para escuchar sus consejos. ¿Debemos reforzar nuestra alianza con Tikal, o buscar una estrategia más sutil para mantener a raya a la dinastía de la serpiente?

El silencio se hizo en la sala, mientras los dignatarios meditaban las palabras del rey. Afuera, los vientos del destino parecían murmurar sus propios presagios.

Un dignatario, sajal del valle de La Jigua y consejero leal, un hombre de rostro enjuto y mirada penetrante rompió el mutismo con un tono firme, casi cortante, que cimbró las esquinas del salón.

—No somos ajenos, como muchas otras ciudades mayas, a la presión de esa rivalidad —dijo, sus palabras una mezcla de frustración y resignación—. La pugna entre Yax Mutal y Oxte'tuun arrastra a todos, nos envuelve en un torbellino del que es difícil escapar. Pero pensar en un conflicto armado... —hizo una pausa, sacudiendo la cabeza lentamente—: es impensable.

Algunos dignatarios murmuraron entre ellos, pero el hombre de La Jigua continuó sin titubear, alzando la voz para que lo escucharan con claridad.

—Si reforzamos nuestra alianza con Tikal de manera abierta, enviamos un mensaje claro y peligroso a la dinastía Kaan. Sería como encender una antorcha en medio de la noche, llamándolos directamente hacia nosotros. No podemos ignorar lo que eso significa.

La preocupación se reflejaba en su rostro mientras su voz se apagaba en una gravosa pausa, como si las palabras no dichas estrujaran su corazón más que las pronunciadas.

—Honorable dignatario y súbdito ejemplar —dijo el soberano en un tono solemne— percibo que tus palabras guardan una reflexión más profunda. ¿Tienes algo más que deseas expresar?

El hombre inclinó la cabeza ligeramente, tomando un momento antes de responder.

—Así es, sagrado Ajaw —replicó, tras un suspiro—. Lo que quiero decir es que debemos ser más astutos que nunca. Tal vez la respuesta no sea reforzar abiertamente nuestra alianza con Tikal, sino encontrar formas más sutiles de asegurar nuestra posición, de ganar tiempo. La dinastía de la serpiente se desliza en las sombras, pero también debemos aprender a movernos en ellas. El conflicto no es el único camino… si somos lo suficientemente sabios.

El ambiente se llenó de una tensión casi palpable. Los ojos del rey destellaron con una mezcla de interés y cautela, mientras el resto de los dignatarios aguardaba expectantes, atrapados entre el temor y la necesidad de tomar una decisión.

Otro de los presentes, un hombre de aspecto severo y porte imponente, proveniente de las tierras más al este del dominio de Copán, donde las fronteras con las tierras lencas y el valle de Naco eran vigiladas celosamente, se incorporó en su estera tomando aire y así pedir su turno para hablar. Su posición como administrador del comercio de recursos y talentos artesanales de esas tierras, tan preciados por la élite de la ciudad, le otorgaba una voz respetada. Su tono era firme, pero matizado con una cuidadosa y clara crítica.

—Amadísimo rey, encarnación del mismísimo Hun Nal Ye, rostro carnal de Chak Ek' —comenzó, inclinando la cabeza levemente, pero manteniendo la mirada fija en el soberano—. Veo que en esta sala fluyen dudas, como un río que se desborda, sobre el poder de nuestras alianzas y los pueblos que han sido sujetados a su mando.

Los dignatarios se volvieron hacia él, atentos a sus palabras, mientras su voz llenaba las paredes adornadas con glifos sagrados.

—Por eso —continuó, con un deje de desafío en su tono—, quiero entender, mi venerado señor, por qué has tomado la decisión de consultarnos. Si eres la divinidad misma, el reflejo viviente de los dioses, ¿qué razón te impulsa a buscar nuestra opinión? Tu voluntad es absoluta, y en ella encontramos el camino.

El silencio se adueñó del lugar. Las palabras del hombre flotaron en el aire como una pregunta incómoda, desafiando los usos y costumbres. Los ojos de los dignatarios se volvieron hacia el rey, esperando su respuesta. Mientras tanto, el sajal del este permanecía ligeramente inclinado, su postura rígida pero respetuosa, como si midiera cuidadosamente el límite entre la obediencia y la duda.

El rey, con la calma de quien conoce su poder, observó al orador durante unos instantes antes de hablar.

—Dignatario de las tierras del interior —respondió el rey en un tono sereno pero firme—, aunque mi voluntad es, en efecto, divina, también soy quien debe asegurar que las voluntades de todos ustedes marchen en concordancia con el destino de nuestro reino. La consulta no es una señal de duda, sino de fortaleza compartida. Un rey que gobierna sin escuchar a sus consejeros es como un guerrero que blande su lanza sin mirar al enemigo.

La respuesta del soberano refuerza ante los presentes su sabiduría e impone el sello de su indudable y divina autoridad. En un gesto colectivo provocado automáticamente ante semejante respuesta, los presentes colocan su mano derecha en su hombro izquierdo, inclinándose en un acto de veneración.

Así en la penumbra solemne del consejo, el eco de las palabras se desvanecía mientras el aire saturado de fragancias parecía contener las inquietudes no pronunciadas. Una vez expuestas las posturas principales, las miradas de los presentes recaían sobre su soberano. Sabían que el destino de Copán, aquella joya en la tierra de los mayas pendía de su rey, un hombre en cuyo pecho palpitaba la fuerza del K'awiil, el dios que confiere la prosperidad y la abundancia. En ese momento, un hombre de rostro sereno y mirada aguda levanto su mano para tomar la palabra.

—Magnánimo k'uhul Ajaw. Divino Señor. Cuyo nombre ostenta el poder de las dieciocho manifestaciones del gran dios K'awiil —dijo el hombre, inclinando levemente la cabeza— las decisiones que hoy tomemos marcarán el curso de nuestra ciudad para las generaciones venideras. Nosotros, sus consejeros y administradores, somos como los pies que trazan el sendero que su divinidad, con sabiduría, habrá de recorrer.

El consejo permanecía en silencio, atentos a sus palabras, que fluían como un río sereno, profundo.

—Mi señor —prosiguió— sabemos que nuestros distantes pero feroces vecinos, los de la gran dinastía Kanuu'l, han estado moviéndose como jaguares acechando en la espesura. Las noticias que llegan desde las fronteras sugieren más que simples rumores. Aunque no estamos seguros de que sus ojos están puestos en nuestras tierras, si quizás en las de nuestros aliados. La pregunta, oh gran rey, es si en su corte tiene a alguien de máxima confianza, alguien cuyo espíritu esté templado por el fuego del deber y cuya lealtad sea inquebrantable, para encomendarle una misión de la más alta discreción. ¿Sería posible confiarle a tal persona una incursión secreta a las proximidades de esas tierras?

El rey cerró sus ojos en un gesto de profunda concentración, reflexionando mientras sus dedos acariciaban el tallado de su trono, donde la serpiente y el jaguar se entrelazaban en una danza eterna. Finalmente, alzó la vista y habló con voz firme, pero serena.

—¿Cuál propones sea el objetivo de tal misión secreta?

—La dinastía Kaan ha extendido sus dominios como una serpiente que se enrosca lenta pero inexorablemente alrededor de las tierras de nuestros aliados. Sus fronteras, vigiladas por hombres astutos y despiadados, son como muros invisibles que mantienen su poder intacto. Pero hasta el muro más sólido tiene fisuras, y es nuestra tarea encontrarlas —dijo el noble, su mirada fija en el rey, esperando su reacción.

Los consejeros asintieron en silencio, atentos. Aquel hombre de rostro sereno y mirada inquisitiva sintió que era su oportunidad para mostrar su talento como estratega. Así que continuó diciendo.

—La misión, para quien su voluntad y confianza deseen asignar, ¡oh divino soberano! será delicada y peligrosa. Primero, deberá ser hábil para conocer las debilidades de los Kaan en sus fronteras, esos puntos donde sus defensas flaquean y su control se desvanece como el humo. Deberá también averiguar qué tácticas emplean para mantener abiertas sus rutas comerciales, esas arterias que les permiten alimentar su poder y su riqueza. Y más importante aún —el noble se inclinó levemente hacia adelante, su voz bajando a un susurro intenso—, escuchar a los pueblos que dominan. Averiguar cómo los perciben. ¿Son sus corazones fieles o llenos de resentimiento? ¿Esperan sin expresarlo la oportunidad de liberarse de su yugo?

El consejo permaneció en silencio, absorto por la gravedad de la misión propuesta. Itzamná Yohl uno de los principales consejeros, perteneciente a la parentela real, se adelantó, y en una muestra de su profundo conocimiento del arte de gobernar, expresó.

—No nos basta solo con observar desde las sombras —prosiguió—. En esta coyuntura, podríamos plantar nuestras propias semillas de discordia. Buscar esos corazones inquietos, esas manos dispuestas a levantar sus armas en esta causa secreta sin que figuremos como instigadores. Desde las tierras de Ik' Naahb' Nal, la vasalla Quiriguá, hasta los confines de Sak Ho'ok y Lakam Ha' necesitamos forjar nuevas alianzas. Silenciosas, pero firmes. Si logramos esto, si somos capaces de tejer una red de aliados discretos pero leales en las tierras de la costa oriental y hacia el norte, podremos cercar a Oxte'tuun, al menos hacia nuestros dominios sin que siquiera lo perciban. Bloquearemos sus rutas comerciales, asfixiaremos su poder económico en estas partes, y cuando menos lo esperen, sus cimientos comenzarán a tambalear. Pero debe hacerse de forma paulatina, apenas perceptible.

Los consejeros contenían el aliento. Era una misión de gran peligro y consecuencias. El gran rey permaneció en silencio por un largo momento. Sus ojos, oscuros como la obsidiana pulida, recorrieron el consejo, deteniéndose en cada uno de los rostros que lo miraban con expectación. El aroma a flores y esencias divinas flotaba en el aire, como el destino que pendía sobre su decisión. Al fin, apoyó las manos sobre sus piernas que permanecían cruzadas, y habló con la calma y gravedad que solo los gobernantes divinos poseen.

—La luna cambia sus fases, como cambian los vientos que traen las lluvias. Así también cambian los caminos del poder —dijo, con una voz que se oía como el murmullo de un río en una caverna. —La dinastía Kanuu'l ha sido como una nube oscura en el horizonte, siempre presente, pero aún distante. Sabemos bien que su ambición es tan vasta como el cielo, pero también conocemos los riesgos de adelantarnos a su tormenta sin estar completamente preparados.

Se detuvo un momento, observando la reacción de sus consejeros. Algunos inclinaban la cabeza en señal de acuerdo, mientras otros, con el ceño fruncido, aguardaban más detalles.

—He escuchado las palabras que mis nobles consejeros y súbditos leales han expresado —continuó—, y en ellas veo la verdad. Un movimiento imprudente podría exponer nuestra debilidad, pero una oportunidad bien aprovechada podría desbaratar las sombras antes de que se conviertan en amenaza. En mi corte, como en los corredores secretos de nuestras edificaciones, hay quienes caminan con sigilo y quienes son la sombra misma. Hay hombres de confianza cuyo valor es probado, cuyas acciones no necesitan ser celebradas en las estelas, pero son tan cruciales como el mismo sol que ilumina estas tierras.

Los consejeros intercambiaron miradas, atentos a lo que seguiría.

—Sin embargo, un viaje a las tierras de los señores de la dinastía de la serpiente no es empresa fácil, ni tarea para cualquier hombre —añadió el rey, con un brillo sagaz en los ojos—. Solo aquel que entienda que no lleva consigo únicamente su vida, sino el futuro de

Uxwitik será digno de tal misión. He de meditar esta decisión con los dioses, pues no solo el hombre debe ser probado, sino también el momento y los vientos que guían el destino.

Entonces, el rey se reclinó ligeramente en su trono, cruzando los brazos sobre su regia vestimenta:

—Les aseguro que pronto habrá respuesta. Que los dioses nos guíen en esta senda sinuosa, porque incluso la más densa de las selvas puede ser atravesada si se sabe leer el susurro de sus hojas.

El gran Ajaw, dio por concluido el cónclave con un gesto solemne de su mano. Los presentes, que se deshacían en alabanzas y profundas reverencias, comenzaron a abandonar el sagrado recinto real uno tras otro, inclinándose ante su rey, cuya figura majestuosa irradiaba el poder de los dioses. Sus pasos escuchándose lejanos en las baldosas, dejando al rey solo entre los murales de sus ancestros.

Sus sirvientes y concubinas se acercaron con la devoción de criaturas humildes, dispuestas a ofrecerle consuelo, sabiendo que sus cuerpos y sus almas, aunque mortales, podían servir como un bálsamo para su rey divino. Él les recibió, no tanto por deseo, sino por la búsqueda de un alivio, una distracción que suavizara esa sutil inquietud que había comenzado a anidar en su pecho.

Pero, a pesar de los susurros, de las atenciones que intentaban mitigar el agobio que sentía, algo dentro de su ser se agitaba. No era la voz de los dioses, ni el presagio inscrito en las estrellas lo que lo inquietaba. Era una sombra invisible que se filtraba en su espíritu, invadiéndolo con creciente intensidad. Un presentimiento amargo, imposible de ignorar, como si la tierra misma le murmurara advertencias a través de las raíces profundas de una ceiba sagrada.

Incluso si los dioses hubieran hablado y advertido en palabras claras, él no habría sentido este desasosiego con tanta fuerza. No era una revelación divina lo que lo perturbaba, sino un instinto más antiguo, más primitivo. Algo estaba por cambiar, lo sabía. Como el aire que precede a la tormenta, frío y denso, pleno de augurios que ningún humano puede desentrañar por completo, él lo percibía en cada latido, en cada respiro profundo que lo conectaba con el destino de Copán.

Esa noche, mientras sus ojos observaban el fuego titilante de las antorchas que iluminaban su alcoba, Waxaklajuun Ub'aah K'awiil, rey y dios entre los hombres, supo que el curso de su reinado estaba entrelazado con fuerzas que aún no lograba comprender del todo. A pesar de los halagos y las reverencias, a pesar de la gloria que lo rodeaba, en ese momento de soledad, algo inquebrantable y oscuro comenzaba a perfilarse en el horizonte de su destino.

Cuando el gran Ajaw de Copán oficiaba los sagrados rituales en el templo Púrpura, santuario que envolvía con su manto ceremonial el templo ancestral de intenso rojo en el patio occidental de la Acrópolis sagrada, donde las cuatro fachadas exaltaban el rostro deificado de K'inich Yax K'uk' Mo', el crepúsculo se deslizaba con lenta solemnidad sobre las antiguas piedras de la ciudad. En compañía del gran sacerdote, bajo la mirada de los dioses y los espíritus de los antepasados, procedió con la más antigua de las ceremonias. Con manos firmes, tomó el sagrado kokan, la espina de raya y, en un acto de supremo sacrificio, vertió su propia sangre, la esencia divina que fluía por sus venas, sobre los altares de sus ancestros. El doloroso sangrado de su falo, en un acto que conectaba su linaje con las fuerzas del cosmos. Cada gota de su sangre era recogida con reverencia en la tela ceremonial, que se consumió en el fuego sagrado.

Las llamas danzaron y elevaron el humo del flujo vital hacia los cielos, transformando la carne del rey en ofrenda para los dioses. El chisporroteo del fuego se mezclaba con el aliento de los espíritus invisibles que habitaban entre las piedras ancestrales. Pronto, en el humo que subía, el rey sintió la claridad de la revelación.

Una serpiente de visión ascendió ante sus ojos, sinuosa y palpable, como si la misma esencia de los cielos la hubiese forjado. Sus escamas, resplandecientes bajo una luz atávica, parecían ondular entre los velos del tiempo. De entre sus fauces abiertas, como de un portal sagrado, surgió la figura del ancestro. Majestuosa, etérea, embebida con la herencia de las eras. Cada movimiento de aquella aparición traía consigo el fulgor de antiguas memorias y el poder latente de la sangre compartida. Los antiguos, desde las estrellas, habían escuchado su súplica. El balance del poder, frágil como las alas de un ave, necesitaba la mano firme de la sabiduría.

Así, con la mente purificada y su espíritu en comunión con los cielos, supo que el momento de actuar había llegado. Envió a sus emisarios más fieles a los rincones más lejanos de su vasto dominio, a través de los caminos serpenteantes y las espesuras que rodeaban las montañas. Los mensajeros, llevando el sello real, convocaron a los más leales súbditos, aquellos cuyo juramento estaba ligado no solo a la ciudad de Copán, sino a su linaje, a su nombre, a su ser.

Los que escucharon el llamado vinieron con premura, conscientes de que el rey mismo los convocaba a lo que sería un consejo privado. Y así, el rey envuelto aún en el aroma de la sangre y el copal, aguardaba en el salón del trono. Allí, bajo los altos techos donde las imágenes del dios del maíz talladas parecían moverse con la luz de K'in Ajaw, aguardaba el momento de reunir a sus hombres y mujeres más confiables, para discutir el destino de su reino y las sombras que se cernían desde tierras lejanas.

El consejo sería cerrado, la reunión privada, el nombre del Ajaw se susurraría con poder a lo largo del día, mientras en el cielo, el inframundo y la tierra, los dioses continuaban observando, expectantes ante las decisiones que allí se tomaran.

La sala del trono se llena con la luz tenue de las antorchas. El aire está cargado de la fragancia del copal quemado en honor a los dioses, y en el centro, sentado sobre su trono, el gran soberano de Copán. Los consejeros rodean el trono, cada uno esperando su turno para hablar, mientras las voces de los tambores del ritual retumban suavemente en la distancia.

Waxaklajuun Ub'aah K'awiil levanta su mano derecha y el murmullo del consejo cesa. Con voz profunda y solemne dice:

—En nuestro último consejo, habíamos hablado del qué. La necesidad de una misión secreta a las tierras de la poderosa dinastía Kaan, —comenzó el rey, su voz sonando suavemente en el silencio que dominaba la sala del trono. Las palabras caían con la precisión de la lluvia sobre la piedra, cada sílaba cuidadosamente medida, cargada de la gravedad que el momento requería—. Hoy —continuó, su mirada recorriendo a los consejeros reunidos—, con la iluminación otorgada por los dioses y sus sabios augurios, nos reunimos para decidir el cómo. Este será el momento en el que la voluntad divina y nuestra astucia terrenal se entrelacen, formando una trama tan fina y poderosa como el jade. Solo aquellos que entiendan la verdadera profundidad de este desafío comprenderán que en cada paso que demos, en cada palabra que se diga, se jugará el destino de Uxwitik. En estas horas inciertas, cuando las tierras de la dinastía Kanuu'l brillan con el fuego de la ambición, debemos mover nuestras piezas con precisión. El mensaje es claro, las voces de los ancestros son inequívocas. K'in Nah Taj, hijo de Itzamná Yohl mi consejero principal, iluminado por el mismo corazón de Itzamná, ha sido elegido para llevar a cabo esta misión secreta en Sak Ho'ok, la ciudad de El Palmar. Como saben es un sitio ubicado muy cerca de Oxte'tuun. Pero este consejo debe decidir los detalles de esa trama, para que ni la sombra de esa poderosa ciudad ni la mirada de Tikal puedan descubrir nuestras verdaderas intenciones.

Un silencio solemne siguió a sus palabras, mientras la expectativa crecía en los corazones de los presentes. La mirada del Ajaw, encendida por el fuego del ritual y el consejo divino, se posó en cada uno de los hombres y mujeres que le rodeaban, desafiándolos a desentrañar el plan que podría sellar su destino o liberarlos de la amenaza que se cernía sobre ellos.

—Hace muchos años —prosiguió el rey—, algunos de los que hoy acompañan este cónclave secreto fueron testigos de un acontecimiento que sellaría nuestros destinos con hilos de sangre y diplomacia. Mi padre K'ahk' U Ti' Witz K'awiil, en su sabiduría, orquestó un matrimonio que uniría nuestra casa con tierras lejanas. Fue entonces cuando su sobrina, la noble Ix Winik Ajaw, señora principal de Copán, fue desposada por el embajador y señor Lakam de Sak Ho'ok, el renombrado Ajlu Chich.

La sala, atenta a cada palabra, pareció oscurecerse con la sombra de aquel pasado, uno en el que las alianzas se forjaban con más cuidado que las hachas para combate.

—De esa unión, —continuó—, nació Ajpach' Waal el que sostiene el estandarte, quien hoy, desde su puesto estratégico en el corazón mismo de la dinastía Kanuu'l, reconoce y honra nuestro parentesco, distante en la geografía, pero cercano en la sangre. Ajpach' Waal, hijo de una de las más antiguas y poderosas coaliciones, es hoy nuestro aliado, y en él depositamos nuestra confianza, incluso entre las redes de poder que gobiernan los destinos de nuestro mundo.

Las palabras del Ajaw flotaron en el aire como una brisa portadora de presagios. El rey sabía que mencionar aquel matrimonio, aparentemente distante en el tiempo, era un recordatorio sutil de los lazos invisibles que aún sostenían la balanza entre la paz y el conflicto.

—Por eso, —dijo, con un tono más solemne—, es crucial que la misión que hoy discutimos se conduzca con la precisión de un cuchillo de obsidiana. Ajpach' Waal, fruto de aquella alianza, es nuestra puerta en tierras enemigas, pero también la clave para abrir caminos que otros no ven. No olvidemos que nuestros destinos, como los de nuestros antepasados, se tejen en las decisiones que hoy tomamos.

Ix K'an Le'um, quien había fungido como embajadora de Copán experta en negociaciones. Conocida, además, por su astucia y su habilidad para leer entre líneas, quien en varias ocasiones había viajado a las cortes de Tikal y Calakmul, entendida en las dinámicas políticas entre las grandes ciudades-estado, con una sonrisa ligera, pero calculada, inicia su parlamento:

—Mi señor, K'in Nah Taj tiene el espíritu de su linaje, pero debemos considerar que la dinastía Kanuu'l no se dejará engañar fácilmente. Ajpach' Waal puede ser leal a nosotros, pero su posición en El Palmar está bajo la mirada de Oxte'tuun. Necesitamos hacerle ver que su lealtad hacia nosotros será recompensada, pero también que su traición sería su perdición. El mensaje que K'in Nah Taj lleve debe ser claro, aunque velado.

B'alam Chaak General del ejército de Copán, afamado Primera Lanza, veterano de muchas campañas, directo y pragmático, enfocado en la seguridad militar y en prevenir conflictos, con una lealtad incuestionable al rey y que entiende poco de intrigas políticas, golpeando su lanza contra el suelo, impaciente, ruge:

—Palabras sutiles y veladas pueden funcionar en las cortes, pero no en los campos de batalla. Oxte'tuun nos vigila, como el jaguar acecha al ciervo. Si Ajpach' Waal vacila, podríamos encontrarnos sitiados entre colosos. Ellos y sus aliados. Necesitamos una muestra de fuerza. Si no la damos, Uxwitik quedará vulnerable.

K'ahk' Ak'ach consejero militar, entrenador en K'an Koj Witz, rival de B'alam Chaak, el B'aah te' Primera Lanza de Copán, a diferencia de éste, prefiere evitar conflictos abiertos mediante estrategias de control territorial y maniobras diplomáticas. Es calculador y frío, además de un brillante estratega probado en batalla. Con una mirada fría y calculada se dirige al guerrero:

—El jaguar también puede cazar en silencio B'aah te'. Si movemos nuestras tropas hacia Sak Ho'ok ahora, enviaríamos un mensaje de hostilidad a Oxte'tuun, eso ya se ha discutido. Eso no es lo que necesitamos. K'in Nah Taj debe realizar una misión que ha de disfrazarse de otra cosa que visita diplomática y será vital que Oxte'tuun no se dé por enterada de la instigación. Hablar con los pueblos sujetos a la dinastía Kaan y sembrar la duda, acrecentar sutilmente el descontento. Con eso, podríamos mantenerlos lejos de nosotros sin necesidad de un solo guerrero en el campo. Sus fuerzas se enfilarían a resolver conflictos internos.

Yax Te' Bahlam sacerdote importante de la ciudad, poseedor de una profunda comprensión de los augurios y los signos cósmicos, quien a menudo guía las decisiones basadas en la espiritualidad, pero también es pragmático cuando se trata de la supervivencia de Copán, ajustando su collar ceremonial de jade, interviene con tono reflexivo:

—Los dioses nos han mostrado señales. La conjunción de Chak Ek' y K'ahk'al Ek' en el cielo habla de conflictos y traiciones, pero también de acuerdos inesperados. K'in Nah Taj no debe ir solo con palabras de intriga o de fuerza. Debe llevar ofrendas, símbolos de la protección divina que solo Uxwitik puede otorgar. Ajpach' Waal debe sentir que nuestra ciudad sigue siendo favorecida por los cielos. Un alma movida hacia el interés por el lujo es más fácil de manipular.

La sala se inunda en murmullos. Itzamná Yohl, padre de K'in Nah Taj y consejero principal, se adelanta para hablar. Con tono firme y paternal:

—Mi hijo está listo para esta misión, pero no puede ir sin un mensaje que sea a la vez claro y profundo. Ajpach' Waal no es un hombre que pueda ser fácilmente engañado, pero su lealtad puede ser alimentada si le mostramos que ser nuestro aliado le da cierto poder sobre Uxwitik, aunque este poder sea ficticio. Debe ver que no solo le ofrecemos protección de Oxte'tuun, sino un futuro más brillante si sigue con nosotros. K'in Nah Taj llevará ese mensaje, y con él, la sabiduría que le hemos enseñado.

El rey alzó la mano, y en un solo gesto, acalló el murmullo que se cernía sobre la sala del trono. Sus ojos, profundos como los cielos que gobiernan las noches de Copán, cerrados con fuerza mientras los argumentos danzaban en su mente como serpientes enredadas. La palabra Ucha'an que significa ser alguien vigilado por…ser regido por…y que representa muchas veces la relación amo-esclavo, se le presentaba como un rayo luminoso en su mente. Todos en la sala aguardaban expectantes, suspensos, ansiosos por escuchar lo que el soberano diría.

—¿Qué sucedería —comenzó, con una voz que denotaba una calma calculada—, si presentáramos ante Oxte'tuun, por medio de Ajpach' Waal y Sak Ho'ok, nuestra absoluta sumisión?

La sala estalló en un alboroto de incredulidad. B'alam Chaak, el Primera Lanza de Copán, se revolvió en su sitio, su incomodidad evidente. Los músculos de su rostro se tensaron, y en sus ojos, momentáneamente llenos de desconfianza y miedo, brillaba una pregunta silenciosa. El audaz guerrero no podía comprender lo que su rey proponía.

El Ajaw, consciente del impacto que sus palabras provocaban, no perdió un solo instante. Su voz, más firme ahora, atronó en el salón.

—Esto es solo una trama —explicó, con una firme serenidad que desafiaba el tumulto que se apoderaba del lugar—. Haremos que Oxte'tuun crea que yo mismo, el K'uhul Ajaw de Uxwitik, estoy bajo la protección y vigilancia de Ajpach' Waal, de El Palmar y por tanto de la misma dinastía Kaan. Aquí es donde tú, K'in Nah Taj, deberás medir tu astucia.

Los ojos del rey se posaron sobre el joven comisionado, mientras continuaba hablando, su tono impregnado de la gravedad de la coyuntura:

—La situación en las tierras de la dinastía Kanuu'l es incierta. Oxte'tuun ha extendido su influencia sobre El Palmar, pero el lazo que nos une con Ajpach' Waal, sellado por el matrimonio de mi prima, la noble Ix Winik Ajaw con su padre, nos concede una oportunidad única. Sin embargo, debemos andar con pies ligeros; la sombra de Yax Mutal y la presión implacable de Oxte'tuun nos han colocado en una posición precaria.

El rey se reclinó ligeramente, permitiendo que sus palabras penetraran en la mente de cada uno de los presentes.

—Confío en la lealtad de Ajpach' Waal —señaló con voz solemne—. Con su apoyo, mostraremos sumisión ante Oxte'tuun, de manera que sus ansias de expansión queden satisfechas y crean que han logrado cerrar la ruta del jade hacia Tikal. De este modo, detendremos sus ambiciones antes de que crezcan más allá de nuestro control. Contamos además con la sumisión de Ik' Naahb' Nal, que garantiza desde tiempos fundacionales, nuestro acceso y control del jade.

El rey hizo una pausa, su mirada fija en un punto distante, como si pudiera ver más allá de las montañas y los ríos que separaban Copán de Calakmul.

—Al mismo tiempo, —prosiguió—, mantendremos nuestras alianzas previas bajo un velo de discreción. No necesitamos la gloria de una confrontación, sino la astucia para evitar un conflicto mayor, uno que podría destruirnos a todos.

Los consejeros asintieron lentamente, comprendiendo que bajo la aparente sumisión que proponía su rey se ocultaba una maniobra de engaño calculado. El verdadero desafío no sería la fuerza de las armas, sino la astucia con la que tejieran su red a espaldas de Calakmul.

El rey dio la orden a B'alam Chaak el Primera Lanza y a K'ahk' Ak'ach, quienes se inclinaron con solemnidad antes de salir, para que seleccionaran a los más hábiles y fuertes guerreros del K'an Koj Witz, la legendaria fortaleza de Copán, residencia de la clase militar. Estos hombres serían los que acompañarían a K'in Nah Taj en su delicada misión. No habría margen para el error; los elegidos debían ser tan sigilosos como el viento que se cuela entre las ramas de la selva, invisibles bajo el dosel de la jungla.

Además, ordenó que se prepararan las más ricas ofrendas para su fiel aliado y pariente, Ajpach' Waal. Regalos que habrían de ser dignos de un lazo sellado en la sangre y la diplomacia. Los mejores artesanos trabajarían en silencio, esculpiendo jade y trabajando piezas en plumas preciosas que hablaran del poder y la generosidad de Copán sin necesidad de palabras.

Finalmente, el rey, en su infinita sabiduría, dispuso que la misión se llevara a cabo con la máxima discreción. Si el camino de la intriga no bastaba, que abrieran paso por la jungla, atravesando las rutas ocultas y peligrosas donde el verde denso se volvía el único testigo. Que la misión fuera tan silenciosa como la serpiente que se desliza entre las hojas, tan oculta como los secretos enterrados bajo las antiguas piedras.

Los presentes, tras oír las últimas palabras del Ajaw, se retiraron uno a uno. Imbuidos en sus propias introspecciones. Pero aún después de que el consejo se dispersara, una pregunta inquietante flotaba en el aire, invisible pero tangible, como una bruma obstinada que se niega a desaparecer.

El rey, complacido con las decisiones tomadas, sentía en ellas el respaldo de los ancestros, cada paso trazado por manos invisibles. No obstante, en lo profundo de su ser, de nuevo una punzada tenue, pero persistente, laceraba su espíritu. Una inquietud sutil serpenteaba entre sus certezas, dejando tras de sí un rastro de preguntas que no lograba disipar. ¿Había pasado por alto algún detalle que los dioses quisieran revelar? ¿Cómo asegurarse de que aquellos que compartieron el consejo ese día eran verdaderamente fieles? Tal vez lo descubriría algún día. Tal vez jamás. O quizás, cuando lo supiera, ya sería demasiado tarde, y las estrellas habrían cambiado sus caminos, trayendo consigo la marea oscura de la traición.

En el silencio del gran salón, solo, sintió como un gran bulto, la carga del reino sobre sus hombros. Multitud de secretos girando a su alrededor como un enjambre invisible. Afuera, la noche continuaba su marcha, pero en los corazones de los leales, y quizás de los traidores, ya se tejía la trama que decidiría el destino de Copán.

Waxaklajuun Ub'aah K'awiil ordenó que la cruzada partiera tres días después de haber sido completados los rituales. En una ceremonia solemne, donde tres venados fueron sacrificados y sus corazones ofrecidos en busca de la bendición divina, el gran señor de Copán, único con la potestad para hablar con y por los dioses, invocó a las deidades que gobiernan los cielos, la tierra y las aguas. A través de esas ofrendas, pidió su favor para la empresa que pronto comenzaría, para que los caminos fueran favorables a sus enviados.

Consciente de los peligros, dispuso que la comitiva portara los objetos sagrados necesarios para realizar las propiciaciones en las cuevas y los caminos que rodean las montañas que cruzaran, asegurándose así de que los dioses, verdaderos amos de todo cuanto existe, les fueran propicios. Waxaklajuun Ub'aah K'awiil confió en Chak B'alam y K'ahk' Ak'ach para una labor crucial. Debían preparar ingeniosos artilugios que permitieran ocultar las armas dentro de fardos de mercancías o entre los ropajes, disimulando sus brigantinas de guerreros, pues cada miembro de la expedición debía pasar por mercader.

La discreción era primordial. La misión requería cautela, y por ello, el grupo debía ser reducido, capaz de moverse en silencio, entre sombras, lejos de miradas indeseadas. Solo los más dignos y leales serían partícipes de este viaje que se presentaba no solo como un reto, sino como un delicado juego de ingenio ante los ojos de los dioses y los hombres.

....

VEN CONMIGO A COPÁN

En la antigua ciudad de Copán, el nacimiento de un niño no solo marcaba el inicio de una nueva vida, sino que también estaba rodeado de rituales y simbolismos profundos. Cuando el pequeño Chan Ik'Tok' es depositado en el banco de piedra, un altar ceremonial en la sala de despachos religiosos, el ambiente rebosa de expectativas y solemnidad. Ese altar con sabor a improvisado, acorde al origen del niño y sus familiares, normalmente no está reservado para eventos importantes, aunque si actúa como un puente entre el mundo terrenal y el espiritual. Esa noche, la luna nueva marca el inicio de su periplo por la bóveda celeste.

El sacerdote encargado de oficializar y bendecir al recién nacido observa con atención cada detalle. Este momento es crucial, ya que la llegada del niño representa una nueva conexión con los dioses y la comunidad. Sin embargo, muestra signos de preocupación. Sus ojos se posan en el pequeño amuleto de piedra que el niño lleva consigo, un objeto de pirita, conocido por su valor y asociaciones místicas en la cultura maya. La pirita, a menudo utilizada en ceremonias por su brillo y su conexión con el sol, el fuego y el poder, es considerada un elemento de gran importancia, una joya para la realeza. El sacerdote examina el amuleto con recelo. La presencia de este mineral es poco frecuente en este antiguo ritual de denominación.

Los familiares del niño habían informado con antelación que el nombre ya había sido elegido, y que el amuleto, ofrecido como obsequio, le brindaría protección. Sin embargo, el sacerdote no se mostraba complacido con aquella explicación. Su ceño se fruncía con un escepticismo que no lograba disimular. Tal vez era el origen humilde del pequeño lo que reclamaba la urgencia de un nombre, pues su destino estaba marcado desde la cuna. Sería fuerza en los campos y en las batallas, un cuerpo más en las construcciones. Su identidad no conocería cambios ni honores a lo largo de su vida, a diferencia de los hijos de la realeza.

Los descendientes de los señores no eran realmente nombrados hasta los siete u ocho años. Antes de merecer ese derecho, debían sobrevivir a la prueba de los años, demostrando su fortaleza al rigor del modelado craneal y el limado del occipucio, ritos que los marcaban como dignos herederos de su linaje, dándoles cuerpos teomorfos. Pero para el niño campesino, su destino no esperaba. El nombre le caería temprano, pesado y definitivo, sin la promesa de transformación que la nobleza concedía a sus hijos.

El sacerdote, movido por la responsabilidad y el conocimiento, se pregunta si el nombre y el amuleto cumplen con las expectativas rituales necesarias para garantizar la protección y el destino adecuado del niño. La respuesta a su inquietud podría determinar el éxito del ritual y la aceptación del niño en la comunidad espiritual de Copán. Este momento resulta crucial para salvaguardar las tradiciones y creencias que, desde tiempos inmemoriales, sostienen el delicado equilibrio en la cosmovisión maya.

Cada rito, cada palabra sagrada debe pronunciarse con el poder conferido a los sacerdotes, cuyas manos trazan el destino conforme a los deseos de los dioses. A su vez, sobre ellos recae también el nada sagrado control del censo. El cual determina no solo las bocas que alimentar, sino también las manos que labran los campos, que construyen majestuosos edificios, que transportan piedras desde lejanas canteras y, llegado el tiempo de guerra, que empuñan las armas como guerreros sin rango.

Con lo incómodo de las dudas e interrogantes del sacerdote, el padre siente sin entender por qué, que se encuentra inmerso en un templo opresivo y oscuro, donde las antorchas apenas iluminan las paredes tapizadas de largos lienzos con los rostros hoscos de los dioses. La respiración se torna dificultosa, el aire impregnado de humo de copal y el sonido lejano de tambores. La ceremonia, el rito del nombramiento de su hijo, es un evento sagrado, pero lo ve distorsionado, como si los rostros de los sacerdotes estuvieran desdibujados y sus palabras, en vez de bendiciones, fueran susurros incomprensibles que se arrastran como serpientes por la piedra. Se restriega con fruición los ojos. Al alzar la vista, ve al sacerdote principal que avanza, su rostro oculto tras una máscara de jade y plumas. Se inclina sobre el recién nacido, recitando las plegarias antiguas, mientras se sacrifica un pavo, para sellar el destino del niño. De repente, algo cambia.

La figura del oficiante se alarga, su cuerpo se retuerce de forma antinatural, como si sus huesos se dislocaran bajo la piel, y su voz se convierte en un alarido gutural que hace vibrar el suelo. Los presentes retroceden con horror, pero el padre está inmóvil, incapaz de apartar la mirada. Mientras el sacerdote, ya transformado en una criatura grotesca, alza al niño por los pies y lo mira con ojos vacíos. Insondables como el abismo del inframundo. En ese momento, un grito ahogado desea escapar de la garganta del atormentado Cha Kej, pero ningún sonido sale. Todo se congela en un instante de terror absoluto, y justo cuando aquel engendro parece dispuesto a devorar al niño, el padre despierta bruscamente. Su pecho agitado bajo la angustia causada por el miedo, un sudor frío empapándole la piel, y sus ojos recorriendo con urgencia el espacio a su alrededor.

La choza está tranquila. A su lado, su esposa duerme plácidamente, ajena al espanto que él acaba de sufrir. En un rincón, el hijo, ya mayor, respira profundamente. El padre contempla a los suyos con una mezcla de alivio y temor, la angustia aun vibrando en sus venas, mientras las imágenes del sueño se desvanecen lentamente. Pero no puede dejar de preguntarse, mientras la oscuridad los envuelve, si algún día ese augurio terrible podría llegar a cumplirse.

El sol estaba radiante esa tarde que el joven Chan Ik'Tok' como tantas otras, iba a los montes cercanos al río, a fin de recoger leña para el fogón. Al caminar, su emoción no disimulaba lo que había contemplado tiempo atrás, un grupo de bellas jóvenes retozando en el río, así que tomó rumbo, al ritmo de los latidos de su corazón. Su curiosidad lo empujaba hacia el sitio que reconocía como fuente de placer oculto, con la esperanza de volver a presenciar algo similar, pero esta vez el aire se sentía con una presión distinta. Mientras avanzaba entre los árboles, algo en el viento cambió. No era el sonido de aves, ni el rumor de las ramas meciéndose, no reconoció tampoco las esperadas risas en aquella misteriosa brisa, cuyas especiales características sus sentidos captaron de inmediato. Era…un jadeo. Gritos apagados. Dolor.

Aguzando su oído y aferrándose al amuleto pendiente de su cuello, avanzó con cautela. Sus pies apenas rozaban el suelo cubierto de hojas secas, mientras seguía los sonidos, que se hacían más intensos. Finalmente, se detuvo al borde de un claro. Allí, tendido en el suelo, encontró a un joven ensangrentado, con heridas evidentes en sus piernas y el torso. Respiraba con dificultad aferrando una lanza, el filo del arma manchado de tierra y sangre. Chan Ik'Tok' dio un paso más, pero el herido se percató de su presencia y de inmediato levantó el arma apuntando directamente hacia él.

—¡Atrás! —gimió el joven, a todas luces alguien de la nobleza, con voz entrecortada por el dolor, pero firme.

—Tranquilo, no quiero hacerte daño —dijo Chan Ik'Tok' levantando sus manos en señal de paz—. Soy amigo. Vivo cerca, junto al río. Sólo quiero ayudarte.

El herido dudó, sus ojos enrojecidos y sin brillo por la fatiga y el sufrimiento. Parecía debatirse entre la desconfianza y el agotamiento.

—¿Quién eres? —preguntó, aflojando apenas el agarre de la lanza—. No te acerques, no sabes quién soy.

—No me importa quién eres —respondió Chan Ik'Tok' con suavidad—. Estás herido. Déjame ayudarte, puedo llevarte a mi casa. Allí estarás a salvo.

El joven noble bajó la lanza lentamente, su resistencia finalmente vencida por la gravedad de las heridas. Respiraba con dificultad, los ojos entrecerrados, pero asintió.

—No tengo más opción —murmuró—. Hazlo… pero si intentas traicionarme, lo pagarás.

—Lo único que quiero es que sobrevivas —dijo Chan Ik'Tok' con firmeza, acercándose ahora con más confianza.

Con esfuerzo, ayudó al noble a incorporarse, ayudándole a pasar el brazo por encima de su hombro para sostenerlo. A cada paso, aquel dejaba escapar un suspiro de dolor. Lograron avanzar con dificultad extrema poco a poco hasta llegar a la pequeña choza junto al río, el sol ya empezaba a ocultarse en el horizonte.

Mientras avanzaban por la orilla del río, un grupo de niños y niñas que jugaban alegremente en las playas se arremolinó en torno a la curiosa escena. Reconocían a Chan Ik'Tok', pero sus ojos se llenaban de asombro ante la figura extraña que lo acompañaba, un hombre de cabeza alargada, adornado con imponentes orejeras de jade, cuya lanza, capturaba todas las miradas. La fascinación infantil los mantenía corriendo alrededor de aquellos hombres, observando como si se tratara de una aparición de otro mundo. Con un gesto firme y un susurro severo, Chan Ik'Tok' los espantó, devolviendo la calma a su paso y alejando las miradas curiosas que buscaban desentrañar aquel misterio.

El hogar del campesino era humilde, pero acogedor. El joven se dejó caer en una estera junto al fuego mientras el anfitrión se apresuraba a calentar agua y buscar hiervas para las heridas.

—¿Qué te ha pasado? —preguntó el joven campesino mientras le limpiaba con cuidado las heridas de las piernas.

Este apretó los dientes y respiró hondo antes de hablar.

—Soy parte de una misión... secreta —respondió con dificultad—. Debía llegar a Uxwitik...pero...fui emboscado. Traidores...hay traidores entre nosotros. No puedo confiar en nadie, no debía ser encontrado.

—Ahora estás conmigo —dijo Chan Ik'Tok'—. Nadie te encontrará aquí, mi familia y yo somos fieles a las tradiciones y al rey, te aseguro que nadie de esta casa dirá nada.

Sus ojos derrotados se suavizaron y un destello de gratitud cruzó el rostro antes de que el agotamiento lo venciera.

—Gracias —balbució, dejándose caer en un sueño inquieto.

Chan Ik'Tok' lo contempló en silencio, con la vaga intuición, o quizás con un anhelo profundo que aún no se atrevía a admitir, de que aquel encuentro no era casual. De que su destino estaba a punto de torcerse en un giro irrevocable. Algo en el aire, en los gestos velados y las palabras no dichas, le insinuaba que, después de aquel día, probablemente su vida jamás sería la misma.

Al caer la noche, sus padres asumieron el cuidado del inesperado y enigmático huésped. Chan Ik'Tok', aún sacudido por los eventos del día, colgó su hamaca entre las ramas de un árbol cercano a la casa, buscando en el aire sereno un respiro que le aliviara la mente. El viento suave susurraba entre las hojas, pero su espíritu seguía agitado, atrapado en una danza tumultuosa de emociones. Ansiedad, sorpresa, cansancio, y una creciente intriga teñida de sospechas y confusión. Intentó entregarse al sueño, pero la palabra traición flotaba poderosamente en su conciencia.

Con el vaivén de la hamaca y la brisa acariciándole la piel, el agotamiento fue venciendo poco a poco sus pensamientos dispersos. La noche, indulgente, lo envolvió en su abrazo, ofreciéndole un descanso que, aunque frágil, resultó reparador en medio de un día tan extraño, preñado de imaginados augurios que aún no alcanzaba a comprender del todo.

Los días pasaban lánguidos. El joven noble se debatía en un sopor que se extendía hora tras hora. Su cuerpo se retorcía en espasmos, sus palabras eran murmullos ilegibles, reminiscencias de algún sueño distante. En intervalos, la fiebre lo consumía, arrancándole quejidos, palabras encajonadas. A veces, lágrimas de resentimiento se deslizaban de sus ojos cerrados, como si el dolor de su alma se manifestara en las horas que se arrastraban como larvas lentamente. Más de dos semanas transcurrió en ese torbellino de fiebre y desasosiego.

Un día y gracias a los cuidados diligentes que recibió de sus inesperados anfitriones, al fin, la lucidez volvió a sus ojos.

Despertó entre sombras y luces, parpadeando, intentando reconocer el mundo que lo rodeaba. Se incorporó lentamente, volteando a cada lado, escudriñando cada rincón de aquel lugar extraño que lo albergaba y fue entonces cuando vio una talla de madera. Aquel objeto, extraño y cautivador, se convirtió en un vínculo palpable con su propio mundo en un lugar tan insólito. A pesar de su agotamiento y el dolor que lo atenazaba, reunió las fuerzas necesarias para acercarse y lo tomó. Quedó atrapado por una curiosidad que no podía ignorar. La sorpresa no fue poca al darse cuenta de que se trataba de una réplica exacta, pero de una perfección aún mayor, de una parte, del texto de la estela que conmemoraba la transformación de Waxaklajuun Ub'aah K'awiil en una deidad que conjura el poder de Chak Ek'.

—¿Quién será el autor de esta obra? —preguntó con voz ronca a sí mismo, su mirada aún perdida en el detalle exquisito de la talla. Sus ojos, sin embargo, ya no eran los de un hombre perdido, sino los de alguien que volvía a la realidad.

Chan Ik'Tok', que lo había estado observando en silencio desde un rincón, bajó la cabeza con modestia.

—Yo la tallé —dijo, su voz una mezcla de orgullo y timidez—. Quedaron estampadas en mi mente en un viaje a Uxwitik y aún sin saber cómo se leen, las reproduzco. Así agradezco a los dioses.

El noble alzó la mirada, sus ojos sorprendidos ahora fijos en Chan Ik'Tok'.

—Eres poseedor de dones... —dijo, admirado, pasando un dedo por la suave madera, reconociendo en ella no solo la maestría, sino algo más profundo—. ¿Qué más haces?

Fueron los padres del joven campesino quienes respondieron. Quedó fascinado por sus relatos sobre las habilidades innatas del muchacho. Intuía, tras las limitaciones impuestas por su origen humilde, un potencial extraordinario que prometía trascender su entorno.

Chan Ik'Tok' —la mente enredada en un torbellino de pensamientos—, se pasó la mano por la cabeza en un gesto automático, buscando palabras que no llegaban. Todo le parecía inusualmente extraño, ajeno a cualquier lógica que pudiera comprender. Sólo logró soltar un par de resoplidos, como si el aire que exhalaba pudiera llevarse consigo su desconcierto. Ante situación tan incómoda, el joven noble preguntó por sus nombres presentándose él al final.

—Soy K'in Nah Taj. Y dime, ¿cómo puedo pagar esta deuda contigo, Chan Ik'Tok'?

El joven agricultor sonrió con humildad, y luego señaló hacia la entrada, donde sus padres observaban la escena desde una distancia prudente.

—No hay deuda que pagar, noble señor. Fue mi madre quien cuidó de ti día y noche. Fue mi padre quien te dio el alimento cuando estabas demasiado débil para comer. Yo solo... —dudó un instante, buscando las palabras—, solo hice lo que pude.

K'in Nah Taj se levantó, tambaleándose aún, y caminó hacia los padres de Chan Ik'Tok', inclinando la cabeza en señal de respeto.

—No olvidaré esto. Ustedes me salvaron la vida.

Consumido por una mezcla abrasadora de ansiedad y duda, Chan Ik'Tok' aprovechó aquel instante efímero, como si los dioses mismos hubieran suspendido el tiempo, para desnudar su corazón. Las palabras que había ocultado por tanto tiempo, cautivas en lo más hondo de su alma, pugnaban por salir, y él, finalmente, les concedió la libertad.

—Desde que conocí Chan Che'en Uxwitik, la ciudad alta y vi su suntuosidad, he soñado con aprender sus secretos, acceder a los saberes que allí solo se brindan a los nobles. Pero sé que mi condición no me lo permite.

El noble se giró hacia él y lo miró fijamente, evaluando no solo las palabras, sino el espíritu de quien tenía enfrente. Finalmente, K'in Nah Taj sonrió.

—Ven conmigo a Copán. Te presentaré como mi salvador y protector. No confío en nadie más para custodiarme. Y, además, prometo que tendrás acceso a los saberes que deseas. Conozco la manera.

Chan Ik'Tok', sorprendido, miró a su padre y a su madre. Pero antes de que pudiera responder, un estruendo interrumpió la conversación. Afuera, el sonido de pasos firmes y el tintineo de los pedernales se hizo presente. Un grupo de lanceros apareció, liderados por el afamado B'aah te' el Primera Lanza de Copán. Habían llegado en una misión de búsqueda.

—¡K'in Nah Taj! —exclamó el jefe de los lanceros aliviado, inclinándose con respeto—. ¡Al fin lo encontramos!

El noble asintió, reconociendo al líder del grupo, pero sus ojos se volvieron rápidamente a Chan Ik'Tok'.

—Voy contigo a Copán —dijo éste, su voz decidida de forma automática—. Pero necesito tu promesa, protege a mis padres. Ellos me dieron todo lo que soy, y no puedo dejarlos sin asegurarme de que estarán a salvo.

Con el rostro radiante de gratitud, K'in Nah Taj puso una mano en el hombro de Chan Ik'Tok'.

—Lo haré. En el camino te pondré al tanto de la manera en que harás tu entrada conmigo en la gran ciudad, así mismo te contaré de cómo y por qué me hallaste en tal estado el día que me salvaste. Y cuando lleguemos a la sagrada Uxwitik, todos sabrán cómo fuiste tú quien me encontró y me amparó.

Chan Ik'Tok' asintió en silencio. Sabía que su vida estaba a punto de cambiar para siempre.

Los padres de Chan Ik'Tok' se despidieron. Tenían el corazón dividido entre el orgullo y la tristeza. Sabían, desde lo más profundo de su ser, que ese era el destino escrito para su hijo. Que el camino que ahora emprendía no era otro que aquel trazado en la estela celeste de su historia, un sendero que los dioses habían esculpido mucho antes de que él viera la luz del mundo.

El padre, sin decir palabra, recordó aquel sueño que lo había perturbado tanto, un presagio que hoy cobraba sentido. En su visión, un ser espantoso, hecho de sombras y hambre, se arrojaba sobre su hijo, alejándolo de los campos, de la vida simple del joven labriego. Ahora entendía que ese sueño no era un simple augurio de peligro, sino una advertencia. El destino de Chan Ik'Tok' lo llevaría lejos de su humilde condición, y en ese viaje, las fuerzas del mundo podían devorarlo.

Un dolor silencioso se instaló en su pecho, una certeza tan amarga como inevitable. La premonición que había marcado el día del nacimiento de su pequeño hijo se cumplía ante sus ojos. Sentía la lucha interna de quien debe dejar ir lo más amado, confiando en que los dioses, al mismo tiempo generosos y crueles, sabrán guiar al hijo hacia el cumplimiento de su destino. Las lágrimas no cayeron de sus ojos, pero su alma lloraba en silencio, despidiendo no solo a su hijo, sino también a la vida que conocieron juntos.

Los guerreros al mando del B'aah te' de Copán, expertos en adaptarse a las circunstancias, improvisaron con rapidez dos fuertes hamacas para cargar al convaleciente. Chan Ik'Tok', con su inquebrantable lealtad, lo seguía de cerca, atento a cada palabra del relato que el joven noble, aún debilitado, compartía sobre la terrible emboscada que había sufrido.

Aquel día, la comitiva había avanzado en calma, confiados por la cercanía de Copán y por el éxito de la misión. Sin embargo, al rededor del mediodía, justo cuando el río brillante de reflejos anaranjados ofrecía un breve descanso, algo fuera de lo común comenzó a ser inquietante. Un puñado de escoltas, quienes se turnaban para lavarse en pequeños grupos, tardaban mucho más de lo esperado en regresar. El noble, confiado en la disciplina de sus hombres, no se había alarmado de inmediato, pero un extraño silencio descendía sobre el campamento. Cuando los últimos de los guerreros se acercaron a investigar, ya fue demasiado tarde.

De entre la espesura, un zumbido sibilante rasgaba el aire. Los primeros dardos silentes caían sobre sus hombres sin aviso, seguidos por lanzas que se clavaban en el suelo y en los cuerpos con precisión letal. Gritos breves, acompañados por el sonido seco de cuerpos cayendo, llenaban el ambiente. La traición había sido maquinada cuidadosamente; los agresores, aliados a enemigos ocultos dentro del propio séquito, sabían exactamente cuándo y dónde atacar.

K'in Nah Taj, apenas con tiempo para organizar una defensa, había reunido al pequeño grupo que quedaba, un puñado de los guerreros más leales y valientes, aquellos que aún no habían caído o sido capturados. Sabía que no tenían más opción que luchar. Con un rugido de desesperación, ordenaba que tomaran posiciones, pero los atacantes les superaban en número, y cada segundo que pasaba, más enemigos surgían de la maleza.

La batalla que siguió fue frenética. Los guerreros de Copán luchaban como jaguares acorralados, sabiendo que no habría misericordia para ellos. El sonido de las mazas chocando, los gritos de rabia y dolor, las hachas de guerra que rasgaban los escudos y las carnes y la tierra que se teñía de rojo bajo sus pies eran signos de una lucha desigual. El joven noble empuñaba su hacha con la destreza de un líder entrenado para la guerra. Se mantenía en el centro del grupo, luchando a la par de sus hombres. Derribó a dos enemigos con rápidos y contundentes mandobles, pero por cada uno que caía, parecían surgir dos más de entre las sombras del bosque.

El combate se tornaba cada vez más desesperado. Uno a uno, los guerreros de Copán sucumbían, arrastrados por la marea de atacantes, hasta que solo quedaron el noble y dos de sus hombres más cercanos. Luchaban en círculo, cubriéndose mutuamente. Las lanzas, hachas, escudos y macanas danzaban con furia, pero los enemigos los rodeaban. Uno de sus fieles había sido atravesado por una lanza y, con un grito sofocado, se desplomó. El segundo, herido gravemente, luchaba aferrado a las últimas fuerzas que le quedaban, pero cayó a los pocos minutos, dejándolo completamente solo.

Herido, pero impulsado por una mezcla de furia y desesperación, el noble continuaba combatiendo. Su cuerpo estaba marcado por varios cortes, pero sus ojos aún brillaban con el fuego de la supervivencia. En un acto de pura voluntad, logró abrirse paso entre los atacantes, hiriendo y derribando a varios más. Finalmente, al borde de sus fuerzas, vio a sus enemigos retroceder, probablemente más por el respeto a su tenacidad que por temor a sus habilidades o quizás al constatar que sólo el sobrevivía, lo dejaron como garantía de que el mensaje intimidatorio llegara a su destinatario.

Extenuado y cubierto de la sangre de amigos y enemigos, se desplomó. Había sobrevivido, pero apenas. Los atacantes, sabiendo que no quedaba amenaza, desaparecieron en la selva, dejando tras de sí un rastro de muerte y traición. El joven recordaba que se había arrastrado aferrado a una lanza que encontró en el suelo, sin saber por cuanto tiempo.

Ahora, mientras lo llevaban de regreso a Copán en las hamacas improvisadas, su mente viajaba a los últimos momentos de la batalla. Sabía que había sido una traición desde dentro, que los enemigos estaban esperando el momento preciso, y que sus hombres más fieles habían dado sus vidas para que él pudiera regresar. Aquel día no solo había perdido a sus guerreros, sino también la seguridad que alguna vez sintió en su propia corte.

Chan Ik'Tok', caminando en silencio junto a él, escuchó en susurros el relato, grabando en su memoria los detalles de aquella sangrienta jornada. Sabía que aquel joven noble no solo llevaba las heridas en su cuerpo, sino también la cicatriz más profunda, la del conocimiento de que su caída había sido orquestada por aquellos que alguna vez había llamado aliados.

El mensajero, con paso ligero se había adelantado para llevar la noticia a Copán. Cuando la comitiva llegó, un grupo de sacerdotes y los más sabios herbolarios de la corte ya los aguardaba. Habían sido llamados para atender al herido con la máxima diligencia. El padre de K'in Nah Taj, al ver a su hijo en tal estado, dejó escapar un suspiro profundo de alivio y preocupación. Sin vacilar, ordenó a los sirvientes que lo acomodaran en un palanquín, digno de su rango, y que lo condujeran con prontitud a su residencia.

En medio de aquel bullicio, apenas alguien reparaba en Chan Ik'Tok', quien observaba en silencio todo lo que acontecía, sintiéndose como una sombra entre las figuras que lo rodeaban. Había estado al lado de K'in Nah Taj durante el viaje de regreso, silencioso, pero siempre presente, testigo de cada momento crucial.

En el complejo habitacional al norte de la urbe, residencia de la parentela y de nobles aliados del rey, en la intimidad de su hogar, cuando los herbolarios comenzaban a preparar los remedios y el aire se impregnaba del aroma de las hierbas curativas, K'in Nah Taj alzó la voz para hablar, dirigiéndose no solo a su padre, sino a todos los presentes. Aunque su cuerpo mostraba signos de fatiga, su voz sonaba firme y decidida.

—Padre —comenzó—, he vuelto con vida gracias a la valentía y la bondad de este joven que ves aquí. Chan Ik'Tok' y su familia me brindaron refugio cuando más lo necesitaba. Me dieron alimento, me cuidaron cuando mi fuerza flaqueaba, y fue él quien me salvó de la muerte segura.

Los ojos de su padre, hasta entonces fijos en las heridas de su hijo, se posaron por fin en el joven campesino que se mantenía de pie, con el rostro bajo y las manos entrelazadas. El murmullo cesó al instante, y una calma reverente invadió la habitación.

71

—Chan Ik'Tok' —prosiguió el joven noble—, a pesar de sus humildes orígenes, posee habilidades que no pueden pasar desapercibidas. No solo mostró un corazón compasivo al ofrecerme su ayuda, sino que demostró una astucia y una fortaleza que solo he visto en los más grandes sabios. Su mente es ágil, su espíritu indomable. Por ello, padre, te pido que lo recibas en nuestra casa como huésped distinguido, que se le trate con el respeto que merece por sus méritos.

Un silencio expectante se apoderó de la sala. Los rostros de los presentes reflejaban asombro y curiosidad. ¿Cómo podía un campesino, alguien que jamás había pisado los recintos de la élite, ser digno de tales palabras y honores?

K'in Nah Taj continuó:

—No solo ha demostrado su valía como súbdito leal, sino que estoy convencido de que sus habilidades intelectuales y manuales superan con creces las de muchos jóvenes de nuestra noble casta. Te pido que le permitas integrarse a la educación de la corte, que aprenda junto a nosotros y que sea mi protegido en adelante.

El padre, consejero principal del rey, un hombre de aspecto imponente y sabiduría reconocida en Copán mantuvo su mirada fija en Chan Ik'Tok'. Después de un largo momento, habló con la calma propia de quien mide cada palabra con gran cuidado.

—Si mi hijo ha visto en ti, joven, tal grandeza, no soy yo quien lo va a desmentir.

Hizo una pausa, como si quisiera dejar que sus palabras calaran hondo.

—Desde este momento, serás recibido en esta casa como huésped de honor. Las puertas de la educación y del conocimiento se abrirán para ti, y, si es cierto que tu espíritu es tan fuerte como dice mi hijo, no dudo que prosperarás en este nuevo camino.

Chan Ik'Tok', sorprendido por tan inesperada declaración, apenas podía articular una respuesta. En su interior, un torbellino de emociones se desataba. Aquel día, su vida efectivamente había empezado a cambiar para siempre.

K'in Nah Taj, al ver la confusión en su rostro, se acercó a él con una sonrisa cálida y le puso una mano en el hombro.

—Estás entre amigos ahora. Lo que has hecho por mí no será olvidado. Uxwitik te acogerá como uno de los suyos.

Chan Ik'Tok' asintió, todavía intentando asimilar las palabras que vibraban en su mente, palabras que abrían sendas que jamás imaginó poder andar.

UN ESPACIO PARA LO INESPERADO

El sol del mediodía se filtraba entre los troncos altos de la selva, derramando su luz sobre los aprendices reunidos en el patio del templo. El sacerdote, un hombre de mirada profunda y voz áspera, alzó la mano para reclamar su atención.

—Hunal —comenzó, su tono solemne—, ese lugar que veneramos no siempre fue lo que es ahora.

Los jóvenes, algunos apenas iniciados en el camino del conocimiento, Chan Ik'Tok' entre ellos, inclinaron sus cabezas, atentos.

—Durante katunes[1] —continuó el sacerdote—, los templos se han levantado uno sobre otro, en honor al fundador de nuestra dinastía K'inich Yax K'uk' Mo'. El rostro de Hunal, las imágenes bellamente diseñadas y los textos de Yehnal, recuerdan su grandeza. Síganme.

Se detuvo frente al gran templo de los ancestros y, con un gesto solemne, indicó a sus aprendices que observaran con atención.

—Este templo, Púrpura, resguarda en su interior a Hunal, Yehnal, Margarita y el sagrado edificio del Divino Incensario. Es la morada consagrada de K'inich Yax K'uk' Mo', el glorioso fundador de nuestra dinastía. Nuestro venerado Waxaklajuun Ub'aah K'awiil, tras realizar las ofrendas en su recinto, ordenó cubrirlo con estuco blanco, como símbolo imperecedero de devoción. Asimismo, dispuso que se le resguardara con celo ritual, para que su pureza y esplendor fueran testimonio eterno de la reverencia de la Casa Real hacia su ilustre ancestro. Una prueba del linaje divino de nuestros ajawo'ob. Este encajonamiento del precioso templo rojo, el gran incensario de los

---

[1] Siglos.

ancestros, lo hizo para conmemorar los primeros quince años de su reinado. Su estructura fue erigida con devoción y recubierta con estuco rojo, el color de la sangre y la vida, con detalles en blanco, amarillo y verde que evocan el resplandor del cielo y la fertilidad de la tierra. Imaginen su esplendor, véanlo en su interior.

—En la entrada principal, contemplaríamos el rostro del dios solar K'inich. Sus ojos ardientes y colmillo prominente como rescoldo de su paso por el acuoso inframundo nos recuerdan su poder para devorar la oscuridad y traer la luz al mundo. A su alrededor, fluyen volutas y signos celestes, proclamando su soberanía sobre los cielos.

Los aprendices escuchaban con respeto, con sus ojos fuertemente cerrados recorrían los detalles de aquel templo enterrado.

—Imaginen su crestería bellamente trabajada en la que destaca el inmenso incensario orlado con las serpientes entrelazadas. Son las serpientes bicéfalas. Guardianas del conocimiento y portadoras de visiones. A través de ellas, los dioses revelan sus designios y abren los portales entre los mundos. Entre sus cuerpos entrelazados se inscriben los glifos que narran el derecho divino de nuestro primer Ajaw a gobernar esta ciudad.

—La fachada poniente de este sagrado templo velado ahora a la vista —continuó el anciano—, oculta lo que dentro se resguarda, las cámaras sagradas donde los sacerdotes comunican sus plegarias a los antepasados, donde el humo del copal asciende hasta los cielos y la sangre de los sacrificios sella el pacto entre el mundo de los hombres y el de los dioses.

El sacerdote les pidió que se sentaran frente al templo Púrpura, diciéndoles:

—Pero hay más, mucho más de lo que pueden ver en las formas y relieves. Hay un lazo que se extiende más allá de estas tierras, hasta Teotihuacán, la gran ciudad de los valles del oeste.

Los aprendices intercambiaron miradas. Sabían de la mítica Teotihuacán, pero el misterio de su conexión con Copán seguía siendo un enigma.

—¿Teotihuacán, señor? —se atrevió a preguntar uno de ellos, un joven de mirada inquisitiva.

El sacerdote asintió, con un destello de aprobación en sus ojos.

—Así es. Nuestro gran fundador, K'inich Yax K'uk' Mo', llegó a estas tierras con el poder y el prestigio de esa ciudad. Lo trajeron los vientos del poniente y, con él, la fuerza de los dioses guerreros de

Teotihuacán. Y aunque su sangre corre ahora en nuestros reyes, es el poder heredado de esos antiguos aliados lo que sostiene nuestro linaje.

El sacerdote hizo una pausa, dejando que sus palabras cayeran sobre los jóvenes como una sombra larga y pesada.

—Recuerden esto —dijo en voz baja—. Cada piedra que toquen, cada inscripción que lean está impregnada de esa historia. No es solo el pasado, es nuestra esencia. Y ustedes, los que están llamados a aprender estos misterios, deben llevar este conocimiento en el corazón.

Los jóvenes asintieron en silencio, sintiendo que en ese momento los ojos del quetzal guacamayo los observaban, con las memorias de los ancestros y una promesa eterna en su mirada. El aire era denso en el calor del mediodía, y los insectos zumbaban entre las sombras y haces de luz proyectadas por los árboles y las estelas. Frente a ellos, el sacerdote sacó de un bulto de red un cetro de madera labrado, que semejaba la serpiente bicéfala, símbolo de poder. Con un tono grave, retomó su relato.

—El fundador, K'uk' Mo' Ajaw, cuyo retrato deificado tienen frente a ustedes, tomó el sagrado cetro de K'awiil con sus propias manos —proclamó, alzando la mirada hacia el horizonte, como si sus ojos atravesaran la densa selva que abrazaba la ciudad y alcanzaran las sombras de un pasado glorioso. Con un movimiento solemne, acercó la madera tallada hacia los presentes. —Así, selló su ascenso al trono y al estatus divino de rey.

Un murmullo se extendió entre los jóvenes. Para ellos, K'uk' Mo' era más que un héroe; era el pilar sobre el que se sostenía toda Copán. Chan Ik'Tok' levantó la mano, ansioso, nervioso.

—Señor, ¿cómo comenzó su reinado? —preguntó, con los ojos fijos en el sacerdote.

Éste infló su pecho, en los gestos de su cara mostró estar complacido por la pregunta.

—Tres días después de haber tomado el cetro —continuó—, K'uk' Mo' Ajaw emprendió su marcha desde un lugar sagrado, una estructura que llamaban Win'te'naah. Aquel sitio no era común ni cercano, sino un santuario venerado desde tiempos inmemoriales, asociado con los comienzos de las dinastías. Se encontraba muy lejos de aquí, en los vastos valles del oeste, en el corazón de una ciudad imponente. Sabemos que era Teotihuacán. Ahí, en el centro del mundo, el señor K'uk' Mo' se presentó ante los dioses y ante los hombres. La gran casa dedicada a K'in Ajaw, erigida como un eje que sostenía los cielos y la tierra, lo acogió en su sombra. En ese vasto y sagrado templo, adosado a la más monumental estructura que jamás verán sus ojos, donde el poder ancestral se respiraba en cada rincón, fue donde el destino de las futuras generaciones quedó sellado.

Los ojos de los aprendices se entrecerraron, intentando imaginar ese lejano lugar. El sacerdote avanzó lentamente, dejando que el eco de sus palabras vibrara en la memoria de los presentes.

—Transcurrieron 153 días para que K'uk' Mo' Ajaw, ya investido con su nuevo nombre de gobernante, K'inich Yax K'uk' Mo', llegara a Uxwitik acompañado de su comitiva —continuó, dibujando con el dedo una línea invisible en el aire, como si siguiera el trazo de un mapa imaginario, mientras sus ojos entrecerrados se fijaban en el diseño evocado. —Fue una travesía ardua y prolongada; así lo cuentan los sabios en sus relatos. El gran general venido del oeste el gran ochk'in kaloomte'.

—¿Entonces nuestro ancestro y fundador era de Teotihuacán? —se atrevió a preguntar otro aprendiz, con curiosidad evidente.

El sacerdote ladeó la cabeza y esbozó una sonrisa enigmática.

—Muchos años antes de que nuestros padres sembraran estas tierras, un hombre, Siyaj K'ahk' Nacido del Fuego, llegó desde el occidente con sus guerreros teotihuacanos. Dijo ser garante de paz, pero sus pasos resonaban con el eco de la conquista. En la ciudad del Perú Waka, fue recibido por el señor K'inich Balam, Jaguar de Rostro Solar. Se sentaron en consejo, como amigos, aunque en las sombras ya se fraguaba el destino de la poderosa ciudad de Tikal Yax Mutal.

Los aprendices, inmóviles, apenas respiraban, fascinados por la historia que cobraba vida en cada palabra.

—Juntos, Siyaj K'ahk' Nacido del Fuego y K'inich Balam emprendieron el viaje hacia Yax Mutal —continuó el maestro—. Una semana después, aquella gloriosa ciudad, que se erguía imponente sobre la selva, cayó ante las fuerzas invasoras. El gobernante Chaak Tok' Ich' Aak La Gran Garra Encendida, fue capturado y sacrificado. No quedó piedra que no fuera tocada por la ambición de los teotihuacanos. Destruyeron los rastros de los catorce gobernantes que habían reinado. Como si el tiempo mismo fuera borrado, elevaron monumentos a su propia gloria y fundaron una nueva dinastía.

Una ligera brisa se coló, acariciando los rostros expectantes de los aprendices. El maestro hizo una pausa, como quien recuerda algo que no puede olvidarse, y un silencio profundo se apoderó del corazón de todos los presentes.

—De aquella dinastía teotihuacana —prosiguió con tono solemne—, desciende la sangre de nuestro señor de señores, nuestro amado K'inich Yax K'uk' Mo'. Nació en la ciudad de Caracol que en su época temprana era afiliada a Yax Mutal, antes de ser derrotada ésta última por Oxte'tuun, la poderosa Calakmul. Pero es en la ciudad de Tikal donde se formó como noble de la realeza, adquiriendo un profundo conocimiento en el arte de gobernar y dominando la ciencia de la guerra. Sin embargo, el destino lo llevaría más lejos. Siendo cercano de Siyaj Chan K'awiil el hijo de Yax Nu'un Ayiín a quien el gran general teotihuacano Siyaj K'ahk' sentó en el trono de Yax Mutal y cuando sus ojos ya brillaban con la sabiduría del águila y la astucia del jaguar, fue enviado a pacificar y conquistar estas tierras. Antes de emprender su misión, fue a Teotihuacán, el corazón de los dioses, donde recibió las insignias de rey, las cuales le otorgaban el derecho a gobernar, como ya había dicho.

El maestro miró a sus jóvenes alumnos, quienes se inclinaron ligeramente hacia adelante, como atraídos por una fuerza invisible.

—Así fue como llegó a nuestro valle, donde varias dinastías locales ya disputaban el poder, ansiosas por controlar los recursos de estas tierras ricas y sagradas. Pero fue él, K'inich Yax K'uk' Mo' quien, con mano firme y corazón justo, erigió nuestra gloriosa ciudad de Uxwitik, y con su linaje, la historia de nuestra gente se entrelazó con la grandeza de los dioses y los guerreros venidos de las estrellas.

El silencio se instaló, mientras los aprendices asimilaban las palabras, como semillas que germinarían en sus corazones. Sabían que acababan de escuchar no solo una historia de su pasado, sino también un recordatorio de la grandeza a la que pertenecían.

—Pero lo que es cierto es que trajo consigo el poder, y quizá también la guerra.

Los aprendices se miraron entre sí, inquietos. La guerra era algo que comprendían bien, pero la imagen de su fundador envuelto en batallas, aún les resultaba difícil de conciliar con el rostro venerado en los templos y monumentos.

—Si K'inich Yax K'uk' Mo' tomó Uxwitik por la fuerza —añadió el sacerdote—, probablemente no necesitó un gran ejército. Las guerras de ese tiempo, como saben, no eran largas ni costosas. Eran rápidas, certeras. Lo que trajo consigo fue la velocidad y la sorpresa.

No hubo necesidad de fortificaciones, ni de grandes asedios. Un golpe directo al corazón de la ciudad. Un ataque decisivo contra su gobernante. Una alianza oportuna mediada por una boda real con una noble de la dinastía mayor de estas regiones y Uxwitik fue suya.

—Tres días después de haber establecido su dominio en Uxwitik y fundar Copán, —continuó el maestro, —K'inich Yax K'uk' Mo' hizo una cruzada decisiva para apoderarse de otra región rica en minerales y recursos, estratégicamente ubicada. Allí, bajo su liderazgo visionario, no solo fundó una dinastía, sino que dejó una huella profunda en la historia al dejar su impronta a aquella pequeña villa que hoy conocemos como Ik' Naahb' Nal o Quiriguá. Fue en ese lugar donde sus conquistas tomaron un nuevo significado, transformando las riquezas naturales en un emblema de poder y prosperidad. A través de los siglos, ese sitio nos ha legado su esplendor, testimonio del genio de un gobernante que supo entrelazar la fortuna de la tierra con la gloria de los hombres, y cuya influencia aún permanece en la memoria de los pueblos que habitan su legado.

Un silencio insondable cayó sobre el grupo, mientras las palabras del sacerdote se asentaban en la mente de los aprendices. La imagen de K'inich Yax K'uk' Mo', con su pequeño pero poderoso ejército, cruzando los caminos hacia Copán, se instaló como una visión poderosa en su imaginación.

—Recuerden —finalizó, con una voz suave pero firme—, lo que define a un rey es, además de la fuerza de sus armas, su voluntad y el poder de los dioses. K'inich Yax K'uk' Mo' no solo conquistó Uxwitik; la fundó, la hizo suya para siempre.

Chan Ik'Tok' absorbía, digería y procesaba con una habilidad casi divina.

Tras recibir las primeras lecciones sobre los números, aquellos misteriosos símbolos y entes vivos de volátil esencia, representados en barras y puntos, en formas de divinidades que evocaban cabezas y cuerpos, o que danzaban en complejas combinaciones silábicas, el joven aquel, nacido allende los límites sagrados de la ciudad, comenzó a destacar con una destreza que parecía venir no de la enseñanza, sino de algo más profundo, algo innato. Para él, los números no eran figuras rígidas ni abstracciones ajenas. Eran seres vivos. Pulsantes con el mismo ritmo de los latidos del tiempo del que daban cuenta.

Cada barra y cada punto que trazaba con sus manos aún muy jóvenes poseía para él una claridad absoluta. No era necesario que repitiera las secuencias como los demás aprendices; bastaba que las viera una vez, y ya en su mente aquellos números danzaban con la gracia de los astros, alineándose en una sinfonía perfecta. Los lapsos de la cuenta larga, el compás intrincado del Tzolk'in y el Haab' le resultaban tan naturales como el ciclo de las estaciones o el crecimiento del maíz que sus padres cultivaban con esmero.

Su habilidad no se limitaba a lo aprendido. Con asombrosa intuición, el joven combinaba los símbolos en formas nuevas, explorando posibilidades que escapaban incluso a la comprensión de sus maestros. Allí donde los demás veían reglas inflexibles, él veía caminos múltiples, ramificaciones de un mismo tronco que le invitaban a adentrarse más y más en el laberinto de los números. Las complejidades matemáticas que se ocultaban en los registros del cielo y la tierra le susurraban secretos que él captaba con una facilidad que hacía que sus maestros se miraran entre sí con asombro y reverencia.

En cierta ocasión Chan Ik'Tok' se sentó en el suelo junto a un pequeño número de aprendices, rodeado por la luz tenue de las luminarias que apenas alumbraban los glifos en las tablas que el sacerdote, escriba y astrónomo había dispuesto ante ellos. El ambiente en la sala era de silencio y expectación, mientras aguardaban a que el maestro comenzara la lección sobre los eclipses.

Pero antes de que la voz del astrónomo rompiera el silencio, Chan Ik'Tok', con el ceño fruncido y los ojos fijos en las tablas, parecía sumido en un pensamiento profundo, como si las líneas de los cálculos se le revelaran en un susurro.

—Aj k'uhun —dijo finalmente, casi sin alzar la mirada—, veo un margen de tres días en las fechas de los eclipses. —Su voz sonaba baja, como si hablase para sí mismo, pero lo suficientemente clara como para atraer la atención del maestro.

Éste, un hombre mayor con la frente marcada por los años de observación del cielo alzó una ceja y se acercó a donde estaba aquel joven de extraña apariencia. No dijo nada, solo observó con detenimiento al nuevo aprendiz. Había visto antes esa expresión, ese brillo en los ojos de alguien a punto de descifrar un enigma.

Chan Ik'Tok' continuó, como si el flujo de sus pensamientos fuera imposible de detener.

—Si se observan los días del Tzolk'in... y los números 177 y 148... —hizo una pausa, buscando las palabras adecuadas—. Estos números corresponden, en ese orden, a seis y cinco meses lunares, ¿no es así?

Levanta la mirada, sus ojos buscando al maestro.

—Pero hay tres filas de días... tres posibles días para el eclipse...

De pronto su voz cobró una nota de asombro.

—¡No son sólo observaciones! Son predicciones... ¿verdad?

El maestro, que hasta entonces había permanecido en silencio, lo miró con una mezcla de satisfacción y precaución. La intuición del joven era aguda, pero aún había mucho por aprender antes de llegar a entender las profundidades del cielo.

—Joven Chan Ik'Tok' —dijo lentamente—, lo que ves es correcto. Los días del Tzolk'in guían los ciclos de la luna, y lo que ahora tienes ante ti es el mapa de los cielos futuros.

El maestro dio un paso atrás y señaló las tablas.

—Lo que nuestros ancestros observaron y registraron no fue solo lo que el cielo mostraba, sino lo que mostrará. Esa es la verdadera ciencia del tiempo. Saber leer no solo el presente, sino el futuro.

Chan Ik'Tok' asintió lentamente, como si las palabras del astrónomo confirmaran lo que su mente ya había comenzado a entrever.

—Entonces —preguntó el joven, con un leve temblor de emoción en su voz—, ¿podemos predecir con certeza cuándo ocurrirá el próximo eclipse?

El astrónomo sonrió, con una mezcla de orgullo y paciencia.

—Con certeza absoluta no, joven Chan Ik'Tok'. Siempre hay un margen. Por eso agregaron los antiguos observadores del cielo, un día antes y un día después de la fecha que se obtiene en relación con las lunaciones y los días del Tzolk'in. Por eso aparecen tres probables días de eclipses. Una pequeña pero calculada precaución, un espacio para lo inesperado. Lo que es seguro es que nunca se sale de ese período de tres días, el eclipse con certeza ocurre en cualquiera de ellos. Entonces ahora sabes, que los dioses nos han dejado señales suficientes para estar preparados ante acontecimientos celestiales y hacer las propiciaciones respectivas para conjurar sus amenazas. Eso. Se llama calendario.

Así, el joven a quien cuyo origen humilde parecía dictarle un destino ordinario, comenzó a destacarse, no por fuerza ni riqueza, sino por una mente que comprendía lo que muchos no alcanzaban ni a imaginar. La matemática no era para él una herramienta más, sino el lenguaje de los dioses. Un código sagrado que empezaba a descifrar con una claridad que incluso los escribas más experimentados envidiaban en silencio.

Era capaz de observar el cielo y en un destello, sin necesidad de años de aprendizaje, entender el enigma que representaban los movimientos de Marte. Mientras los sacerdotes se reunían en torno a las estelas, escrutando códices computacionales con cautela, susurros de temor y asombro resonaban cuando aquel joven, apenas un aprendiz, señalaba con su dedo al firmamento y dibujaba en el papel los mismos patrones que aquellos sabios debatían por horas. Los ciclos celestiales se revelaban ante él como si fueran notas de una canción secreta. Su mirada, aún joven, irradiaba un entendimiento que solo los más viejos escribas podían aspirar a poseer.

Cada vez que sus cálculos resultaban certeros, el eco de su talento se extendía por la ciudad de Copán. Algunos de los ancianos veían en él un signo, una promesa de tiempos en los que la armonía entre el hombre y los astros alcanzaría nuevas alturas. Un futuro donde los secretos de las estrellas no serían solo privilegio de los elegidos, sino el legado de un niño que intuía lo que los sabios solo podían desear entender.

Después de aquel primer viaje a Copán de la mano de su padre, los signos que lo cautivaron se apoderaron de su mente como visiones indelebles, invadiendo cada rincón de su corazón ansioso. Las imágenes y símbolos que descubrió durante su estadía en aquella lejana ocasión se cristalizaron en sus tallas y dibujos, marcando el comienzo de una obsesión ferviente por desentrañar los secretos de la escritura sagrada. Lo que para muchos requería años de estudio, él lo dominó con asombrosa rapidez y precisión. Pronto, los laberintos de logogramas y silabogramas se desplegaron ante él como un libro abierto. Comprendió la relación íntima entre las estructuras gramaticales y sintácticas. Las complejas fórmulas escriturarias de las estelas, dinteles y frisos, así como las imágenes sublimes que poblaban la poesía maya.

Su conocimiento creció con tal fuerza que sus propios compañeros y algunos ancianos y sabios, al verlo, no tardaron en acercársele, asediándolo con peticiones de ayuda para perfeccionar sus ejercicios de escritura los primeros, para probar y confirmar su saber los segundos. A mano alzada, sobre el fino y delicado amate estucado, pintaba con una maestría que dejaba sin aliento a quienes lo observaban. Cada trazo, cada curva de su caligrafía era un testimonio de su destreza. Los signos fluían de su pincel con una belleza sobrenatural, como si él mismo fuera un canal por el que los antiguos espíritus de los escribas se expresaran. En cada trazo, en cada forma, palpitaba el corazón de una cultura ancestral, y su arte se mostraba como un puente que conectaba el presente con la memoria de los antiguos, custodiando los secretos del mañana.

Cierto día, ya acomodado sobre su estera y listo para comenzar la transcripción de los antiguos códices, el escriba inició su lección con una disertación sobre el adecuado tratamiento de las áreas dentro de la estructura espaciotemporal de los libros sagrados. Chan Ik'Tok' dispuso su ánimo para meterse de lleno en el aprendizaje, eufórico.

K'in Nah Taj lo sujetó con firmeza por los hombros y lo sacudió apenas, como si intentara arrancarlo de un sueño peligroso. Su mirada ardía de urgencia, pero en el fondo latía una angustia difícil de disimular. Con la voz tensa, le dijo:

—¡Escucha bien! Contén tu euforia por un momento, concéntrate y no pierdas la ruta. Sabes que esto es un error. Sí, ella te corresponde, pero entiende esto, por más que hayas ascendido en la corte con tu talento e inteligencia, sigues sin ser de la nobleza. No es un simple desliz… Te juegas la vida, y con ello, pones en peligro la seguridad de mi pariente. —Su ceño se frunció al ver cómo Chan Ik'Tok' se frotaba las manos, ansioso por su encuentro furtivo con K'aay Ak'ab Sak Ixik.

Chan Ik'Tok' dejó caer los brazos a los costados, exhalando con pesadez. Su mirada, antes encendida por la emoción, se tornó más oscura, más seria.

—Lo sé —respondió al fin, con un hilo de voz que pronto se hizo firme—. Me doy cabal cuenta de lo que arriesgo… de lo que arriesgamos. No soy un iluso, K'in Nah Taj. Medito cada paso, cada mirada, cada palabra intercambiada con ella. Y, aun así, seguimos adelante. No por capricho, sino porque hay cosas que valen más que el miedo… más que la sangre que corre por nuestras venas.

Un susurro de voces y el crujir de los pasos en el bosque rompieron la quietud. Ella se aproximaba, acompañada de sus damas. K'in Naj Taj soltó los hombros de Chan Ik'Tok' y lo miró fijamente. Su mirada, con una aflicción profunda manifestada en ella, llevaba consigo una advertencia implícita. Dándole una palmada amistosa en el brazo, se alejó, saludando con una inclinación de cabeza a las damas que se acercaban.

En aquel refugio clandestino, le recitaba su último poema, el Canto Nocturno de la Diosa Blanca, en el que desentrañaba el profundo significado de su nombre, exaltando cómo encarnaba, con perfecta armonía, el misterio y la fascinación que la rodeaban. Se susurraban palabras al oído, entrelazaban las manos en un gesto de complicidad, mientras las damas de compañía observaban desde la distancia. Las caricias, cargadas de pasión, y las risas, llenas de un gozo secreto, eran los encuentros furtivos que compartían en ese claro oculto del bosque.

De repente como un trueno desgarrando el aire, una voz surgió, rompiendo la calma con tal furia que pareció emerger de las entrañas de la tierra, intensificándose hasta estallar violentamente, desterrando de golpe la ensoñación que dominaba la escena.

—¡Cho'k'on tat b'ih! —la voz grave del escriba resonó fuerte en la sala, interrumpiendo el suave trazo de los pinceles sobre el papel amate—. ¡Esa línea gruesa debe ser borrada!

Chan Ik'Tok' sintió que regresaba a su estera con la violencia de un golpe, como si lo hubieran arrojado desde cierta altura al suelo. Fue entonces cuando comprendió que había sido arrancado de la realidad, arrebatado por el hechizo de K'aay Ak'ab Sak Ixik. Sacudió la cabeza, tratando de reorientarse, y poco a poco el mundo recobró su forma. Al fin, las risas apagadas de la sala le llegaron, y en ese instante comprendió lo que estaba sucediendo.

Uno de los aprendices, con la cabeza gacha, intentaba ocultar su temblor mientras nerviosamente con dedos entorpecidos por la presión intentaba tomar la piedra para raspar apresurándose y así corregir el error bajo la mirada severa del maestro.

—¿Es que no comprendes lo importante que es la precisión? —continuó el escriba—. Un solo trazo mal hecho puede cambiar el sentido de un códice entero. ¡Borra esa línea!

Cerca de él, K'in Nah Taj, un poco más experimentado, esbozó una sonrisa discreta y se inclinó hacia su compañero, sin apartar los ojos de su propio trabajo.

—Otra vez con lo mismo —susurró, apenas audible, disfrutando del momento—. Me pregunto si algún día aprenderán...

Chan Ik'Tok', que ya avanzaba con mayor destreza, respondió en el mismo tono, con una chispa de burla en su mirada.

—Dudo que sea pronto. Nosotros, en cambio, estamos casi listos —su pincel se deslizaba con fluidez sobre el papel, cada trazo parte de una coreografía precisa—. ¿No te das cuenta? Cada error de ellos nos acerca más al círculo íntimo. Ahí donde los amanuenses se ganan su lugar junto a los poderosos.

Los dos intercambiaron una mirada, cómplices en su superioridad silenciosa. Mientras, el escriba reprendía al aprendiz con renovado ímpetu, quien, ahora más nervioso, se sentía abatido, consciente de ser observado por los demás, que no ocultaban su curiosidad ni su burla.

—Basta de distracciones —advirtió el maestro con una mirada intensa hacia los que murmuraban—. Aquí se vienen a forjar los futuros guardianes del conocimiento, no a jugar con suposiciones. ¡Sigan trabajando!

Los susurros cesaron de inmediato, pero las sonrisas permanecieron, ocultas tras las pinceladas.

Sin embargo, no todo era asombro y admiración en torno a aquel joven prodigio. Entre los sacerdotes y maestros de Copán, comenzó a gestarse una sombra de preocupación que, lentamente, enrarecía el aire que rodeaba a su figura. Aunque su destreza para desentrañar los misterios de las matemáticas y los cielos era innegable, lo que velaba las mentes de nobles y sabios no era el brillo de su talento, sino su origen. El joven no provenía de las filas de la élite, no era hijo de nobles ni de sacerdotes venerados. Su pobre linaje, anclado en la tierra de los agricultores, contrastaba con la magnificencia de los saberes que manejaba con tal facilidad.

Se preguntaban, en lo profundo de sus corazones, si los dones divinos, aquellos secretos que habían sido otorgados por los dioses a los más altos descendientes de las estrellas, podían realmente habitar en alguien de sangre común. ¿Cómo podía un plebeyo, nacido lejos de los palacios y templos, acceder a conocimientos que habían sido preservados y transmitidos con sumo cuidado a través de generaciones de sabios?

Los antiguos saberes vertidos en códices prevenían sobre los peligros de romper el orden divino, y algunos comenzaron a preguntarse si el ascenso de este joven no era, en realidad, una señal de desbalance, un presagio de que algo más oscuro se cernía sobre Copán.

Algunos, en silencio, dejaron que el miedo se apoderara de ellos. Bajo la aparente calma de los templos y las plazas, las miradas se tornaban más severas, los murmullos más numerosos. No todos estaban dispuestos a aceptar que un muchacho de burdo origen pudiera manejar con tal maestría el conocimiento reservado para los escogidos. Y así, en las sombras, surgieron las primeras intenciones de conspiración, tejidas con hilos de desconfianza y temor. Los corazones de algunos nobles y sacerdotes, endurecidos por el miedo a lo desconocido, comenzaron a tramar contra aquel que, sin saberlo, había desafiado las barreras que el tiempo y la tradición habían levantado, a sabiendas de que era protegido por el mismísimo asesor principal del rey. Movidos no por la envidia de su brillantez, sino por el terror de que el orden instituido se desmoronara, comenzaron a susurrar entre ellos, maquinando cómo impedir que el muchacho cruzara los umbrales que la historia había reservado solo para los elegidos.

Chan Ik'Tok' sentía, con frecuencia, la animadversión de las miradas severas de los nobles y señores que lo rodeaban. Se sabía diferente. Su cabeza, al igual que la de cualquier campesino, no había sido moldeada en la cuna según los cánones de la élite. Sus compañeros de formación, con la crueldad de la juventud, solían mofarse de él llamándolo Wool Jol, Cabeza de Pelota. Algunos preferían llamarlo Chak Jol, Cabezón, en alusión a la redondez natural de su cráneo. A diferencia de los demás, su cabeza no ostentaba la estilizada forma de mazorca de maíz, aquella que lucían con orgullo los hijos de la nobleza desde el nacimiento mediante el delicado arte del modelado craneal. Tampoco llevaba incrustaciones de jade en los dientes, ni escoriaciones en la piel, ni el pulido del occipucio, símbolos de refinamiento y linaje. Sin embargo, lo que comenzó como una burla dirigida a su origen campesino, terminó convirtiéndose en un epíteto que, lejos de avergonzarlo, lo acompañaría como un símbolo de identidad en los círculos más cercanos y de confianza dentro de la ciudad.

Pero Chan Ik'Tok' no se detenía en las burlas. Su respuesta era el silencio obstinado y el esfuerzo incansable. Mientras otros se contentaban con cumplir, él iba más allá. Donde se le pedía una tarea, él entregaba dos. Si exigían su fuerza, él ofrecía también su corazón. Sabía que su destino no se definiría por la forma de su cráneo, sino por la firmeza de su espíritu. Sin embargo, tuvo que haber sido más cuidadoso, prestar más atención, como lo sabrá más tarde, arrepentido por no dar importancia a los rumores que se lograban filtrar hasta él.

En cierta ocasión Chan Ik'Tok' estaba sentado en su estera, sumergido en el delicado arte de replicar un códice antiguo, atrapado entre las enigmáticas fórmulas astronómicas que los sabios de tiempos remotos habían descifrado para comprender el cielo y sus intrincadas conexiones con los dioses y los astros. Con mano firme, sostenía un pincel finísimo de pelo de conejo, con el cual trazaba diminutos caracteres de exquisita caligrafía sobre la superficie del papel de amate. Mientras trabajaba con precisión, su mente flotaba en un éxtasis silencioso, maravillado por la armonía de los números que revelaban los secretos del universo, lo recurrente de los eclipses, los ciclos de la Luna, y las complejas danzas de Venus y Marte en el firmamento.

De repente, algo golpeó su cabeza. El inesperado impacto lo arrancó de su ensoñación y lo hizo brincar en su lugar, sobresaltado, haciendo que cayeran los pinceles que llevaba en la red de su cabeza. El maestro escriba, un hombre de rostro severo y mirada afilada, como la de un reptil acechante, levantó los ojos de sus propias tablillas, clavando una mirada inquisitiva en Chan Ik'Tok'. Este, con el pulso acelerado, recogió los pinceles y volvió a inclinarse rápidamente sobre su trabajo, fingiendo una diligencia redoblada, intentando evitar la ira del maestro.

No pasó mucho tiempo antes de que otro proyectil, esta vez una pequeña bola de papel cuidadosamente compactada, volara por el aire y aterrizara con un golpe seco en su nuca. Chan Ik'Tok', con más astucia esta vez, giró la cabeza con disimulo. Allí, en la penumbra del salón, su amigo K'in Nah Taj, sentado a poca distancia, hacía un gesto con las manos. Como si sujetara con cautela una gran calabaza para no ser visto, con una sonrisa cómplice, sus labios formaban la palabra Chak Jol. Luego con rápidos movimientos de sus ojos y un sutil gesto de la cabeza, le mostraba unos trozos de papel que había escondido bajo su estera. Disimuladamente le hizo una señal clara con la mano. Se verían a la hora de la comida.

Chan Ik'Tok' asintió apenas, su corazón latiendo aún por el susto, la emoción de los cielos y la travesura que estaba por venir.

Más tarde, en un rincón del comedor, la luz temblorosa de las antorchas apenas iluminaba los rostros de K'in Nah Taj y Chan Ik'Tok'. El primero inclinado sobre aquel legajo de hojas sueltas, con una sonrisa apenas contenida. El segundo, notando la expresión traviesa de su amigo, no pudo evitar sonreír también.

—¿Qué te traes entre manos? —preguntó, ladeando la cabeza con un gesto de picardía.

Este alzó la vista, sus ojos brillando como quien guarda un buen secreto.

—Te lo voy a contar, pero prométeme que no saldrás corriendo a decírselo a todos —respondió con un tono burlón, inclinándose hacia él—. Entre los tesoros de mi padre encontré algo que hará que esta noche sea… inolvidable.

Chan Ik'Tok' levantó una ceja, divertido.

—¿Inolvidable? Ya has captado mi atención. Por favor, no me dejes en suspenso —dijo, frotándose las manos con notoria impaciencia.

K'in Nah Taj se echó hacia atrás, disfrutando del momento.

—Es el patolli. Lo encontré. Las reglas, el diseño del tablero… todo —dijo con un aire de satisfacción—. Lo copié, por si acaso. Lo vamos a jugar esta noche Wool Jol, pero... —su tono cambió, más bajo, más conspirador, —no es tan simple como parece.

Chan Ik'Tok' se inclinó hacia adelante, ahora intrigado.

—¿No es simple? ¿Qué estás ocultando? —preguntó, casi riendo, aunque con la curiosidad aflorando.

—Bueno… —K'in Nah Taj se acercó todavía más, casi susurrando—, resulta que no es solo un juego. Según los escritos, es una representación del destino. Cada ficha que movemos, cada caña que lanzamos puede influir en nuestro futuro. ¿Lo imaginas? Apostar más que solo nuestras pertenencias... —Hizo una pausa, su sonrisa ensanchándose, alargando hacia su compañero las hojas sueltas—: Apostamos nuestra suerte.

Chan Ik'Tok' ojeó rápidamente aquellas hojas arrugadas, apurado, con viva curiosidad, intentando hacer caso omiso de la mala caligrafía. Soltó una risa, pero rápidamente se mordió el labio, intentando controlar su entusiasmo.

—¿Nuestra suerte? —susurró en tono burlón—. Pues, amigo, ya estaba apostando todo mi orgullo, ¿qué es un poco más de riesgo?

—Es justo lo que pensé cabezón —respondió K'in Nah Taj, riendo suavemente—. Pero… —volvió a usar ese tono dramático—, si pierdes, no me culpes cuando los dioses decidan ponerte a barrer los templos.

Chan Ik'Tok' lo miró con fingida gravedad, pero no pudo evitar reírse entre dientes.

—Los dioses ya deben estar apostando a quién de nosotros le va peor en este juego.

K'in Nah Taj lo golpeó suavemente en el brazo.

—Entonces, ¿estás dentro Wool Jol? —preguntó con un brillo travieso en los ojos.

—Por supuesto. Pero si los dioses tienen algún reclamo, que vayan contigo —respondió Chan Ik'Tok' con un guiño cómplice.

Ambos rieron, sabiendo que aquella noche no solo jugarían al patolli, sino también al destino mismo, con la astucia y el desafío propios de la juventud.

Estos jóvenes listos, sabían que había muchos tableros de patolli en dos de los templos de la montaña más sagrada de Copán, en donde el gran rey, el señor de señores, el fundador de la ciudad y forjador de la gloria y la abundancia K'inich Yax K'uk' Mo' había iniciado su viaje hacia el inframundo y desde donde como ancestro, orientaba la vida y derroteros de la gran ciudad. Por eso, el juego que se practicaba en ese lugar sagrado no podía ser un simple pasatiempo ni un capricho para el ocio y la mala conducta, como insistían los sabios y sacerdotes al advertir a los jóvenes. Sus palabras, lejos de disuadirlos, alimentaban la curiosidad. Cada prohibición se convertía en un eco que los atraía más, pues sentían, con la urgencia de quien busca lo oculto, que aquel juego encerraba un conocimiento mayor, algo sagrado y peligroso. Así, lo que debía ser un simple aviso se transformaba en un sendero irresistible hacia lo desconocido.

Aquella noche, tras eludir con astucia la vigilancia de los guardias, se deslizaron hacia el norte de la ciudad, como sombras sigilosas. El silencio cómplice de la selva los envolvía mientras avanzaban, como un manto que ocultaba sus pasos al mundo. Finalmente, llegaron al lugar perfecto, una piedra plana, majestuosa en su quietud, que se alzaba como un altar natural, lista para recibir las marcas del patolli, su juego sagrado. Su superficie parecía la espalda de la diosa madre, la sagrada portadora de la tierra, sosteniendo el aquí y el ahora, el norte y el sur, el este y el oeste, como si todo el cosmos se reuniera sobre esa roca para presenciar su ritual.

Encendieron una antorcha, cuyas llamas danzaron breves antes de asentarse en la quietud nocturna. Le colocaron con cuidado una pantalla de hojas grandes, procurando que su luz fuera lo justo para sus ojos, pero que sus destellos se proyectaran hacia el lejano horizonte del norte evitando ser divisados.

Mientras estaban absortos en su tarea, el cielo les ofreció un regalo. Las nubes, que antes velaban el firmamento, se apartaron, y la luna se asomó majestuosa, bañando la tierra con su resplandor plateado. Chan Ik'Tok' levantó la mirada y su corazón dio un vuelco. Ante sus ojos, lo que tantas veces había representado en finos trazos y colores en el amate cobraba vida, el divino dios del cielo Itzamná abrazado en unión con la diosa Ix Chel. Reconoció el augurio, uno que los antiguos habían susurrado en el lenguaje de las estrellas. Abundancia. El cuenco sagrado de la diosa Luna estaba lleno, listo para derramarse en copiosa lluvia sobre la tierra, inundando de bendiciones los campos y a su gente. En ese instante, la seguridad lo envolvió como un manto cálido. Sintió que nada podría desbaratar sus planes.

Bajó la vista, y encontró que sus compañeros, igual de absortos, contemplaban la escena celestial, embelesados por la misma visión. Ninguno habló, pero sus pensamientos fluían en una corriente compartida, uniendo sus espíritus bajo la mirada de la luna. Sin decir palabra, volvieron a su labor, confiados en que esa noche, el cielo estaba de su lado.

Con hábil maestría esculpían en la piedra lisa el tablero de patolli, mientras la luz vacilante de la antorcha bañaba sus rostros, alargando y encogiendo sus sombras, que danzaban en el aire como si fueran reflejos en un río de jade líquido y etéreo. El trabajo proseguía en un silencio profundo, tan denso que parecía haber caído sobre ellos tras el sagrado espectáculo de la danza entre el cielo y la luna. Chan Ik'Tok' cerró los ojos por un instante, y en ese espeso mutismo sintió un estremecimiento atravesando sus huesos. En su mente, como un rayo, reapareció nítida y eterna la imagen de la primera vez que vio al rey de cerca, como un fragmento de tiempo atrapado en el espejo de su memoria.

Aún lo recuerda con una claridad punzante. El soberano pasaba acompañado de su esposa, rodeado de sus nobles cortesanas, seguido por su escriba personal y el gran consejero, padre de K'in Nah Taj. Había sido un día largo, lleno de despachos en el trono, y el rey, era dirigido a su morada, elevado como correspondía a su estatus divino en un suntuoso palanquín. En aquel momento, al verlo, el corazón del joven dio un vuelco. Esa cara... ¿cómo era posible que le resultara tan familiar? Sus piernas se debilitaron, y por un instante temió que el suelo bajo sus pies se licuara y lo desequilibrara, presa de un desmayo inevitable.

¿Por qué ese rostro, esa sensación vertiginosa, regresaba ahora, en el preciso instante en que el juego estaba a punto de comenzar? Este no era un simple entretenimiento, era una batalla silenciosa en la que el rumbo de cada jugador se escribiría con las reglas implacables del azar y el destino. Giró la mirada hacia Copán, donde a lo lejos, el fuego principal ardía con una intensidad que marcaba el cielo nocturno, sus lenguas doradas elevándose para tocar las alturas como si quisieran desafiar a las estrellas mismas.

Los cuatro jugadores ya estaban listos, las fichas rojas y azules frente a ellos. Las cañas marcadas aguardaban para sortear los turnos y los pasos en el tablero, un cosmograma inciso en la piedra, con caminos tallados bajo un único principio, el azar. La antorcha temblaba ligeramente, arrojando sombras que danzaban sobre el tablero como presagios indescifrables.

K'in Nah Taj, siempre intrigado por lo más inesperado, rompió el silencio con una idea que cruzó su mente.

—¿Y si jugamos siendo otros? —dijo con una sonrisa apenas perceptible—. ¿Qué tal si representamos a otras personas esta vez?

Chan Ik'Tok', siempre cauteloso, arqueó una ceja, observándolo con cierto recelo antes de responder:

—¿Sería eso posible? —preguntó, con un dejo de inquietud en su voz—. ¿No crees que puede ser un juego peligroso?

Los otros dos jugadores, más relajados, intercambiaron miradas y asintieron. La idea les parecía una interesante distracción. K'in Nah Taj, encantado por la atención que su propuesta había generado, fue el primero en dar el paso.

—Yo encarnaré al mismísimo Yax K'uk' Mo' —declaró con un tono solemne, mencionando al legendario fundador de la dinastía de Copán.

Los demás soltaron unas risas breves y ligeras, pero esas risas, al principio espontáneas, comenzaron a apagarse poco a poco, hasta que el silencio regresó al círculo. K'in Nah Taj mantenía su mirada fija en ellos, y con una calma que erizaba la piel, repitió.

—No estoy bromeando. Tal vez, si no jugamos como nosotros mismos, podamos sortear el mal augurio que siempre persigue a los perdedores.

El aire cambió, como si una brisa invisible hubiera removido la atmósfera. Finalmente, cada uno decidió su papel, y con la misma solemnidad, entraron en el juego. Chan Ik'Tok', no dispuesto a quedarse atrás, alzó la voz:

—Si tú serás Yax K'uk' Mo', entonces yo seré el gran señor Waxaklajuun Ub'aah K'awiil.

Un leve murmullo de aprobación se extendió entre los jugadores. Con un asentimiento final, comenzaron a lanzar las cañas marcadas, uno tras otro, determinando su suerte en aquel tablero ancestral. Cada tirada llevaba consigo una traza del destino.

El tablero contenía puntos oscuros, pozos de incertidumbre que obligaban al que caía en ellos a retroceder, como si fueran hogueras invisibles capaces de transformar la materia y el espíritu de los jugadores. Cada paso en falso podía marcar un nuevo comienzo, impuesto por fuerzas que ninguno de ellos lograba comprender del todo.

A pesar de los augurios favorables que los cielos habían revelado esa noche, éstos no eran para todos. El gran perdedor fue Chan Ik'Tok'. Cuando su ficha de nuevo cayó en uno de esos puntos oscuros, su sino quedó marcado de manera irreversible. Él no lo sabía en ese momento, pero su destino había quedado sellado, conectado de forma irremediable hasta su muerte con el gran Ajaw de Copán.

Al regresar, con la cautela de quienes llevan el lastre de un acto prohibido, caminaban en silencio, con las miradas clavadas en el suelo. Chan Ik'Tok', aún sin comprender del todo el significado de lo ocurrido, se sumía en pensamientos oscuros. Si hemos faltado el respeto a los dioses, ¿cómo podríamos esperar su favor? ¿Cómo pedirles ayuda sin merecerla?

Esa inquietud, junto al amargo presentimiento de haber cometido una grave ofensa, se aferró a su corazón. Fue así, atormentado por la culpa y el temor, que finalmente sucumbió al sueño aquella noche.

—¡Levanten la guardia! —rugió la voz del instructor, su tono implacable resonando en el patio de entrenamiento—. ¡No son campesinos con coas en las manos! Son nobles, guardianes de Uxwitik. Si no pueden sostener un hacha como hombres, caerán como niños. ¡Otra vez!

Sus palabras flotaban en el aire, inclementes como el calor sofocante que caía sobre los guerreros en formación. El instructor, un hombre de piel quemada por el sol y curtida por los años, caminaba entre ellos con la autoridad de quien ha visto demasiadas batallas. Su tez tenía el color profundo de los frijoles maduros, oscura y resistente como la tierra misma. Sus piernas y brazos, gruesos y fuertes, eran testimonio viviente de su fortaleza y experiencia, forjada en incontables combates al servicio del rey.

A pesar de la dureza de su cuerpo, su rostro empezaba a mostrar las marcas del tiempo. Arrugas surcaban su frente y alrededor de sus ojos, dándole un semblante severo, uno que no admitía dudas ni flaquezas. Esas líneas, labradas por los años y por el peso de la responsabilidad, no hacían más que aumentar el respeto que sus pupilos le profesaban. Cada orden que daba avalada por siglos de tradición, como si el espíritu del dios Wak Lom Cha'an, el Perforador de Seis Cielos y de todos los valientes de Copán habitara en su voz, exigiendo de ellos perfección, fuerza, y el honor que solo los verdaderos guardianes guerreros podían reclamar.

Uno de los aprendices jadeando, mientras ajusta el agarre de su hacha:

—Maestro, llevamos horas… mis brazos ya no responden.

K'ahk' Ak'ach Pavo de Fuego, acercándose rápidamente y golpeando el escudo del aprendiz con fuerza:

—¡Tus brazos no necesitan descansar! ¿Crees que los enemigos esperarán a que estés fresco para matarte? La guerra no es misericordiosa, Uxwitik depende de nuestra fuerza. ¡Otra vez!

Chan Ik'Tok' mirando de reojo al compañero:

—Mejor mantén la guardia alta. Si él te vuelve a golpear, no será en el escudo esta vez.

El entrenador girando con agilidad, lanzando un golpe rápido al aprendiz, que bloquea por poco.

—Bien, al menos alguien está atento. Pero no me basta con que defiendan. ¡Ataquen! La mejor defensa es hacer que tu enemigo dude en acercarse. Un guerrero maya no espera, ¡domina!

Otro de los aprendices chorreando el sudor por su frente y mejillas, respirando fuerte, con el rostro concentrado:

—¿Y si el enemigo es más fuerte, maestro? ¿Si nos superan en número?

K'ahk' Ak'ach sonríe, sus arrugas y cicatrices en el rostro se tallan como en las efigies de los Pawaktunes.

—Entonces, usarán la cabeza. La fuerza es inútil sin astucia. En el campo de batalla, no es el más fuerte el que sobrevive, sino el que conoce a su enemigo mejor que él mismo. ¡Escucha el latido de la tierra bajo tus pies! Los dioses nos dieron este don para que sintamos el peligro antes de que llegue.

El entrenador señala una fila de lanzadores de dardos al fondo, mientras recoge un hul'che. Un lanza dardos.

—Observen esos dardos surcar el aire, dibujando arcos perfectos en su vuelo. Cada disparo es letal cuando el objetivo es abatir al enemigo, pero esto no se trata solo de puntería. Es un arte de anticipación, de lanzar hacia el lugar donde el enemigo estará.

Sonríe. —Los que solo confían en la fuerza de su brazo morirán rápido. Los que piensan velozmente, vivirán para contarlo. Ahora… ¿quién quiere demostrarme que está listo?

Chan Ik'Tok' se detuvo un instante, atrapado en un torbellino de pensamientos. Pensó en dar el paso. Sus ojos vagaron, confundidos, buscando alguna salida, pero fue solo un segundo de vacilación. K'in Nah Taj, al notarlo, le dio un empujón discreto y decidido, arrojándolo al centro de la escena. Con la mirada entrecerrada y una chispa de reproche, Chan Ik'Tok' giró apenas el rostro hacia su amigo, intentando resistir. Sin embargo, ya no había vuelta atrás. Enderezándose con una resignada dignidad, dejó que su voz saliera, con una convicción tenue, y la obligación que no podía ocultar del todo, presente en su expresión . Detrás de él, K'in Nah Taj, con su habitual descaro, le lanzó un gesto burlón pero lleno de camaradería, rodeó su propia cabeza con las manos, exagerando su tamaño, y con ese simple acto le transmitió un mensaje claro, casi audible en el silencio. Tú puedes, cabezón.

—Estoy listo, maestro —con fastidio apenas disimulado. El entrenador asiente, su tono severo.

—Bien. Entonces olvida tu cansancio, olvida el dolor. Solo queda el combate.

Tomó un hacha y adoptó una postura firme, lista tanto para el ataque como para la defensa, cubriéndose con su escudo.

—Cuando estés listo, ataca. Pero ten presente… yo no voy a contenerme.

Chan Ik'Tok' ajustando la postura de su brigantina, con los ojos fijos en su maestro:

—No espero menos.

Los otros aprendices observan fascinados mientras el joven lanza el primer ataque, rápido y preciso, pero el maestro lo bloquea fácilmente. El choque del aguzado filo del pedernal contra el cuero resuena en el campo.

El maestro esquivando el siguiente golpe, rápido como un jaguar:

—Mejor… pero sigues pensando demasiado. Un guerrero no duda en el campo de batalla. Deja que tus movimientos fluyan. ¡Más rápido!

El joven respirando con dificultad, lanzando golpes más agresivos:

—No… voy a perder.

K'ahk' Ak'ach con una sonrisa feroz, detiene un golpe con un solo brazo y derriba al aprendiz con un empujón firme.

—No se trata de ganar o perder aquí. Se trata de aprender.

Se inclina sobre el aprendiz caído:

—Y hoy aprendiste que tu peor enemigo no soy yo… eres tú mismo.

El otro jadeando, en el suelo:

—Lo intentaré de nuevo…

El entrenador ayudándolo a levantarse, con seriedad en los ojos:

—Así es como empezamos. Cada golpe, cada caída, nos acerca a ser los guerreros que Uxwitik necesita. Y recuerden… el verdadero combate está allá afuera, y no tendrá piedad. Ahora, ¡todos a practicar con los hul'che'ob! ¡Quiero ver esos dardos volar como si fueran los mismos rayos de Chaahc!

Para concluir la sesión de aquel día, los hizo sentarse frente a él. Sus cuerpos exhaustos y doloridos apenas importaban, pues su mente debía mantenerse alerta. Con voz firme, les planteó una cuestión que sacudió el silencio:

—Ser guerrero no es solo un destino, sino un vínculo sagrado con los dioses. La guerra no se libra solo con lanzas y escudos, sino con el significado de los símbolos y los números, con la certeza de que cada batalla se libra también en los cielos. En la estructura de la gran plaza dedicada a la guerra y al sacrificio, la piedra misma nos dice esta verdad. Se pueden contemplar seis guerreros, seis máscaras, seis escudos. No es una repetición arbitraria, sino una reminiscencia de wak, el número seis, cifra sagrada que invoca el poder de Wak Lom Cha'an, el mítico dios de la guerra el Perforador de Seis Cielos.

Con gran parsimonia y severidad continuó instruyendo a sus pupilos:

—Pero… ¿Qué significado tienen estos símbolos de los que les hablo? Los tallados en el templo cuentan una historia oculta a los ojos profanos. Cada escultura, cada relieve, es una ofrenda al dios que gobierna la guerra, aquel que abre el paso entre los mundos con la punta de su lanza. Los guerreros de Uxwitik no solo derraman sangre en el campo de batalla, también honran un pacto ancestral. Cada combate es un reflejo del orden divino, imagen del primer enfrentamiento entre los dioses, cuando el cosmos aún era joven y la guerra era la chispa que encendía el equilibrio del universo —hizo una pausa—. Así que ser guerrero significa más que luchar. Es cargar con el legado de los ancestros, es inscribir sus nombres en la historia, y marchar al combate con la certeza de que, si la muerte llega, lo hará bajo la mirada de los dioses.

Mientras hablaba, sus ojos se posaron en el jaguar, cuyas alas de mariposa simbolizaban el alma del guerrero muerto en batalla o sacrificado por la gloria de la ciudad y el reino. Con el fulgor de un espíritu indomable, expuso su pensamiento:

—La fuerza que reside en nuestras armas, y de las cuales no somos más que instrumentos, depende de cómo se convoque a la guerra. Si marchamos contra un pueblo extranjero, y lo hacemos bajo el grito de ¡pul il K'uh! o de ¡ch'ak bah! ¿Cómo deberíamos empuñar nuestras armas en cada caso?

Los aprendices intercambiaron miradas, hasta que uno de ellos se atrevió a responder con determinación:

—En el primer caso, maestro, se trata de arrasar, quemando ritualmente bajo la mirada de los dioses. Las armas, entonces, se vuelven implacables. Es a fuego y sangre. En el segundo, es cortar sin tregua, eliminando al enemigo hasta el último aliento.

—¿Si lo hacemos bajo el grito de ¡chuk ajaw o chuk bah!?

—Entonces, nuestras armas se alzarían con un propósito claro, capturar ritualmente a un señor principal y ofrecer su vida al filo, o aprehender a un militar de alto rango para mostrar nuestra supremacía. Pero la guerra también puede convocarse bajo el grito de och ch'en, llamándonos a entrar en la ciudad y tomarla, reclamando su sujeción y convertirla en tributaria —respondió K'in Nah Taj regodeándose orgulloso por su conocimiento de las artes guerreras.

Chan Ik'Tok' aceptó con desinterés acompañar a su protector y amigo al campo de entrenamiento de la clase guerrera en K'an Koj Witz. Mientras K'in Nah Taj, aunque de clase noble, experimentaba una fuerte inclinación hacia el arte de la guerra, Chan Ik'Tok' no compartía ese fervor, pero comprendía la importancia de conocer al menos los fundamentos de la lucha. En un mundo tan cambiante, nunca se sabe cuándo será necesario aplicar tales conocimientos.

Con el tiempo, tras aquel día en que Chan Ik'Tok' salvó al hijo del consejero principal, su destino comenzó a entrelazarse con los hilos de la élite de Copán. Lo que había comenzado como un acto fortuito de valentía se convirtió en el umbral hacia un mundo de saberes que jamás había imaginado. Protegido por su noble amigo, fue introducido en los conocimientos que solo unos pocos privilegiados podían comprender. Bajo la tutela del consejero y con el apoyo del hijo de este, aprendió y perfeccionó el arte de leer los cielos y los ciclos de la tierra, a contar el tiempo en giros de planetas y estrellas, y a interpretar las voces ocultas en las piedras talladas del pasado.

Cada lección que asimilaba, cada símbolo desvelado ante sus ojos, lo acercaba más a las sombras sagradas de la corte. Pronto, su talento innato y su visión singular, que combinaba la sabiduría campesina con el conocimiento astronómico, le ganaron un lugar en los círculos de poder. El consejero principal, impresionado por su agudeza, lo presentó al rey. Ante los ojos del soberano, no solo era un joven de origen humilde, sino un visionario capaz de leer tanto la tierra como los cielos. Su fama lo precedía.

La confianza entre el campesino y el rey creció con los años. Sus palabras, impregnadas de la sencillez del campo y la precisión del saber astronómico, comenzaron a guiar no solo las siembras y cosechas, sino también los grandes asuntos de la ciudad.

Pero hubo un hecho en particular que acercó mucho más a Chan Ik' Tok' con el gran Ajaw de Copán. Un suceso que, a simple vista, podría parecer un mero capricho del azar. Pero, al desentrañar sus hilos, se revelaba impregnado por fuerzas superiores, tejidas con la voluntad insondable de los dioses. ¿El destino? Todo apuntaba a ello.

En sus momentos de ocio, inspirado por el mundo que le rodeaba, la naturaleza, el amor, las deidades y la sociedad, y gracias a su profunda comprensión de la lengua maya, comenzó a escribir versos en pequeños trozos de amate procesado, que quedaban sobrantes de la compleja manufactura del papel destinado a los códices. En una ocasión, uno de estos versos, dedicado a la encantadora belleza de la joven noble que amaba, fue pasando de mano en mano, hasta llegar, al mismísimo rey.

El rey Waxaklajuun Ub'aah K'awiil, un profundo amante de las artes sabía manejar con destreza el de la palabra. Tomando el delicado trozo de papel entre sus manos, comenzó a leer en voz alta, con la entonación majestuosa que solo él dominaba:

"Hija de Ixchel, nacida de la espuma del mar,
tu mirada, un espejo de jade, refleja un mar de estrellas.
Como flor de cacao, embriagas mis sentidos,
y tu nombre vive en el corazón de la selva."

Su voz se alzaba con reverencia, dejando que cada palabra flotara en el aire. Continuó, sus ojos brillando con admiración por la perfección del verso:

"Sagrada es tu mirada,
reflejo del agua en los ojos de Itzamná,
dulce es tu risa,
cántico de aves en el seno de los dioses."

Las palabras parecían cobrar vida bajo su voz, cada imagen, cada metáfora, se dibujaba en la imaginación de quienes lo escuchaban. Prosiguió, como si el poema fuera un tributo a la naturaleza misma:

"Eres el viento que acaricia la milpa,
el rocío que besa las hojas al despertar del día.
Tus pasos, eco del río que danza,
tus manos, estrellas que tocan el cielo."

Al concluir, el silencio que siguió fue profundo, casi reverencial, como si los dioses hubieran escuchado aquellas palabras a través de los labios del propio Ajaw. El rey, en ese instante, supo que el autor de aquellos versos no era un hombre común; detrás del pincel había un alma en sintonía con el cosmos.

Mientras el rey leía el poema, Chan Ik'Tok', creyéndose el anónimo autor de aquellas líneas, observaba desde las sombras, cautivado por el sonido de sus propias palabras en labios tan ilustres. Frente a él, la joven que había inspirado su arte escuchaba, acompañada por sus damas, quienes, entre risas discretas y comentarios susurrados, se sumían en el hechizo de la lectura real. La melodía de las palabras, acentuada por la majestuosa entonación del Ajaw, hacía vibrar cada rincón del salón, hacía que los ánimos internos de los presentes ardieran.

El corazón de Chan Ik'Tok' latía con fuerza, pues jamás habría imaginado que el rey mismo daría voz a sus sentimientos secretos. Pero lo que más lo desconcertó no fue la emoción de la escena, sino el momento en que el Ajaw, terminando su lectura, lo miró directamente, con una sonrisa apenas esbozada, y exclamó:

—Vaya, vaya... La belleza de estas imágenes no podría estar más a tono con fuente tan sublime de inspiración. Estimado amigo, tus versos son dignos del corazón que los ha iluminado.

Chan Ik'Tok' sintió cómo el aire se volvía espeso a su alrededor. Las miradas se volvieron hacia él, y en ese instante, supo que su anonimato se había desvanecido. El rey lo había descubierto y en un solo gesto, había demostrado su capacidad de deducción. Quizá la caligrafía excelsa de aquellos versos y las decoraciones que acompañaban las palabras, lo habían delatado. Confiaba en que su amor aún permanecía en secreto y que el soberano lo interpretaba solo como la admiración habitual que aquella joven, de belleza innegable, despertaba en todos.

Desde aquel día, el rey convirtió a Chan Ik'Tok' en su poeta predilecto. Casi a diario, el Ajaw le encomendaba nuevos poemas, proponiéndole los temas con la naturalidad de quien confía en la mente creativa de su protegido. Al caer la tarde, justo antes de retirarse a sus aposentos, el rey aguardaba la lectura de aquellos versos, como si las palabras mismas fueran un tributo ofrecido a los dioses.

Cada poema, colmado de simbolismo y belleza, fue ganando al joven un lugar cada vez más cercano al corazón del soberano. Pero no era solo su arte lo que lo acercaba a la corte. Su intuición afilada y sus vastos conocimientos le permitieron adentrarse poco a poco en los asuntos delicados de la ciudad. El rey, fascinado por su mente sagaz y su manera de percibir el mundo, terminó concediéndole el honor de ser no solo su poeta, sino también uno de sus consejeros y amanuense.

Chan Ik'Tok' había pasado de ser un humilde campesino a ser un escritor de versos, convirtiéndose en una figura clave en los secretos del trono. Se movía entre las sombras y las luces del poder con la misma destreza con la que sus palabras tejían realidades y su mente desentrañaba los misterios del cosmos.

Tal cual el rey lo había dicho, aquella cortesana que había inspirado los versos de Chan Ik'Tok', era una mujer importante en Copán. De la clase de las tejedoras, quienes daban vida a esos seres textiles que eran creados en los telares atados a sus cinturas y que forjaban la identidad carnal y divina del rey.

Además de su maestría en el arte del telar, su linaje la situaba cerca de la realeza. Residía en el complejo habitacional al norte de la gran plaza, no lejos del lugar en donde Chan Ik'Tok' había sido alojado. Su belleza era hipnótica. Su rostro, suavemente ovalado, estaba enmarcado por una cabellera negra como las profundidades donde duermen los dioses. Sus labios eran finos, su nariz pequeña, sus facciones recordaban vagamente a las del rey. El alargamiento de su cráneo le confería a su mirada un aire de enigma y solemnidad. Su porte elegante y sereno, la convertía no sólo en una de las figuras más admiradas de la corte, sino también en una de las más deseadas.

Gracias a su maestría en el arte sagrado del tejido, era común que viajara a Quiriguá y a otros reinos distantes para vestir a monarcas y sajales con los frutos de su destreza.

Esa tarde de regreso a su morada, el aire de Copán no apaciguaba el fuego que ardía en su pecho. Chan Ik'Tok' andaba sin rumbo, apenas consciente del camino bajo sus pies o de la brisa perfumada por las flores. Su mente no estaba allí. Su memoria, avivada por la agitación del giro que tomó su conferencia con el rey, lo arrastró a otro momento, tiempo atrás.

Recuerda como recién llegado a Copán, tuvo el primer encuentro con ella, algo completamente fortuito. O al menos así lo percibía entonces. Antes de que ella partiera en una de aquellas expediciones, sus caminos se cruzaron junto al cenote sagrado, aquel recinto esculpido para los ritos de la casta que gobernaba las ceremonias del agua, las ofrendas y los sacrificios a las deidades acuáticas.

Ella, acompañada de sus damas, portaba un cuenco apoyado en la cadera y vestía un güipil tejido de una sola pieza. La tela, delicada como un velo divino, de una discreta transparencia, dejaba entrever los contornos de su cuerpo.

Aquel espectáculo, más propio de los dioses que de los hombres, le había arrebatado el aliento. Había descendido al cenote para recoger agua, cumpliendo una tarea más en la casa de su amigo K'in

Nah Taj, cuando, embelesado, perdió el equilibrio y resbaló. Apenas logró salvar la vasija antes de quedar en el suelo, derrotado por la vergüenza. Las risas contenidas de las sirvientas de la noble aún sonaban claras en su memoria, burlonas, divertidas. Él, incorporándose de un salto, tratando de recomponer la dignidad, pero sin éxito. Y ella... apenas lo miró. Con un leve gesto de desdén, retomó su labor y se marchó sin más. Sirvientes torpes, le parece haberla oído mascullar entre dientes.

Chan Ik'Tok', en cambio, quedó allí inmóvil, sintiéndose un simple mortal ante el esplendor de una divinidad que acababa de cruzar su camino. Aun con el paso del tiempo, cada vez que se hallaba ante ella, aquella sensación permanecía intacta.

NO HABLAMOS DE SUMISIÓN

Nada era más imponente que la figura del rey, erguido en toda su majestuosa fastuosidad. Ese día en particular, su presencia se hacía aún más deslumbrante, realzada por la magnificencia de su atuendo para despachos. El faldellín reticulado de algodón, elaborado con las técnicas más exquisitas de los tejedores del reino, forrado con una red de hilos de fibra en la que cada nodo había sido fijado con un disco de jade, de un verde profundo y puro, que reflejaba la luz con un brillo etéreo. Las sandalias, soberbias y delicadas, abrazaban sus tobillos con cintas de cuero adornadas con diminutas cuentas de turquesas resplandecientes, reflejo de la opulencia que distinguía a la casa de Copán.

Sobre el faldellín, un cinturón de cuero de venado ceñía su cintura con dignidad, trabajado con un detalle tan refinado que cada banda celeste parecía palpitar con las formas esculpidas del dios Itzamná. De éste colgaba un braguero, no menos espléndido, donde finísimas láminas de cuero repujado sostenían círculos de jade que brillaban como amuletos sagrados. De este espléndido cinturón sobresalían a cada lado y al centro, los rostros de los ancestros elaborados de cuero. Colgando de sus bordes inferiores bellas hachuelas de jade inciso en forma de la palabra Lem que proclamaban la luminosidad divina del rey. De las figuras de los extremos, de esa pieza en particular, gruesas cintas descendían a modo de polainas que cubrían sus sandalias, y de estas surgían, vigilantes y poderosos, los rostros de los Pawaktunes, guardianes de los cuatro rumbos del mundo.

Brazaletes trabajados en piel de jaguar envuelven sus antebrazos, engastados en sus bordes con piritas, jade y otras piedras preciosas, dispuestas en grecas complejas, muestras de maestría artística y artesanal. Las gemas, bajo la luz, destellan iridiscencias como un tributo al poder divino que representan. En sus manos sostiene el cetro de mando, cuyo cuerpo está formado por dos serpientes entrelazadas que ascienden rematando en su extremo superior con la imponente efigie de K'awiil, aflorando con majestad.

La capa que envolvía sus hombros era un prodigio de la confección. Diversos materiales se entrelazaban, algodón, cuero de venado, piel de jaguar, todos trabajados con la maestría de los artesanos más diestros. Los Pawaktunes de las polainas se complementaban en los extremos de la capa, con las imágenes de los Bacab'ob sostenedores del cielo, uno en cada hombro del soberano, recordando a todos los presentes que él, en su magnificencia, gobernaba todos los rincones del cosmos como centro y eje del universo, con la bendición de los dioses. Esta pieza de compleja factura, abierta en su pecho, dejaba ver un imponente pectoral también de jade de diferentes tonalidades. El rostro del Witz, la montaña sagrada, se manifestaba en la gema. Sus rasgos intemporales sugiriendo una conexión profunda con la naturaleza. De sus ojos, como gotas de rocío, surgían visiones de fecundidad que pendían en forma de leves chorros, un microcosmos de la creación.

Su tocado era sencillo pero deslumbrante. Una intrincada estructura tejida en forma de petate se alzaba desde su frente, y en cada costura relucían delicados hilos trenzados, forrados con minúsculos cilindros de piritas y turquesas. El tejido lucía el rostro del ancestro fundador, meticulosamente elaborado en piel de venado. Un quetzal y un guacamayo, aves sagradas, se entrelazaban sobre su cabeza, de sus picos emergiendo las representaciones de K'in Ajaw, el señor Sol. Aquellas diminutas gemas, resplandecientes bajo la luz, destellaban con un fulgor tornasolado cambiando de color en cada movimiento. A ambos lados de su tocado, se alzaban inmensas y elegantes plumas de quetzal, como surtidores de agua cristalina brotando de una fuente sagrada, enmarcando su rostro con una quietud divina que inspiraba respeto y reverencia.

El rostro del rey era la encarnación misma del poder y la divinidad maya. Su semblante, propio de un hombre maduro, transmitía una mezcla de serenidad y firmeza, reflejando en sus facciones la responsabilidad del reino y su vínculo con los dioses. Su aspecto amplio, con pómulos altos y marcados sugerían nobleza y vigor, mientras que sus labios, parecían guardar las palabras de los dioses que solo él, en su condición sagrada de Ajaw, podía oír.

Sus ojos, de una profundidad hipnótica, miraban como si trascendieran el tiempo y el espacio. Las cejas arqueadas acentuaban su mirada, dándole un aire de visión profética, de alguien que ve más allá de lo visible. Alrededor de sus ojos, los pliegues de la piel hablaban de un hombre que ha sido testigo de grandes ceremonias y rituales, y cuya experiencia de vida se plasma en la eternidad de la piedra.

Su nariz, aquilina y dominante, adornada con una nariguera de jade engastada con turquesas, revelaba un gobernante acostumbrado a la firmeza de sus decisiones. Los discos de jade que ornamentaban sus orejas subrayaban su conexión divina y su capacidad para comunicarse con los ancestros. Su frente, surcada por líneas de sabiduría ancestral, evocaba la imagen de las deidades fundadoras, aquellas que habían dado origen al cosmos.

Su expresión era, en fin, la de un hombre en quien recae la confianza de un pueblo, pero también la obligación de preservar el equilibrio cósmico.

Chan Ik'Tok', hechizado por la presencia imponente del soberano, apenas podía apartar la mirada. Había algo en el porte del gran señor que lo mantenía suspendido entre el asombro y el temor. En esos instantes, todos los recuerdos de su niñez, los susurros de sueños olvidados y las sombras de antiguas pesadillas lo invadieron. Un estremecimiento recorrió su cuerpo. Jamás habría imaginado que el rostro que habitaba en sus peores visiones fuera el mismo que ahora contemplaba bajo el esplendor de su vestimenta real. El deseo de que aquellas imágenes de su infancia, tan lejanas y desdibujadas, se quedaran tan solo en recuerdos sin forma, lo atormentaba.

La realidad era incuestionable. El gran señor frente a él, con toda su majestuosidad, era el mismo que en sueños perturbaba su descanso. ¿Cuándo podría revelarlo? ¿Acaso existiría un momento propicio para hacerlo sin quebrantar la sutil confianza que el rey, en su insondable sabiduría, le había otorgado? Esa pregunta dominaba su mente con un miedo invisible, pues conocía bien el temperamento del soberano, un ser dotado de una intuición tan aguda que parecía descifrar los pensamientos antes de que siquiera se formularan en palabras. El menor desliz, una vacilación en su mirada o un titubeo en su voz, podría desmoronar en un instante lo que con tanto esfuerzo había construido. ¿Qué valor intrínseco poseía una dicha tan efímera y llena de dolor?

—El dolor es parte de nuestra esencia divina. Es una deuda que debemos pagar a los dioses que nos dieron su aliento para existir —decía Cha Kej a su hijo, mientras recibía auxilio al curarlo de una herida provocada por una caída. Chan Ik'Tok', se quejaba y lloriqueaba sin consuelo—. Pero las marcas en tu piel y los sueños que te atormentan por las noches no son solo tu dolor —continuó su padre—. Llevas sobre tus hombros la responsabilidad del sufrimiento de otros. ¿Te parece injusto? Lo entiendo. ¿Por qué eres tú quien sueña eso y no otro? Pues porque, según advirtió el sacerdote, estás destinado a ser alguien importante. Tu misión será advertir a alguien de un peligro en su vida, para que pueda conjurarlo o cumplir un propósito que el destino ya ha trazado, aunque aún no lo comprendas. ¿Por qué fuiste elegido? No lo sé. Tu tarea será encontrar la respuesta. Creo que será tu capacidad de percibir y comprender el dolor ajeno, esa que ya he visto en ti, lo que te guiará…

El sonido de trompetas, caracoles y tambores interrumpió la fantasía de Chan Ik'Tok', devolviéndolo de golpe a la realidad.

El cortejo llegado de El palmar era enorme. Filas de lanceros con sus escudos y armaduras forradas de algodón, que dejaban ver hermosas figuras de filiaciones guerreras. Sus lanzas decoradas con las más bellas plumas iridiscentes rompían en esplendentes reflejos el aire. Aquellos tocados ondeaban al sol majestuosos. Flaqueando en la delantera de tan imponente desfile, los señores Lakam portando los bellos estandartes con las insinias de Calakmul como una obligación diplomática, seguidas de las de El Palmar. Bellos tallados de madera preciosa con los nombres de los dioses tutelares, coronados con sendos pendones elaborados de un tejido especial de fibras de algodón con hilos finísimos, similares a una red de tenue entretejido, casi trasparentes, y diseños de vivos colores que parecían flotar en el aire como númenes divinos, brindaban un espectáculo impresionante a la mirada.

Chan Ik'Tok', parte de la comitiva que acompañó al rey en la recepción de Ajpach' Waal, jamás había sido testigo de un espectáculo tan grandioso. El palanquín, un santuario portátil dedicado al poderoso Upakal K'inich Sak Ho'ok Wak Piit Ajaw Señor del Valle Blanco el de las Seis Literas. Nombre, topónimo y título del soberano de El Palmar, transportaba en su interior a Ajpach'

Waal. Sus delicadas cortinas, tenues, velaban el rostro del mensajero mientras los glifos tallados en la madera narraban la historia de un linaje real y un destino trascendente. Los porteadores, con esfuerzo y dignidad, llevaban en sus espaldas bultos que contenían sal, algodón, cal para el estuco, y el mejor cacao de Tak'alik Ab'aj, destinado a ceremonias sagradas. Además, acarreaban materiales para tintes, bultos con cientos de plumas de quetzal traídas de las sierras del altiplano, y tabaco procesado, que evocaban la riqueza y la diversidad de su tierra, jade, obsidiana y multitud de piedras preciosas.

Pero lo que más encendió el ánimo de Chan Ik'Tok' fueron las exquisitas vasijas, platos, recipientes y vasos, adornados con un arte tan sublime que parecían contener un fragmento de los cielos. Un grupo de mujeres los transportaba con gracia en hamacas tejidas de fibras delicadas, elegidas especialmente por la nobleza de su andar y la suavidad de sus manos. Solo ellas, con su naturaleza atenta y cuidadosa, podían sostener aquellas piezas tan finas, haciéndolo con una reverencia tal que cada objeto parecía flotar en el aire, elevado como una joya sagrada y digna de profunda admiración.

Chan Ik'Tok', en su silenciosa fascinación, comprendía que en aquellas piezas se narraban los orígenes míticos del pueblo maya con exquisita iconografía. Imágenes atrapadas en el brillo esmaltado y las formas incisas con devoción. Cada pieza brillaba con colores indescriptibles, decoradas con intrincados diseños y adornos de una belleza cautivadora. En sus textos, la caligrafía fluía con elegancia, muchas firmadas por el mismísimo Aj Maxam o por la mano talentosa de Ahkan Suutz.

Descubrió entonces la diversidad y riqueza de aquel tesoro. Vasos al estilo Holmul exhibían, en elegantes bandas decorativas, a nobles ataviados con esplendor, evocando la influencia de Naranjo. Entre las piezas distinguió escenas de banquetes y ceremonias, así como representaciones de dioses, plasmadas con el inconfundible estilo Ik' de Motul. Sobre un fondo amarillo, figuras cortesanas se desplegaban con gracia, acompañadas de delicados elementos jeroglíficos que revelaban la maestría del refinamiento K'anal. Quedó cautivado ante las delicadas vasijas al modo códice, casi con certeza provenientes de Calakmul. En otras piezas, relieves vibrantes daban vida a guerreros en pleno movimiento, a cautivos y escenas de conflicto, trazadas con la intensidad propia de Yaxchilán y Piedras Negras. Cada objeto era un testimonio del genio artístico de los grandes centros mayas, una ventana a un pasado resplandeciente. Estas exquisiteces serían ofrendas para la residencia del rey y para ceremonias de gran solemnidad.

Antes de entrar en la ciudad, y como cumplimiento de la exigencia del rey, nobles copanecos con los estandartes que exhibían las efigies magistralmente talladas de los dioses tutelares de Copán, se ubicaron a la delantera del cortejo. Este acto reverente no solo simbolizaba su lealtad, sino que también honraba la divinidad que protegía a la casa de Copán, vistiendo el cortejo con el esplendor de su herencia sagrada.

Así, hicieron su entrada en la ciudad, donde el rey y su comitiva los aguardaban con ceremonial expectación. Con un gesto de autoridad, y, después de cumplidos los protocolos debidos, el rey ordenó a sus nobles y sirvientes que alojaran a la comitiva, asegurándose de que Ajpach' Waal y sus allegados recibieran la mejor estancia para su descanso, así como la atención de todos los criados que pudieran necesitar. Era un momento de gran importancia, y se preparaba el terreno para la reunión que tendría lugar al día siguiente, una convergencia de destinos que prometía cambiar el rumbo de las vidas de muchas cuidades.

Esa noche, en la intimidad de su residencia, el rey recibió a Ajpach' Waal en una audiencia privada. Lo que se discutió en aquel encuentro quedaría envuelto en el misterio, revelándose solo parcialmente durante la conferencia que se llevaría a cabo en el salón del templo que coronaba la plaza de los espectadores en el patio occidental de la acrópolis de la bella Copán, y que estaba igualmente al oeste del templo sagrado dedicado a K'inich Yax K'uk' Mo.

La llegada de Ajpach' Waal marcaba un momento crucial, y Chan Ik'Tok', desde su estratégica posición en la corte, no podía dejar de asombrarse ante el esplendor que acompañaba a este embajador de El Palmar. K'in Nah Taj no pudo evitar que sus ojos se fijaran en una figura singular que avanzaba entre la procesión, una presencia que destacaba como un destello entre las sombras. Era Ix Ub'aah Uw, una mujer de noble linaje y nacida en las tierras de Quiriguá, quien se movía con la gracia de alguien consciente de su posición. Como su nombre predicaba, los rasgos de su cara eran la encarnación de la bella diosa luna joven.

Tiempo atrás, había sido su compañera de formación en Copán, donde los jóvenes nobles de las ciudades vasallas venían para recibir la educación de la élite. Ix Ub'aah Uw, dotada de una intuición aguda, percibió la intensidad de aquella mirada y, con serena precisión, volvió sus ojos hacia él. En el interior de K'in Nah Taj, un torrente de recuerdos se agitó de repente; esa mirada, que destilaba una inteligencia afilada con una pizca de malicia, lo avasalló como en los días de su juventud compartida. En ese instante suspendido, mil pensamientos se precipitaron en su mente, incapaz de ordenar sus emociones mientras ella, con la misma elegancia sutil, era absorbida nuevamente por la caravana que continuaba avanzando, tragándola en su bullicio y misterio.

En el salón del consejo, ante la imponente presencia de Waxaklajuun Ub'aah K'awiil, Ajpach' Waal toma la palabra, acompañado de su fiel guerrero y amigo Ikal Tun. A su lado, el diplomático de Calakmul Chak Xook, carismático y astuto, observa con atención, mientras la enigmática Ix Ub'aah Uw, que ha llegado desde Quiriguá con una ofrenda de jade, mantiene la mirada fija en K'in Nah Taj. La tensión es palpable. Las antorchas chisporrotean, proyectando sombras largas y ondulantes sobre los muros festonados con bellas cortinas que muestran exquisitas decoraciones con imágenes de los ancestros del gobernante.

Ajpach' Waal, con voz grave, inclinándose con respeto hacia el rey, interviene:

—Majestuoso señor de Uxwitik, vengo ante ti como mensajero de la gran ciudad de Oxte'tuun de la vasta región de Chiik Naab'. He recorrido el camino hasta aquí, llevando en mi corazón las palabras del rey de la dinastía de los señores de la serpiente, quien, al conocer tu nobleza y grandeza, ha propuesto una alianza. Fruto de su expedición a El Palmar, el lazo entre nuestras ciudades puede fortalecerse. El rey de Oxte'tuun extiende su mano con respeto, no solo para sellar la paz, sino para tejer un futuro que beneficie a nuestras gentes y que ponga fin a los conflictos que nos desangran.

Continuó diciendo en un tono conciliador, pero con muestras de la más grande sinceridad:

—Sé que el acuerdo inicial, negociado con tu enviado K'in Nah Taj, establecía mantener a Oxte'tuun al margen de estos movimientos. Sin embargo, tras largas deliberaciones junto a mi consejero y amigo Ikal Tun, aquí presente, comprendimos la necesidad de incluirlos, optando por el camino más sutil para hacerles llegar el propósito de aquella visita, dado que Sak Ho'ok es su vasalla. Fue entonces cuando surgió la propuesta de esta alianza que ahora traigo ante ti, motivo por el cual, entre otros, he venido también en calidad de emisario de esa ciudad.

Waxaklajuun Ub'aah K'awiil, reflexionaba profundamente sobre las implicaciones de incluir a Calakmul en aquel acuerdo. Con un matiz de escepticismo en su voz, rompió el silencio y dijo:

—Hablas de alianzas, Ajpach' Waal. Seguro estoy del lazo que nos une a Sak Ho'ok en tu persona. Pero sé bien que en el tejido de las alianzas también se esconden las hebras del engaño. ¿Qué precio demanda el trono de la dinastía Kanuu'l por este pacto? Uxwitik no inclina su estandarte ante ninguna ciudad, ni ante las sombras que se proyectan desde la región de Chiik Naab'.

Chak Xook diplomático de Calakmul, encargado de mantener las relaciones de esta ciudad con Quiriguá con una leve sonrisa, intercede con astucia:

—Gran señor de la alta Uxwitik, no hablamos de sumisión, sino de poder compartido. Las plumas del quetzal brillan más cuando vuelan juntas en la misma dirección. Sak Ho'ok ha sido testigo de lo que un intercambio pacífico puede lograr. Oxte'tuun no busca doblegarte, sino caminar a tu lado, en equilibrio, para asegurarnos de que los vientos de la historia nos favorezcan a ambos.

Ix Ub'aah Uw, conocida además por pregonar su lealtad a Copán y estrechamente vinculada a K'ahk' Tiliw Chan Yopaat, el gobernante de Quiriguá tomó la palabra. Su tono suave que sugería intenciones ocultas, llenó el espacio con una mezcla de sutileza y determinación.

—Una ofrenda de jade acompaña este mensaje de buena voluntad, señor —declaró con voz firme, dejando que sus palabras se asentaran en el aire—. Traída desde las profundas montañas, es un símbolo de respeto y alianza. K'ahk' Tiliw Chan Yopaat, tu fiel vasallo y patrocinado, me ha solicitado que, al pasar esta caravana por nuestra ciudad, me sume a este esfuerzo en representación de la ciudad de Ik' Naahb' Nal; nuestras ciudades han entrelazado su destino a lo largo del tiempo.

Con un gesto decidido, hizo una señal a los sirvientes, quienes se adelantaron para presentar la ofrenda de jade. Las piedras resplandecían bajo el fuego de las antorchas, con destellos que danzaban en la penumbra como estrellas atrapadas en la tierra.

—Sin embargo —prosiguió, su tono adoptando una nota más sombría—, hay quienes sostienen que las piedras preciosas solo revelan su verdadero brillo en ausencia de sombras que amenacen con opacarlas... —Mientras hablaba, sus ojos se deslizaron con sutileza hacia K'in Nah Taj, insinuando una profundidad de intenciones ocultas, como si la verdad escondiera secretos en cada mirada.

Ikal Tun con su voz firme y clara, interviene, apoyando a Ajpach' Waal:

—Mi señor, he conocido a Ajpach' Waal desde los días de juventud, y jamás he visto otra cosa que honor y lealtad en su corazón. Si trae consigo las palabras del rey de Oxte'tuun, puedes confiar en su sinceridad. No obstante, entiendo que la prudencia es la fortaleza de todo gran gobernante, y yo mismo estaré alerta, siempre vigilante ante cualquier señal de traición.

Chan Ik'Tok' en un tono reflexivo, casi poético:

—Las estrellas nos han mostrado, noble rey, que los caminos del destino son inciertos. El jaguar de Oxte'tuun y el quetzal guacamayo de Uxwitik se mueven bajo los mismos cielos, pero sus senderos se cruzan de maneras que solo los dioses comprenden. Tal vez sea el momento de trazar nuevos cielos para estas ciudades.

K'in Nah Taj mirando fijamente a Ix Ub'aah Uw, con desconfianza:

—Las palabras pueden ser tan afiladas como las lanzas. Y el jade que se nos ofrece es tan brillante como la traición que puede ocultarse detrás de una sonrisa. No todos los que traen ofrendas traen paz. Algunos solo buscan vernos caer.

—No vengo a ofrecer falsas promesas ni traiciones ocultas, mi rey—. Salió al paso Ajpach' Waal—. Soy un hombre de palabra, y traigo conmigo la verdad de una alianza que puede fortalecer nuestras tierras. Pero comprendo tus dudas. Solo el tiempo revelará si los lazos que tejemos hoy serán como el jade más puro o el veneno.

Waxaklajuun Ub'aah K'awiil meditativo, mirando a la comitiva:

—Mañana continuaremos deliberando. El destino de nuestras tierras no se decide en una sola conversación, ni bajo las sombras de un solo estandarte. Que esta noche, los dioses nos envíen sus señales y sabiduría.

Habiendo dicho esto, despide a todos.

El gran salón de Copán está ahora casi vacío, con solo las figuras más cercanas al rey, quienes fueron llamados secretamente al terminar la primera reunión, permaneciendo bajo el manto de las antorchas titilantes. Waxaklajuun Ub'aah K'awiil, sentado en su trono, contempla en silencio mientras el Primera Lanza, el Maestro Entrenador de Guerreros, Chan Ik'Tok' y K'in Naj Taj lo rodean en un consejo privado.

—He escuchado hoy muchas palabras... pero lo que está en juego es más que una simple alianza o una guerra —pausa, dirigiendo su mirada hacia cada uno de los presentes—. Necesito sus mentes ahora, más que sus armas. ¿Qué opinan de las alimañas que hemos recibido hoy?

El Primera Lanza habla con impaciencia, como si la espera lo sofocara:

—Con todo respeto, mi señor, ya lo he dicho —su voz se elevó, firme como un hacha que corta la madera—. El veneno de Chiik Naab' es más letal que cualquier oferta que puedan presentar. Chak Xook puede vestir sus palabras con azul sagrado y plumas, pero en lo más profundo de su ser, solo hay ambición oscura.

Su tono se tornó más vehemente, impregnado de una rabia que brotaba como lava en erupción. —No debemos olvidar lo que anhelan las serpientes. No una alianza, sino el control absoluto sobre nosotros. Quieren que nos convirtamos en sus súbditos, tal como han hecho en el pasado. Recuerde las batallas que se libraron hace años contra Lakam Ha' la ciudad de Palenque, donde nosotros luchamos con valor a su lado; incluso en la derrota, muchos de nuestros guerreros, valiosos y decididos, entregaron su vida en esa gesta. Algunos de ellos sacrificados, fundidos sus cuerpos con la pelota sagrada de la cancha de Toniná. Solo la fuerza nos mantendrá libres y nos permitirá forjar nuestro propio destino.

El Maestro Entrenador de Guerreros interviniendo con calma, pero con autoridad:

—Fuerza, sí, pero ¿qué tipo de fuerza? ¿Aquella que nos deja exhaustos tras una guerra o aquella que nos permite proteger nuestras fronteras sin derramar nuestra sangre? Chak Xook es astuto, eso es claro, pero también lo es su rey. No buscan una guerra abierta, no ahora. Si aceptamos la alianza con cuidado, podemos usar su propia astucia en nuestro favor —se inclina levemente hacia el rey, sus ojos calculadores brillando—. Debemos negociar desde una posición de fuerza, sí, pero la estrategia aquí es vital, mi señor. La guerra solo será el último recurso.

—Las palabras de Chak Xook son tan resbaladizas como las serpientes que él representa. Sin embargo, hay una verdad que no podemos ignorar, Oxte'tuun no extiende la mano sin razón. Lo que debemos descifrar es qué buscan realmente de nosotros —Chan Ik'Tok' hace una pausa, su mirada se pierde un momento en las sombras del salón—. Las estrellas nos han advertido de tiempos inciertos... pero también de oportunidades. A veces, el veneno puede ser el remedio, si se usa con sabiduría. El truco está en usar la cantidad adecuada. ¿Por qué vendría Chiik Naab' a nosotros ahora, y por qué tan bien escoltado por alguien de Quiriguá como Ix Ub'aah Uw?

—Mi señor —interviene K'in Nah Taj inquieto—, esta mujer, la emisaria de Ik' Naahb' Nal no es más que una máscara que oculta intenciones mucho más oscuras. Sus palabras, aunque cuidadosas, están teñidas de la influencia de K'ahk' Tiliw Chan Yopaat. He notado la forma en que sus ojos se deslizaban hacia los nuestros con una sonrisa apenas oculta. Es obvio que no vino solo como una simple emisaria, puede ser una espía. Está aquí para sembrar discordia. Detrás de su sumisión, se oculta el cuchillo que podría cortarnos por la espalda. No podemos confiar en ella. Aunque no he logrado cerrar mis investigaciones, el atentado que casi me cuesta la vida después de mi misión a Sak Ho'ok, podría estar urdido desde Quiriguá, muchas pistas me llevan a ella.

El Primera Lanza interrumpiendo con impaciencia:

—¡Exactamente! Ik' Naahb' Nal siempre ha sido de su égida mi rey, y ahora pretenden envenenarnos con sus dulces sonrisas y jade brillante para hechizarnos haciéndonos débiles. Lo que propongo es simple, mi señor, prepararnos para la guerra. Mostrarles que Copán no será intimidado por falsos amigos ni traidores ocultos.

De nuevo el Maestro Entrenador de Guerreros mirando al Primera Lanza con frialdad:

—El valor de un guerrero no está solo en el uso de su lanza, sino también en saber cuándo guardarla. Si atacamos sin razón clara, no solo perderemos guerreros, sino también el respeto de nuestros aliados. Hay que ser más inteligentes que nuestros enemigos, no solo más fuertes.

Mira a Chan Ik'Tok', buscando apoyo.

—Mi señor, hay verdad en lo que ambos dicen, pero debemos ser cautelosos —Chan Ik'Tok' reflexivo, mirando al rey—. Chak Xook nos ofrece más que una alianza; nos ofrece una red, pienso es una trampa disfrazada de favor, podría ser que Ajpach' Waal sea un emisario inocente atrapado en esa red, no olvidemos la cercanía de Sak Ho'ok con la grandiosa Oxte'tuun y su inevitable sujeción. Si nos movemos con astucia, podríamos usar esa red a nuestro favor. Pero si nos dejamos llevar por el impulso de la guerra, podríamos caer en la trampa que nos tienden.

Una ligera sonrisa aparece en su rostro.

—Y no debemos subestimar a Ix Ub'aah Uw. Ella trae más que jade y sonrisas. Su presencia aquí es una advertencia de que Ik' Naahb' Nal podría estar moviéndose en direcciones que aún no comprendemos del todo.

—Mi señor, debemos observarla con más atención. Me preocupa que su verdadero propósito sea sembrar la discordia entre nuestros consejeros y nobles. Ik' Naahb' Nal ha estado ganando poder bajo su gobernante, y no podemos permitir que eso nos debilite —K'in Nah Taj mira al Primera Lanza y al Maestro Entrenador—. Quizás la guerra no sea la primera opción, pero tampoco debemos confiar ciegamente en los regalos que nos traen. Si aceptamos la alianza, debe ser bajo nuestros términos, sin caer en sus trampas.

El rey después de un largo silencio, hablando lentamente, cada palabra con su mira puesta en Calakmul y Quiriguá:

—Veo las pasiones de la guerra en algunos de ustedes, y veo la estrategia en otros. Ambas son valiosas. Pero recuerden esto, no podemos permitir que la sed de sangre nos ciegue, ni que el miedo a la traición nos paralice. Mañana, deliberaremos más sobre esta alianza —dirige una mirada severa al Primera Lanza—. La guerra llegará si es necesaria, pero no por impulsos.

Luego mira al Maestro Entrenador y a Chan Ik'Tok'.

—Necesito de sus mentes para desentrañar los verdaderos motivos de Oxte'tuun y posiblemente los de Ik' Naahb' Nal.

—Y tú, joven K'in Nah Taj, tu instinto te lleva a ver traiciones y sombras. Vigila a la mujer de cerca, pero no debes dar un paso en falso. Una mirada equivocada puede causar el derrumbe de todo lo que construimos. Todos deben mantenerse vigilantes... esta alianza puede ser tanto nuestra fortaleza como nuestra perdición. Es de suma importancia considerar la postura de nuestra aliada Yax Mutal en todo esto.

Ix Ub'aah Uw se presentaba como una mujer de una belleza cautivadora, con una piel bronceada y delicadamente adornada por intrincados tatuajes que narran su linaje y devoción a los dioses. Sus ojos astutos, de un tono profundo como la obsidiana, destellan con inteligencia y calculado encanto. El contorno de sus labios, suavemente arqueados, sugería una sonrisa enigmática, mientras que su cuerpo, esbelto y grácil, se movía con una elegancia natural que parecía acompañada por el susurro de secretos antiguos. Su presencia, envuelta en finas telas y joyas relucientes, capturaba todos los ánimos, pero era su mirada aguda y penetrante la que revelaba que detrás de su deslumbrante exterior se ocultaba una mente estratégica, siempre alerta.

El segundo día de la reunión con la comitiva de El Palmar dio fruto a un acuerdo que, aunque parecía una cortesía, se establecía como una exigencia velada de Copán. Debía mantenerse una astuta y medida comunicación con Calakmul. Ostentar la sumisión de Waxaklajuun Ub'aah K'awiil ante El Palmar. Ajpach' Waal, se comprometió a erigir una escalinata en la entrada del palacio de los señores Lakam, en el barrio septentrional de la ciudad de El palmar, en la que se conmemoraría esta visita y en la que esta sujeción del rey de Copán quedara atestiguada. Esta construcción, que debía iniciarse a su regreso, serviría como símbolo inequívoco de su fidelidad.

En sus gradas, se esculpirían glifos que, con cuidadosa ambigüedad, aludirían a una supuesta sujeción del trono de Copán a El Palmar, y de allí, en un gesto sutil, al poderío de Calakmul. Todo esto era el resultado de la incursión liderada por K'in Nah Taj tiempo atrás. Este gesto de un profundo simbolismo llevó al rey de Calakmul a extender una mano en confianza, reforzando la intención de una alianza con Copán. El logro más significativo de este acto fue que, con él, cualquier amenaza de agresión quedaba efectivamente conjurada, asegurando una frágil paz entre los dos grandes poderes. Los detalles de dicho texto y del acuerdo se discutieron y decidieron ese segundo día de conferencia, entre los emisarios de El Palmar y el diplomático Chak Xook. Esta vez engañado por Ajpach' Wall y Waxaklajuun Ub'aah K'awiil.

Así mismo Copán en sincronía con El Palmar levantaría una estela, en la misma fecha de dedicación de la escalinata.

—En esta Lakam Tuun, me inmortalizaré, personificando la figura de K'uy Nik Ajaw. Conmemoraré la primera fundación de nuestra sagrada ciudad por nuestro venerado K'ihnich Yajaw Hu'n —declaró con solemnidad el gobernante. Luego añadió—: La fecha corresponderá al momento que estará a un Pik, ocho Winik Haab, dieciséis Haab, dos Winales y cero K'ines de distancia con respecto a aquella fecha ancestral. ¿Concuerdas conmigo?

Ajpach' Waal, tras una pausa, inclinó su cabeza con suma reverencia, en señal de profundo asentimiento. Su mirada reflejaba satisfacción, consciente de que los acuerdos tomados eran más que decisiones. Eran un reflejo del equilibrio que anudaba los destinos de ambos reinos.

Así como se había planeado, las palabras se convirtieron en hechos. Tanto en El Palmar como en Copán se construyeron escalinata y estela respectivamente. Eternos testigos de una estrategia que entrelazaba el poder y la cosmovisión, marcando un legado inscrito en la piedra y el tiempo.

Lo que en un principio se vislumbraba como una simple alianza, no era más que una pieza clave en el ambicioso plan de Calakmul, aislar por completo a Tikal, cortando sus rutas comerciales con Palenque y Copán. De este modo, Calakmul buscaba recuperar su poder menguante y restablecer su dominio en la región. Esta estrategia, si bien astuta, generaba reticencia en algunos círculos de poder. La inquietud crecía en torno al porqué de esta alianza tan repentina, lo que motivó al rey de Copán a convocar aquel consejo nocturno privado. Quizá, más allá de las promesas y ofrendas, se ocultaba un juego de poder en el que cualquier paso en falso podría sellar el destino de las ciudades más grandes del mundo maya.

LA COYUNTURA PERFECTA

La astuta Ix Ub'aah Uw tejía en las sombras la intriga, mientras un noble de aquellos que venían maquinando contra el campesino en la corte, corroído por la envidia hacia el meteórico ascenso de Chan Ik'Tok', alimentaba sus propios planes. Este conspirador, resentido por la influencia creciente del campesino en la corte, aguardaba el momento perfecto para dar forma a su propia trama, ansioso por devolverlo al lugar que, según él, nunca debió abandonar.

Los rumores sobre la llegada del cortejo proveniente de El Palmar, que traía consigo a aquella influyente mujer, comenzaron a extenderse por todo Copán y no tardaron en llegar a sus oídos. Bajo el manto de la noche, este noble copaneco decidió hacer una visita clandestina. En el salón del rey, un cónclave privado se llevaba a cabo, pero eso no lo detuvo. Al vislumbrar los destellos titilantes de luz que escapaban desde la alcoba asignada a Ix Ub'aah Uw y divisar a lo lejos la silueta vigilante de los guardias, una fugaz duda le cruzó la mente; mas no podía retroceder, sus ambiciones eran claras y sus pasos firmes.

Llevaba consigo un bulto de tamales de iguana, una ofrenda para la enigmática invitada, y un cuenco de balché, su tapa finamente labrada al estilo teotihuacano. Aún sellado, el aroma del licor se filtraba en el aire nocturno, como una promesa venenosa. Con cautela, pero sin titubeos, se acercó a los guardias, solicitando entrada en aquella hora insólita. En su mano resplandecía el sello real, o quizá una falsificación magistral, un emblema que dejaba claro que su llegada no era fortuita, sino dictada por el propio rey.

El noble acercándose en silencio, con el bulto en las manos, susurra al guardia que se retiren.

—Diles a tus guardias que el rey mismo lo ha dispuesto. Ningún ojo debe presenciar lo que será hecho esta noche, y ninguna oreja debe escuchar. Las sombras tienen su propio lenguaje, y solo en ellas encontramos la verdad que buscamos. ¡Retírense!

El guardia duda por un instante, pero al ver el sello real, asiente en silencio y ordena retirarse. El noble avanza hacia la alcoba de Ix Ub'aah Uw cuyos destellos atraviesan la oscuridad.

Ella se encontraba propiciando a sus deidades tutelares en los nichos de la pared de su estancia. Al percatarse, se vuelve, su voz serpentea entre las cortinas de la estancia.

—Eres osado al presentarte a estas horas… ¿Quién eres? ¿Qué deseos pueden ser tan urgentes como para interrumpir la serenidad de la noche? ¿Acaso el balché que traes tiene la respuesta a tus ansias?

El noble se inclina con una mezcla de temor y reverencia, colocando el bulto de tamales de iguana y el cuenco ante ella, presentándose.

—No traigo solo ofrendas, gran Ix Ub'aah Uw. Traigo una petición, una plegaria… y una propuesta que no puede realizarse sin tu favor, tu reputación de diplomática, guerrera y destacada aprendiz en nuestras escuelas te preceden. ¿Has oído hablar de Chan Ik'Tok'?

Asintió bajo la luz vacilante, adoptando la postura de quien exige más detalles.

—Este joven advenedizo ha llegado peligrosamente cerca del poder, desafiando y quebrantando las sagradas reglas de la norma ancestral. Necesito tu ayuda para derribarlo. —Continuó el noble traidor con una voz que titubeaba temblando ligeramente.

—Hablas con demasiada franqueza para alguien que pretende ocultarse en las sombras. Ese Chan Ik'Tok' ciertamente ha alcanzado alturas que pocos imaginan… pero dime, ¿por qué debería interesarme tanto su caída? ¿Qué te lleva a arriesgar tanto? ¿El aroma del poder, o el veneno de los celos?

Con inseguridad en la voz al sentirse transparente ante la astucia de aquella mujer, pero sin perder la determinación, el noble responde:

—Ambos, quizás. El rey le confía cada vez más, lo escucha cada tarde como si de sus labios brotara la voz misma de los dioses. ¿Y yo? Yo, que he servido a la dinastía desde siempre, soy relegado al polvo, mientras él… ese campesino, se sienta al lado del trono. ¿Podrías acaso tu con tu noble linaje soportar un acto así de aberrante en la corte de Ik' Naahb' Nal? ¿Te has puesto a pensar cuantas disposiciones que recrudecen la dominación sobre tu pueblo por parte de Uxwitik, serán consejos venidos de este foráneo? ¿Acaso eso no te enardece? Si tú, poderosa Ix Ub'aah Uw, me ofreces tu mano en esta danza, verás caer al joven, favoreciéndonos a todos.

Ix Ub'aah Uw deslizó suavemente la mano por el borde del cuenco de balché, una tenue sonrisa dibujándose en sus labios mientras sus ojos brillaban al compás del vaivén de las llamas de las antorchas. En su interior, no podía evitar admirar la audacia del noble y la fuerza contundente de sus argumentos. Piensa para sí acerca de la importancia que ahora cobra para ella la persona del joven consejero real.

—Ah, el juego del poder siempre pide sangre nueva. Sin embargo, una caída nunca es tan simple como empujar a alguien del borde. Dime noble copaneco, ¿estás preparado para las consecuencias de tu ambición? Una vez que el agua corre por el río, nunca regresa en su cauce.

Con voz desesperada aquel cortesano interviene:

—Mis metas son claras. El sacrificio de un hombre no es más que un paso en este tablero de patolli. Si tú me ayudas, lo demás se cubrirá de sombras… y de silencio.

Aquella toma un sorbo de balché, observándolo con ojos penetrantes.

—Muy bien… si tan claro tienes tu destino, entonces bailemos. Pero recuerda, las sombras a veces alcanzan incluso a aquellos que las invocan.

—¿Crees acaso que ignoro esa posibilidad? Claro que la considero. Estoy dispuesto a cargar con las consecuencias si algo se escapa a mi control, pero no será por negligencia. Nos aseguraremos de tomar cada precaución necesaria, aunque el riesgo siga acechando, como una sombra.

El noble se escabulló en silencio, con la astucia de un felino acechante, llevando consigo la mezquina esperanza que solo abriga la vileza del traidor. Sin embargo, en su ceguera no alcanzaba a comprender que no era más que un peón desechable en un juego mucho más vasto que sus celos y envidias. La red de intrigas que lo envolvía superaba en complejidad su limitada ambición, y aunque creía maniobrar en las sombras, no era más que una piedra danzando al ritmo de corrientes caudalosas que nunca llegaría a ver.

Ix Ub'aah Uw había hallado la coyuntura perfecta, como si los astros mismos se hubiesen alineado para poner en marcha sus intrigas. Lo que aquel noble incauto ni siquiera podía entrever, menos aún calcular, era que Chan Ik'Tok' jamás sería un objetivo verdadero para aquella mujer.

El poeta, erudito y consejero real, se convertía ahora en pieza crucial, aunque transitoria, en el vasto tablero de intrigas que se desplegaba ante el poder. Su ingenio y su cercanía al trono lo volvían un eslabón imprescindible, pero al final, como todo en el juego de los grandes señores, su valor radicaba en ser un medio, nunca un fin. Él, que tejía versos como quien desentraña los secretos del universo, ignoraba que su papel estaba inscrito en un entramado más profundo, donde cada movimiento, por sublime que fuera, servía a fuerzas mucho más imponentes que su propia voluntad.

La mirada de la joven Ix Ub'aah Uw estaba puesta en alguien de mucha mayor altura, alguien cuya caída arrastraría consigo no solo el trono, sino las arterias mismas del poder. Esas rutas que trazaban la riqueza entre las venas verdes del jade y los vastos territorios regados por las aguas del Motagua, hasta las costas orientales, actualmente bajo la sombra de la hegemonía de Copán.

Chan Ik'Tok' se creía victorioso, convencido de haber escapado al destino que los astros, implacables, habían trazado para él desde su nacimiento. Sentía en lo más profundo de su ser que había desafiado las señales celestiales, aquellas que habían dejado una marca indeleble sobre su piel como un presagio inevitable. Presagio que sabía conjurado por el poder del amuleto que portaba, un regalo de un sacerdote como una previsión menor, a decir de su padre. Pero en su engañosa sensación de triunfo, no percibía que el destino, aunque burlado, siempre encuentra el camino para hacer cumplir sus designios.

En los tiempos gloriosos del reinado de Waxaklajuun Ub'aah K'awiil, la grandeza de la ciudad y la magnificencia que exigían tanto los propósitos de los dioses, como las demandas de la autoridad civil, le imponían una carga que trascendía lo terrenal. Como soberano, debía encarnar y proyectar su poder a través de una opulencia visible, una grandeza que se plasmaba en las estelas, los templos, y los decorados sagrados que erguían las fachadas ante los ojos de los dioses y los hombres. Pero su ambición no se limitaba a lo inmediato; anhelaba, sobre todo, ser recordado como el gran rey de las artes, aquel que, con su genio y esplendor, dejaría una huella imperecedera en la memoria de Copán y más allá de sus confines.

Lo apremiante de este deseo lo empujaba a no quedar eclipsado por la gloria de sus predecesores. Las manifestaciones de poder, saber, belleza y autoridad debían trascender el tiempo y las circunstancias. Sin embargo, la realidad que envolvía su reino mostraba signos de agotamiento. Los recursos, que antaño fluían con generosidad, empezaban a menguar, sometidos a la presión de una demanda creciente, arrastrando consigo a una población que ya superaba las veinticinco mil almas.

La tierra, una vez fértil y prolífica, parecía respirar con dificultad, dejando tras de sí un murmullo de inquietud que recorría los campos y las ciudades, un susurro sombrío que presagiaba tiempos difíciles. La escasez acuciante de la preciosa madera, esencial para la creación del sagrado estuco que revestía templos, esculturas, libros y caminos, obligaba al soberano a repensar la magnificencia de sus obras. Pero Waxaklajuun Ub'aah K'awiil no era un rey que se dejara doblegar por las adversidades.

Con el genio digno de los dioses que lo habían coronado, decidió que, aunque el estuco se volviera un recurso escaso, su ausencia no disminuiría la belleza de sus creaciones. Optó por erigir monumentales estructuras de piedra desnuda, pero no por ello menos majestuosas. La técnica, gestada desde los tiempos en que su padre detentaba el poder, alcanzó su máxima expresión bajo su atenta mirada. La piedra, modelada con la plasticidad de la arcilla, parecía ceder ante las manos de los escultores, cuyas habilidades habían alcanzado un nivel inigualable.

Cada una de estas obras, labrada con precisión y esmero, era embellecida en puntos estratégicos con aplicaciones de estuco en destellantes colores, cuyo contraste realzaba la delicadeza y el exquisito gusto de la arquitectura y escultura que él patrocinaba. Como el maestro de una armonía visual, dosificaba los detalles para que, en su conjunto, las fachadas hablasen con elocuencia de su visión artística.

Sin embargo, no se contentaba solo con la austeridad de la piedra ni con la sutil aplicación de estuco. Decidió además dar vida a sus monumentos a través del color, cubriendo muchas de sus creaciones, y especialmente las estelas, con vivos pigmentos que evocaban los colores de la sangre y la vida, honrando a los dioses y resaltando la majestuosidad de su reino. Bajo la luz del sol, los rojos intensos, los amarillos y azules profundos hacían que las figuras y glifos de las estelas pareciesen cobrar movimiento, como si los antiguos relatos y la gloria de su reinado fluyeran a través de cada trazo con precisión divina.

En esta empresa, no estaba solo. A su servicio contaba con un séquito de los más grandes escultores, pintores y escribas, envidia de los otros reinos mayas. Eran ellos, los hábiles instrumentos de su voluntad quienes plasmaban en piedra y pigmento las visiones de un rey que, aún en tiempos de escasez, sabía tejer con arte y sutileza la trama de su eternidad.

Un llamado llegó a Chan Ik'Tok', instándolo a cumplir con un deber ineludible. La corte lo requería, esta vez para una misión delicada, un sondeo que debía desvelar los avances del pacto con Ajpach' Waal, el dignatario cuya lealtad era observada con una sana sospecha desde Copán. Con lo oneroso de las expectativas reales sobre sus hombros, emprendió el viaje hacia El Palmar. La caravana se preparó con esmero, guarnecida con suficientes provisiones. El sol apenas despuntaba cuando partió, acompañado de guerreros y mensajeros que, como él, sabían que la paz y la estabilidad de Copán podían depender de los informes que trajera a su regreso. Encargó que las canoas fueran dispuestas con cuidado, listas para surcar uno de los afluentes principales del río Motagua y continuar así su travesía.

El camino, aunque largo, ofrecía el alivio de una estación intermedia que llenaba su corazón de una calidez que la corte y sus intrigas jamás le brindaban, una visita a sus padres. Allí, en las tierras fértiles donde había nacido, donde el maíz y las calabazas, chiles, camotes, yucas, jícamas, chayas y otras hortalizas crecían bajo el cuidado de manos amorosas, Chan Ik'Tok' haría una breve pausa.

No llegaría con las manos vacías, pues el deber de hijo era tan sagrado como el del consejero real. En los cargamentos que lo acompañaban, llevaba regalos preciosos para sus padres. Finas telas de los mercados de Copán, vasijas decoradas con motivos celestiales y hierbas medicinales de lejanas tierras. Sabía que su visita sería breve, pero esos momentos con su familia, entre los murmullos del viento sobre los campos y las historias compartidas bajo la sombra de los árboles, le devolverían algo del sosiego perdido por las obligaciones a su cargo en la corte.

Chan Ik'Tok', con paso ligero, se acercó al umbral de la choza familiar. Imaginaba la sonrisa de su madre al ver las prendas de colores vivos, el orgullo que su padre sentiría al ver las ofrendas de la gran ciudad.

Su hogar de infancia, un refugio inmutable en medio de los campos parecía ajeno al paso del tiempo. Aislado del mundo, era un lugar donde el destino parecía detener su marcha. El canto del río, una melodía íntima, vibraba en lo más profundo de su ser.

Sus padres lo recibieron con la calidez que sólo la tierra y la sangre compartida pueden ofrecer. Ix Ulew, su madre, salió al encuentro con una sonrisa que hablaba de años de ternura y fortaleza, mientras Cha Kej, su padre, lo abrazó con la fuerza de quien ve a su hijo no como el hombre de la corte, sino como el niño que alguna vez corrió libre por los maizales.

Ix Ulew fue la primera en hablar, su voz suave como el susurro de las hojas.

—Has vuelto, mi hijo —dijo, mientras acariciaba su rostro con manos marcadas por el trabajo de la tierra—. ¿Cómo te trata la vida en la corte? ¿Te alimentan bien? No hay mejor maíz que el que crece en nuestras tierras. —Con pasos ligeros y decididos, se apresuró a preparar una exquisita bebida a base de cacao en una preciosa olla. Este néctar sagrado, reservado para la realeza y que Chan Ik'Tok' había traído en visitas anteriores, se transformaba bajo sus manos hábiles en un elixir sublime. Había aprendido a preparar su esencia con tal maestría que superaba incluso a las más renombradas cocineras de la corte. Los aromas ricos y envolventes del cacao se entrelazaban en el aire, prometiendo un deleite que no solo saciaría la sed, sino que elevaría el espíritu, como un tributo a la grandeza de aquellos que tendrían el privilegio de probarlo.

Chan Ik'Tok' sonrió, sintiendo el calor familiar envolverlo.

—Me alimentan con banquetes, madre —respondió, inclinando la cabeza ligeramente mientras observaba a su madre preparar la bebida sagrada—, pero no hay nada en Uxwitik que iguale el sabor del maíz que tú cuidas con tanto esmero. Ni quien conjure la esencia del cacao como tú.

Cha Kej, siempre más parco en palabras, pero profundo en sus gestos, lo observaba con ojos serenos.

—Nos trae mucha alegría verte de nuevo, —dijo mientras extendía una mano hacia el hombro de su hijo—, pero el camino que recorres ahora no es el de un campesino. Te rodean hombres que juegan con palabras y secretos como el viento juega con las hojas. Espero que no olvides lo que te enseñamos, el maíz crece recto, pero sólo si la raíz es fuerte y se aferra a la tierra.

—Lo recuerdo, padre —respondió, con una nota de solemnidad en su voz—. Aunque mi vida se haya enredado en los caminos del poder, nunca he olvidado mis raíces. Es por eso por lo que vuelvo a ustedes siempre que puedo.

Cha Kej se acercó más, sus ojos reflejaban una profunda preocupación. Echó su brazo sobre los hombros del hijo. Luego, su mirada se desvió hacia Ix Ulew, un mensaje silencioso cruzando entre ellos. Los ojos de la madre como los de un felino, refulgentes de sabiduría e intuición, manifestaron comprender de inmediato. Aunque en su interior la molestia era palpable, al saber que tendría que retirar la olla de cacao del fuego, como tantas veces antes, ya lista para ser servida, no dijo una palabra. Su reacción fue apenas un suspiro, como si la importancia de lo que estaba por venir le exigiera más que solo palabras.

Chan Ik'Tok' descubrió el secreto que sus padres habían guardado celosamente durante tanto tiempo. La fecha de su nacimiento no era la que le habían contado, sino una regida por la influencia de Kimi y Wayeb', dos fuerzas que determinaban su destino de manera profunda. La marca, Venus y el extraño amuleto del que nunca se separaba, todo tenía un sentido oculto, ahora revelado ante sus ojos. Sin embargo, no sintió rabia al conocer la verdad, ni reclamó haber sido engañado. Más bien, comprendió lo agobiante de la carga que sus padres habían llevado por él. Las piezas dispersas de su vida comenzaron a encajar, y lo que antes no podía entender ahora cobraba sentido. Una sensación ambigua, entre alivio y desconcierto, se instaló en su interior, como si, finalmente, comprendiera el porqué de tantas cosas, pero sin saber del todo cómo enfrentarlas. Regresaron adentro de la casa.

Ix Ulew, que no podía ocultar su preocupación, lo miró con la intensidad de una madre que conoce los silencios de su hijo:

—Que tu espíritu no esté inquieto —murmuró—. Lo veo en tus ojos. Hay sombras en tu corazón. No me digas que no las hay.

El consejero bajó la mirada por un momento, incapaz de contener en sus ojos la sabiduría tranquila que brillaba en los de su madre.

—La corte es un lugar de intrigas. No todo lo que brilla allí es jade pulido, y a veces... a veces uno se pregunta si el sacrificio de la lealtad vale el costo por los honores.

—Hijo, —intervino Cha Kej—, ser leal no siempre es fácil, pero si olvidas de dónde vienes, olvidarás también quién eres. No dejes que los favores de los poderosos cambien tu espíritu.

—Lo sé, padre —contestó Chan Ik'Tok', apretando con fuerza el hombro de su progenitor—. Es sólo que... en la corte, el peligro no se anuncia con trompetas de guerra ni con ejércitos a las entradas. Se filtra, lentamente, como la serpiente que se esconde entre las piedras. Y no siempre se sabe en quién confiar.

Ix Ulew tomó la mano de su hijo entre las suyas, transmitiéndole la calma que sólo ella sabía darle.

—Cuando dudes, recuerda que tu fuerza no está en las palabras que tejen otros, sino en las verdades que has aprendido aquí, en nuestra tierra. Si sigues el latido de tu corazón, no te perderás. Y si la oscuridad te rodea, recuerda que siempre habrá una luz que brilla dentro de ti.

Chan Ik'Tok' asintió, conmovido por la sabiduría de sus padres:

—Les traigo regalos —dijo, intentando aligerar el ambiente mientras entregaba los presentes—. Fui a los mercados de Uxwitik y pensé en ustedes.

La madre tomó una de las finas telas entre sus manos, admirando los detalles, pero no apartó los ojos de su hijo.

—El regalo más grande es que estás aquí, con nosotros —dijo suavemente—. Pero si estos obsequios te traen paz, los aceptaremos con el corazón abierto.

El padre sosteniendo una de las vasijas decoradas, sonrió de manera discreta.

—Sabes bien que preferimos el fruto de tu esfuerzo que cualquier tesoro de la corte —bromeó—, pero no por eso dejaremos de apreciarlos.

Chan Ik'Tok' se encontraba sentado junto a sus padres, disfrutando del momento de quietud, saboreando los tamales y la exquisita bebida, lejos de las intrigas y las voces de la corte. Sin embargo, notó que la atmósfera había cambiado de nuevo, calada de un mensaje invisible que flotaba en el aire. Ix Ulew lo miraba con ojos profundos, como si la preocupación la empujara a hablar, pero dudara en romper la paz del momento.

Finalmente, los ojos de la esposa se encontraron con los de Cha Kej. No necesitó pronunciar una palabra; su mirada bastaba para pedirle a su esposo que hablara. Un suspiro profundo escapó de sus labios, liberando por fin la angustia que atenazaba su corazón, lista para ser compartida con su hijo.

—Hay algo más de lo que debes enterarte, Chan Ik'Tok' —empezó Cha Kej, su voz más grave de lo habitual—. En el campo, las cosas no han sido como siempre. Hace algunas lunas, hemos visto sombras que no reconocemos. Gente que no es de aquí, pero que se oculta entre nosotros.

Chan Ik'Tok' levantó la mirada, sus ojos ahora alertas.

—¿Gente? ¿Qué clase de gente? —preguntó, su mente ya girando en busca de explicaciones interrogando a sus padres con la mirada.

Ix Ulew se inclinó hacia adelante, su rostro iluminado por el tenue resplandor de la luz que se filtraba entre las cortinas de la entrada.

—No parecen ser del pueblo, hijo. Se esconden. Pasan por los campos cuando la luz se desvanece. No visten como nosotros, sus ropas son sencillas, pero extrañas, y sus palabras... —Ix Ulew hizo una pausa, como si buscara las frases correctas—. Sus palabras suenan a nuestra lengua, pero no del todo. Como si hablara un viento lejano que intenta imitar nuestras voces, pero algo falta.

—Los hemos visto moverse por los senderos al caer la noche, pero se ocultan rápido. Cuchichean entre ellos, pero sus voces no son familiares. Sabemos que no son de las aldeas cercanas. Y no es sólo eso... —dijo Cha Kej, bajando la voz—. En las noches, hemos escuchado pasos a lo lejos. No son los animales que conocemos. Al principio pensamos que podrían ser cazadores, pero cada vez es más frecuente. Hay algo extraño aquí. No sé cómo, pero al parecer han burlado las guardias con éxito.

Chan Ik'Tok' se tensó, su mente afilada por los años de servir en la corte ya atando los hilos.

—¿Y por qué no me lo dijeron antes? —preguntó. Su voz era una mezcla de preocupación y urgencia.

Ix Ulew, siempre protectora, suspiró.

—Esto lo hemos notado recientemente y no queríamos preocuparte. Sabemos que tienes mucho en la corte, y no queríamos atiborrar tu mente con lo que puede ser sólo miedo de aldeanos. Pero esto ya no es una simple inquietud. Tememos que algo más grande se esté gestando, hijo.

—Y debes tener cuidado —interrumpió Cha Kej, su voz firme pero llena de amor—. Te rodeas de gente que tienen más rostros que una serpiente enroscada. Si algo ocurre aquí, si esas sombras vienen por nosotros, puede que tú también estés en peligro, aunque estés lejos. Esos hombres de la noche… no parecen estar aquí por accidente.

Chan Ik'Tok' apretó los puños, sintiendo la tensión en su cuerpo.

—Los hombres que visten la oscuridad y se esconden en el silencio suelen ser los mismos que juegan con el destino de las ciudades —murmuró, más para sí mismo que para sus padres. —En la corte, estos susurros son semillas de traición. Esto que me cuentan no puede ser ignorado.

Ix Ulew, con su dulzura habitual, puso su mano sobre la de su hijo.

—Prométeme que te cuidarás. No sabemos lo que estos extraños buscan, pero en nuestros corazones sentimos que no es nada bueno. Mantén tus ojos abiertos, y no confíes ciegamente en aquellos que te rodean en la corte. El peligro no siempre golpea de frente; a veces se esconde donde menos lo esperas.

Chan Ik'Tok' la miró con ternura y preocupación.

—Lo prometo, madre —dijo, apretando su mano suavemente—. No dejaré que las sombras me cieguen. Pero también quiero que ustedes estén atentos. Si estos extraños vuelven, no duden en enviarme un mensaje. No importa dónde me encuentre, vendré.

Cha Kej asintió, su rostro marcado por la seriedad.

—Lo haremos hijo. Pero recuerda, tú eres ahora más que un hombre del campo. Tus decisiones afectan a muchos. Mantén tu espíritu fuerte, y no dejes que el miedo te nuble el juicio.

El fuego en el hogar parpadeaba, proyectando sombras inquietas sobre las paredes. El viento afuera susurraba entre los campos de maíz, como si las voces lejanas que su madre describía quisieran unirse a la conversación. Pero allí, en ese momento, bajo la mirada vigilante de sus padres, experimentó una ola de aflicción, que advirtió como un mensaje ignoto de algo nefasto por venir.

El peligro ha comenzado a moverse, pensó en silencio, y tal vez, en esta ocasión, el enemigo no sea sólo una sombra pasajera.

El tiempo que pasó con ellos fue breve, pero intenso, lleno de palabras que calaban hondo en su corazón, recordándole que, aunque las fuerzas en Copán intentaran arrastrarlo hacia abismos inciertos, sus raíces siempre lo mantendrían firme. Al partir, su madre lo despidió con una última mirada llena de ternura y esperanza.

—Vuelve pronto, mi hijo. Y no olvides que aquí siempre tendrás un refugio, sin importar lo que el destino te depare.

Mientras se preparaba para partir, el silencio se instaló entre él y sus padres, denso como la niebla del amanecer en las tierras del maíz, anegado de todo aquello que las palabras no alcanzaban a decir. En sus corazones, tanto él como Ix Ulew y Cha Kej sintieron algo más allá de la simple separación temporal. Las fuerzas invisibles del destino parecían moverse entre ellos, tejiendo hilos sutiles que ninguno podía ver, pero todos sentir.

Era como si los dioses, desde lo alto, hubieran dejado caer un manto invisible que envolvía sus cuerpos y sus almas. Un presentimiento oscuro flotaba en el aire, calando en sus pechos con la misma certeza de una tormenta que aún no se ha desatado, pero que ya se escucha en la distancia. Aunque no se dijeron palabras de advertencia, sabían que esa despedida, por algún designio superior, podría ser la última.

Chan Ik'Tok' los contempló por última vez, mientras la opresión implacable de lo ineludible se abatía sobre él. Más ahora que entendía con certeza que había sido marcado desde su nacimiento. Aun así, forzó una sonrisa, aunque en su pecho aquella fatalidad latía con la fuerza de un tambor mudo, marcando un destino que no podía eludir. Sus ojos buscaban un resquicio de esperanza en el horizonte, pero lo inevitable se anclaba en su alma, recordándole que, por más que intentara escapar, el porvenir ya estaba escrito.

Bajo la negrura impenetrable de esa noche, dos figuras sombrías se desplazaban en silencio por el sacbé, el camino elevado construido sobre la tierra con precioso estuco blanco, que serpenteaba entre la vasta selva hacia el corazón de la ciudad sagrada de Copán. Envueltos en ropajes oscuros y pinturas que deformaban sus rostros bajo la escasa luz, avanzaban con pasos sigilosos, como sombras desprendidas de los árboles que flanqueaban el sendero.

El aire húmedo los envolvía, perfumado por la vegetación nocturna, mientras sus movimientos parecían desaparecer en la inmensidad del paisaje. A lo lejos, erguida como un centinela solitario, se alzaba una estela cubierta de inscripciones sagradas, marcando el límite oriental del territorio de Copán. Era aquí, en este rincón olvidado por los ojos de la ciudad, donde las dos figuras conspiraban, ocultas bajo el manto de la noche.

Se detuvieron a la orilla del camino, en las inmediaciones de la estela. Apenas una palabra fue pronunciada, y la conversación entre ellos no era más que un murmullo quebrado, fragmentos que el viento se encargaba de dispersar entre las hojas. El más alto de los dos, con movimientos precisos y ensayados, extrajo de sus ropas un pequeño pergamino de papel amate, doblado con un cuidado minucioso. Lo ofreció al otro, tendiendo la mano con una lentitud calculada, como si temiera que incluso el gesto más rápido pudiera alertar a los espíritus vigilantes de la selva.

Este segundo personaje, más bajo y de contextura grácil, recibió el papel con la reverencia propia de quien entiende el valor de lo que ha sido entregado. No hubo palabras. El silencio entre ellos hablaba por sí mismo de tramas que se urdían en las sombras, lejos de los oídos y ojos del palacio real.

De pronto, como si los cielos hubiesen respondido al sutil intercambio, la luna, que hasta entonces se había ocultado tras las nubes, apareció esplendorosa, bañando el sacbé con una luz plateada que transformaba la tierra en un vasto manto resplandeciente. El viento, agitado por fuerzas invisibles, se levantó con un suave susurro, haciendo temblar las hojas y revelando por un instante el brazo desnudo de quien había recibido el papel.

En la piel expuesta, un tatuaje antiguo, un emblema que parecía haber sido grabado por manos expertas, resplandeció bajo la luz lunar. Era la imagen de un quetzal en pleno vuelo, rodeado por una serpiente entrelazada en esa danza. El diseño era intrincado, lleno de vida, y hablaba de poder, de linaje.

Por un segundo eterno, el brillo del tatuaje pareció desafiar la oscuridad circundante, pero el viento pronto volvió a soplar, cubriendo el brazo, y el enigma de aquella figura volvió a ser engullido por la noche.

Se separaron en silencio. El más bajo de complexión ligera y grácil, se desvaneció hacia la profundidad de la selva con el papel guardado en su pecho, mientras el otro, se deslizaba hacia las sombras del sacbé, como si nunca hubiera estado allí.

La luna los observó partir, distante y altiva en su soledad, mientras el viento danzaba entre las copas de los árboles, murmurando secretos que solo la selva y los dioses entenderían. Copán reposaba en un sueño profundo, ignorante de la trama que se urdía en sus límites. Por esta noche, al menos, la ciudad seguiría su curso, resguardada bajo la vigilia muda de sus estelas eternas.

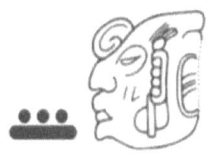

¿QUIÉN LLEVARÁ ESTE PESO EN SU ALMA?

Al paso de los años, la sombra de Calakmul se alargó sobre el reino de Copán, mientras buscaba alianzas que consolidaran su poder frente a su eterna rival, Tikal. En medio de estas maniobras, tanto políticas como bélicas, la gran Oxte'tuun observaba con recelo a Copán, consciente de su alianza con su antagonista. La propuesta de estrechar lazos con Copán para cercar a la orgullosa ciudad enemiga de Tikal fue recibida inicialmente con cortesía, pero la verdadera respuesta de Waxaklajuun Ub'aah K'awiil fue una astuta dilación. Ese prolongado silencio, esa aparente neutralidad, no era más que una estrategia de Copán para ganar tiempo.

Oxte'tuun no podía olvidar que, en su audacia, Waxaklajuun Ub'aah K'awiil había apoyado a Palenque en una guerra sangrienta, que Toniná con el respaldo de los ejércitos de Calakmul, logró ganar tras dieciséis años de combates y muerte. La intervención de Copán, aunque sutil, había sido vista como una injerencia intolerable, y la ira de Calakmul comenzó a gestarse. Ahora, enardecida por la negativa velada a la propuesta de alianza para cercar a Tikal, Calakmul interpretó la dilación no solo como una afrenta, sino como un acto de traición. Así, con la ayuda de Quiriguá, comenzó a tejer una venganza que iría más allá de la guerra, una conspiración interna, una red de intrigas destinada a poner fin al incómodo poder que Copán representaba.

Mientras tanto, en El Palmar, Ajpach' Waal, el dignatario Lakam leal, completaba la gran obra que marcaría su legado, la escalinata jeroglífica. Pero en medio de esa construcción monumental, un error aparentemente insignificante surgió como una grieta en la piedra. El epíteto K'uhul, el título sagrado que legitimaba el poder divino del gobernante de Copán debía ser omitido en uno de los bloques que conformaba la escalinata. Este descuido, imperceptible para muchos, encendió las sospechas de Calakmul y del monarca de El Palmar, quienes veían en esta omisión una señal de deslealtad o, peor aún, una declaración velada de independencia.

Las tensiones en las cortes alcanzaron su punto más crítico. Ajpach' Waal, acompañado de su leal confidente Ikal Tun, fue convocado a comparecer ante el gobernante de El Palmar, Upakal K'inich Sak Ho'ok Wak Piit Ajaw. En el tribunal, bajo la mirada severa de este soberano y del imponente rey de Oxte'tuun, Yuknoom Took' K'awiil, se esperaba esclarecer los hechos y dictar una sentencia que calara en toda la región. Aquello que comenzó como una solicitud de explicaciones pronto se transformó en un brutal interrogatorio. La corte de Calakmul, altiva y poderosa, demandaba respuestas a un error que, para ellos, sólo podía ser fruto de una traición calculada. Durante días, Ajpach' Waal e Ikal Tun fueron sometidos a torturas y humillaciones, forzados a revelar sus verdaderos sentimientos hacia Waxaklajuun Ub'aah K'awiil y Copán.

A pesar del dolor y la desesperación, su lealtad permaneció inquebrantable. Sin embargo, a los ojos de Calakmul, su devoción no era suficiente. La traición había sido sellada no con palabras, sino con la simple inclusión de un título sagrado externo en los mismos dominios de Chiik Naab'. Los nobles de Calakmul, sin compasión, los sentenciaron a un destino que ninguna lealtad podía evitar, el sacrificio. Ajpach' Waal e Ikal Tun fueron llevados al altar, donde el sacerdote alzó el hacha de obsidiana hacia el cielo antes de hundirla en sus cuellos, derramando su sangre en un ritual que en el fondo no buscaba purificación, sino venganza.

Sus cuerpos fueron entregados a la tierra, y con ellos se sepultaron las últimas esperanzas de reconciliación. Ajpach' Waal, golpeado por la tragedia, se había visto obligado a rectificar el error en la escalinata. Fue él quien tuvo que eliminar el epíteto sagrado de K'uhul del nombre del rey de Copán, aunque este acto no fue suficiente para calmar las suspicacias de Calakmul. De hecho, aquello que había comenzado como una corrección terminó siendo una advertencia. El rey de Calakmul, en su ira contenida, exigió que la escalinata no fuera destruida, sino que permaneciera tal como estaba, para que, con cada ascenso, los nobles y sacerdotes de El Palmar recordaran que sus errores, por mínimos que fueran, tendrían consecuencias fatales.

El sacrificio de Ajpach' Waal e Ikal Tun no solo marcó el fin de una era de alianzas fallidas, sino que inauguró una nueva etapa en la historia de Copán. La residencia de Ajpach' Waal en El Palmar, ese barrio próspero y noble, fue entregada a otro dignatario de menor rango, mientras que la sangre derramada bañó los cimientos de una remodelación que significaba más que un simple cambio arquitectónico. Era una declaración de poder, un recordatorio de que la vida y la muerte estaban entrelazadas con las decisiones más sutiles de la política maya.

Pero, aunque la alianza con Calakmul fracasó, no todas las esperanzas de venganza estaban perdidas. La trama, urdida en las sombras, continuaba su curso. Con la alianza rota, Calakmul volvió sus ojos hacia Quiriguá, fomentando secretamente su crecimiento como un rival potencial de Copán. Ix Ub'aah Uw, la espía enviada a sembrar el caos trabajaba ahora para fortalecer ese lazo oculto entre Quiriguá y Calakmul. Mientras la escalinata permanecía como un recordatorio en piedra de la traición pasada en la ciudad de El Palmar, una nueva conspiración se gestaba en silencio, amenazando con destruir a Copán desde dentro.

Nubes grises se cernían sobre Copán como un manto pesado, pero no era la oscuridad lo que inquietaba a la ciudad, sino los murmullos que corrían de boca en boca, las sombras de un descontento creciente.

Desde hacía varias lunas, los muros de algunos templos y plazas amanecían marcados por grafitis irreverentes. Insultos burdos contra la nobleza y, sobre todo, contra el rey. Dibujos grotescos representaban a Waxaklajuun Ub'aah K'awiil, el gran monarca, pateando su propia cabeza cortada, serpientes saliendo del tajo de su cuello. Estas imágenes, crudas y violentas, hablaban de muerte y desgracia, de un destino funesto para el gobernante que había llevado a Copán a su esplendor.

Pero detrás de estos actos no se encontraba la mano inocente de campesinos frustrados, sino un plan cuidadosamente urdido en las sombras por los enemigos de Copán. Ix Ub'aah Uw, la espía enviada por los señores de Quiriguá se movía astutamente, seduciendo voluntades, manipulando corazones. Junto a ella, el noble traidor de Copán y el diplomático de Calakmul, dos serpientes que susurraban traición bajo el amparo de la amistad y la lealtad simulada. Habían alojado a un contingente de guerreros de Quiriguá y Calakmul en las montañas, lejos de las miradas curiosas, en un lugar lo bastante remoto como para preparar incursiones discretas, pero lo suficientemente cercano para atacar cuando la oportunidad se diera.

El descontento entre los campesinos era una llama pequeña, bastando tan sólo un soplo para convertirla en un incendio. Sin embargo, los insultos pintados al rey en las paredes tenían otra fuente. Los nobles, en su torre de privilegios, apenas notaban el murmullo creciente del pueblo. Ix Ub'aah Uw y sus conspiradores sí lo percibieron. Aprovechando la frustración y el resentimiento latente, los insidiosos se infiltraron entre los campesinos, avivando su ira. Convencer a quienes ya vivían al borde de la desesperación no fue difícil. Les bastó señalar a los señores de Copán, cuya opulencia era la raíz de todas sus miserias. Con la complicidad de algunos descontentos y explotando los celos que despertaba la prosperidad de la familia de Chan Ik'Tok', los infiltrados manipularon voluntades y los encendieron transformándolos en un arma silenciosa y letal.

Las pintadas en los muros fueron solo el principio. Un acto de rebelión simbólica, sí, pero también una señal para los conspiradores de que la gente estaba lista para algo más. Los campesinos que habían sido convencidos, aquellos que habían empuñado los carbones para marcar las paredes con insultos al rey, no sabían que eran solo tontos útiles. Habían sido manipulados, engañados por las dulces palabras de los traidores que prometían un cambio que nunca llegaría.

El golpe verdadero, sin embargo, estaba por caer.

La noche se cernía sobre Copán, un manto oscuro y silencioso que acallaba hasta el más leve susurro. Solo el ladrido intermitente de algunos perros, perdidos en la lejanía, rompían la quietud. Un presagio de lo que estaba por venir, quizá, pues en la ausencia de la luna y las estrellas, la ciudad parecía abandonada a su suerte, como si los dioses hubieran velado sus ojos ante el inminente caos.

Sombras sigilosas se deslizaban como serpientes en los campos de cultivo y reservas de Copán, moviéndose con precisión entre éstos y los caminos desiertos. Apenas un susurro delator, apenas una rama quebrada bajo los pies. Los conspiradores habían llegado.

Los guardias que custodiaban los silos de grano, confiados en la falsa seguridad de una noche tranquila, no tuvieron oportunidad de defenderse. Las cuchillas, afiladas como el odio que las empuñaba, cortaron sus gargantas en un movimiento rápido y certero. Cayeron uno a uno, sus cuerpos inertes, desangrándose sobre la tierra fértil que habían jurado proteger. No hubo gritos, sólo el húmedo sonido del pedernal atravesando carne y el sordo golpe de los cuerpos desplomándose sobre el suelo.

Con la misma frialdad, los portadores de hachones, ocultos entre las sombras, se adelantaron. Como si fueran sacerdotes en un rito oscuro, alzaron sus antorchas y las lanzaron contra los silos. Las estructuras de madera y paja, secas por el tiempo y por el calor acumulado durante el día, se prendieron con una voracidad inhumana. En un abrir y cerrar de ojos, el fuego trepando por las vigas devoró los techos, como un ser vivo, hambriento e imparable. El crepitar de las llamas rompió el silencio de la noche, y pronto, los almacenes ardieron con tal furia que la luz del incendio iluminó los campos cercanos. Las chispas saltaron hacia el cielo, danzando en un torbellino caótico que anunciaba el desastre.

Mientras los silos sucumbían a las llamas, otro grupo de conspiradores, tan mortífero como el primero, se dirigió hacia las milpas y hortalizas que alimentaban la ciudad. Las llamas se extendieron rápidamente, consumiendo el maíz que apenas había alcanzado su madurez. Los tallos crujieron bajo el intenso calor, y lo que era el sustento de Copán estaba por convertirse en cenizas. El viento, como si fuera un cómplice silencioso de la destrucción, avivaba las llamas, llevándolas de un campo a otro con la rapidez de un suspiro. El fuego se propagó implacablemente, devorando todo a su paso, mientras las sombras de los conspiradores se movían como espectros entre el caos que ellos mismos habían desatado.

No satisfechos con la ruina provocada en los cultivos, los incendiarios se dirigieron hacia los meliponarios, donde las abejas veneradas, guardianas de la miel preciosa que endulzaba las ofrendas a los dioses, dormían en sus colmenas de barro y madera, los jobones sagrados. Con brutalidad, fueron derribados, dispersando las abejas en todas direcciones. La miel que pudieron recoger fue rápidamente robada, sus vasijas llenadas en un instante con el néctar dorado. Las colmenas, al igual que los silos y los campos, fueron presa de las llamas. El fuego se alzó tornándose en columnas de humo oscuro, mientras los restos de las casas de las abejas ardían como un último sacrificio involuntario.

Y en medio de aquella devastación, una figura se alzó, vigilante y serena. Era una mujer, con el cuerpo marcado por tatuajes que se entrelazaban sobre sus brazos y su torso. Sus ojos brillaban con una mezcla de satisfacción y determinación. Ella era la líder. Había guiado en silencio a aquellos hombres hacia la destrucción. Sin pronunciar una palabra, alzó un brazo, dando la señal para que se dispersaran. Y así, tan rápido como habían llegado, los conspiradores se desvanecieron en la espesura, dejando tras de sí una estela de fuego y muerte.

El viento continuó soplando, llevando consigo el olor acre de la madera quemada y el grano destruido. Copán, desde esa noche de traición, no volvería a ser la misma. Las llamas ardían aún, pero más allá de las cenizas de las milpas, las colmenas y los silos, algo más profundo se estaba incendiando, la confianza en la seguridad de la ciudad, la tranquilidad de su pueblo. El fuego que danzaba en las sombras era sólo el inicio de un mal mayor que ya se cernía sobre la urbe, como un presagio oscuro que ningún mortal podría evitar.

En medio de aquel caos, con el crepitar de las llamas y los gritos de la gente que huye del fuego, Ix Ulew madre de Chan Ik'Tok' corre hacia un grupo de madres que llevan a sus hijos en brazos. El aire irrespirable por el humo.

Gritando, agitada: "¡Rápido, al río! ¡Lleven a los niños, no se detengan! ¡Vamos, vamos!".

Una madre, con el rostro cubierto de hollín, se detiene temblorosa, abrazando a un niño pequeño. Ix Ulew la toma del brazo, con firmeza. Con urgencia le grita:

—¡No te detengas ahora! ¡Corre, por los dioses, corre!

La madre sollozando.

—No puedo... el fuego... el fuego está en todas partes...

Ix Ulew mientras mira hacia el fuego, con determinación.

—Lo sé, pero no nos dejaremos vencer. ¡Sigue hacia el río!

La madre asiente, aterrorizada, y sigue corriendo.

En otra parte de la villa, Cha Kej se encuentra organizando a los hombres que tratan de sofocar las llamas. Tiene un cuenco en la mano y lanza órdenes a los vecinos y a algunos guerreros que han llegado corriendo desde postas cercanas de guardia.

—¡Formen una fila! ¡Traigan agua del río! ¡Tenemos que salvar lo que podamos!

Un guerrero con rostro serio, mientras sostiene un cuenco.

—¡Es inútil! El fuego está por todas partes... ¡No hay gente suficiente!

El aldeano mirando el cielo en busca de ayuda responde urgido.

—Si nos rendimos ahora, no quedará nada. ¡Sigan acarreando, aunque sólo sea para aplacarlo! ¡Usen todo lo que pueda contener agua!

Uno de los vecinos, un hombre mayor con rostro cansado se acerca jadeando. Su casa ya está en llamas. Desesperado.

—Cha Kej... mi casa... todo se ha ido...

Éste con voz solemne, pero firme: "No eres el único, anciano. Todos estamos perdiendo algo. Pero mientras sofocamos el fuego aún podemos salvar a algunos".

Ix Ulew llegando junto a ellos, con rostro cubierto de sudor y hollín. —Las mujeres y los niños están a salvo... al menos por ahora. Pero el fuego sigue avanzando hacia las chozas del norte.

Su esposo asintiendo, mientras mira a su mujer.

—Has hecho bien. Ahora necesitamos más manos, todos los que puedan acarrear agua o ayudar a extinguir el fuego, que se unan a nosotros.

Ix Ulew con voz firme, alzando la vista hacia el grupo de hombres y mujeres que aún luchan contra el fuego.

—¡Aún no es el fin! ¡Si seguimos juntos, tal vez podamos salvar parte de lo que es nuestro! ¡Por los dioses y por nuestros hijos, no nos rendiremos!

Un joven guerrero se acerca corriendo, con un cuenco vacío. Jadeando: "¡El fuego... está arrasando los meliponarios! ¡Ya ha alcanzado muchos de los jobones!".

—¡Ah Mucen Kab, kan a tan in kool! —clamó desesperada Ix Ulew, tomándose la cabeza y tirándose el cabello pidiendo protección por las colmenas a su dios protector—. Si perdemos las abejas, perderemos mucho más que miel... debemos actuar rápido.

Cha Kej, Ix Ulew y el joven guerrero corren hacia el meliponario, mientras el fuego ya está devorando los campos de maíz. Al llegar, ven cómo los jobones arden y las abejas intentan escapar, desorientadas.

Cha Kej con desesperación:

—¡Rápido, trae agua aquí! ¡No podemos dejar que esto continúe!

El guerrero corriendo de vuelta con otro cuenco de agua:

—¡Es inútil, el viento aviva las llamas! —sus ojos, abiertos y vidriosos, hipnotizados ante el horror, derramaban lágrimas gruesas, como lluvia que cae sin esperanza, en silencio, aceptando el destino que ya no puede cambiar.

Ix Ulew igualmente con lágrimas en los ojos, pero aún con determinación.

—No... no lo es. Aunque no podamos salvarlo todo, tenemos que intentarlo.

Se escucha el traqueteo del fuego y los gritos lejanos de la comunidad. Aquella pareja sigue luchando junto a los demás, aunque las fuerzas parecen agotarse. Los guerreros y los vecinos trabajan codo a codo, pero el fuego sigue arrasando.

Cha Kej, deteniéndose un momento, cubierto de sudor y cenizas, mirando hacia el horizonte, donde las primeras luces del amanecer empiezan a aparecer: "Ix Ulew... ya no hay más que podamos hacer...".

Con voz baja, mirando a su esposo con resignación.

—Al menos lo intentamos. Al menos les dimos una oportunidad de vivir.

El hombre asintiendo, su voz entre cortada por la tristeza.

—Sí. Pero este fuego... este fuego destruirá más que nuestras casas. Traerá algo más oscuro, algo que aún no comprendemos.

Ambos se dejan caer en el suelo derrotados a la ribera del río, cubiertos de hollín y cenizas. A su alrededor, los vecinos hacen lo mismo, agotados y vencidos. El humo aún se eleva en espirales hacia el cielo, mientras el sol comienza a iluminar el escenario devastador.

Ix Ulew con la mirada perdida en el humo que se eleva.

—Que los dioses nos perdonen... y que alguien escuche nuestras plegarias.

Su esposo susurrando, sin fuerzas.

—El día ha llegado, pero siento como si la noche aún no ha terminado.

Aquel resoplido voraz, el crujir de las llamas que devoraban la tierra, tiñó de rojo el cielo y la alarma se extendió por toda la ciudad. Guerreros y nobles corrieron hacia el fuego, desde esa dirección, ¡tan enorme era el siniestro! Sus manos heridas, sus cuerpos marcados por el humo y el calor implacable. El día avanzaba, y cuando el sol ya se encumbraba alto, exhaustos y ennegrecidos, dieron fin a su lucha contra lo inevitable.

Los administradores, con rostros graves, comenzaron a contar las pérdidas, sus papeles de amate estucado llenándose con la tragedia que el fuego había dejado, mientras el rey aguardaba, con una fingida, pero necesaria impasibilidad, el reporte con la magnitud de la destrucción.

En la gran sala Waxaklajuun Ub'aah K'awiil estaba sentado en su trono, su rostro serio, mientras los administradores y contadores se acercaban lentamente. Uno de ellos, el contador mayor Yax Ich Hix, el más experimentado, con el rostro tenso y las manos temblorosas por el peso del contenido del papel que sostenía, se inclinó ante el monarca.

—Sagrado Señor, el fuego ha sido implacable. Las milpas principales están reducidas a cenizas, las hortalizas que alimentaban a su pueblo ya no existen... y los meliponarios... —su voz tembló, y alzó la mirada sólo por un momento para encontrarse con los ojos del rey—. han sido devastados. Hemos perdido más de la mitad de la producción de miel.

El rey guardó silencio, su mirada fija en el vacío, como si cada palabra de aquel clavara más hondo el dolor de la pérdida.

El segundo contador real K'an Tz'ikin continuó con el reporte:

—Estimamos, gran señor, que de las veinticinco mil almas que habitan bajo su protección, más de veinte mil dependen directamente de estas cosechas. Sin la alimentación adecuada, la hambruna podría extenderse antes de la próxima siembra. Los silos, que contenían las reservas para los meses venideros, han sido destruidos en su mayoría.

Aquellas palabras parecían sacudir las paredes de piedra, cada sílaba un golpe invisible que resquebrajaba la atmósfera.

Yax Ich Hix continuó.

—Solo un tercio de las reservas ha sobrevivido, señor. Esto nos da apenas para tres ciclos lunares, si las raciones se distribuyen con cuidado. Después... —hizo una pausa, respirando con dificultad—, el caos será inevitable.

El silencio que siguió a sus palabras fue denso, cada persona en la sala sintiendo la inminente sombra del desastre. El noble traidor, con el rostro marcado por una falsa tristeza, no se separaba del rey, aprovechando cada momento para hacerse notar en la ausencia de Chan Ik'Tok', quien estaba de misión en El Palmar.

Fingiendo preocupación, se mantenía cerca, sus gestos calculados, susurros de aflicción que en realidad encubrían la alegría mezquina que lo consumía. Saboreaba en silencio el caos que había provocado, cada inclinación de cabeza era un acto de manipulación, mientras se arrastraba ante el monarca con la satisfacción de quien ve sus planes comenzar a fructificar, ya puesta su mirada en la siguiente jugada hábilmente urdida, con sus socios de Quiriguá y Calakmul.

El rey, que hasta ahora había permanecido inmóvil, cerró lentamente los ojos, como si estuviera buscando en la oscuridad una solución que no existía. Finalmente, su voz baja y profunda rompió la quietud.

—Tres ciclos lunares, dices. Y luego, la hambruna tocará nuestras puertas —su mirada se tornó dura y penetrante—. ¿Quién será el culpable cuando mi pueblo muera de hambre? ¿Quién llevará este peso en su alma?

Nadie osó responder. Las miradas se desviaron hacia el suelo, incapaces de sostener el furor contenido en los ojos del rey. Solo el sonido de su última pregunta persistió, como un presagio que envolvió la sala.

La impotencia y la incertidumbre los devoran. La luz de las antorchas tiembla sobre las paredes, mientras el rey, con el rostro impenetrable, escucha a sus consejeros. Los murmullos de sus voces se oyen en la vasta sala mientras discuten entre ellos, con inflexiones de intriga y estrategia.

El rey les impele con autoridad: "¡Hablen! No puedo ver otra noche como esta devorar nuestra ciudad. ¿Qué proponen?".

El noble traidor, con una reverencia, inclina su cuerpo hacia adelante, sus ojos brillando bajo la sombra de una máscara de falsa lealtad:

—Venerado Ajaw, lo primero es enviar un mensaje claro, la justicia debe caer como el rayo, rápida e implacable. Encuentre a los culpables. Deje que toda Uxwitik vea que su mano es severa, y así nadie, ni siquiera los más osados, intentarán repetir esta infamia.

Itzamná Yohl, en una postura más reflexiva, con sus manos entrelazadas bajo la barbilla:

—Es cierto, mi señor. Un castigo visible refuerza el poder del trono. Pero también hemos de pensar más allá de la ira. Esta es una herida profunda, y no sanará con venganza solamente. Propongo reforzar la vigilancia en la ruta hacia Ik' Naahb' Nal. Sospecho que sus manos pueden estar involucradas. Hacerles pagar con tributo sería una muestra de control, además de proporcionar los alimentos que ahora nos faltan.

Yax Ich Hix, con su mirada fija en el suelo, ajusta su braguero y se adelanta un paso:

—Gran Señor, el tributo es necesario, pero no suficiente. Necesitamos tiempo, y el campo, aún bajo este desastre, es nuestra respuesta. Si los campesinos pueden trabajar con lo que queda, y rotamos los suelos sabiamente, podríamos comenzar a recuperar las parcelas en cuatro o cinco ciclos Haab', con la ayuda de los dioses, más de la mitad de lo perdido estará restaurado para entonces.

El noble traidor, interrumpe con falsa preocupación, su voz se alza ligeramente:

—Cinco ciclos… Demasiado tiempo, mi rey. El pueblo debe ver acción ahora. No podemos esperar a que las parcelas se recuperen por sí solas. Le repito, halle a los culpables. Hágalos sufrir. Muestre que los dioses no nos han abandonado, sino que nos han dado su brazo para castigar. La vigilancia es importante, sí, pero la venganza es más urgente.

Itzamná Yohl, con calma, pero sin ocultar su desdén hacia la propuesta del traidor:

—La venganza, noble señor, puede calmar el orgullo, pero no alimentará a nuestro pueblo. A veces la justicia requiere paciencia, y el suelo no se apura. El rey ha de pensar en la estabilidad, no solo en los castigos.

K'an Tz'ikin, con voz grave y práctica, mirando directamente al rey:

—Divino Señor, tanto la justicia como la recuperación deben suceder en paralelo. Que el tributo de Ik' Naahb' Nal, sea el inicio. Y que nuestros campesinos, que conocen mejor que nadie la tierra, guíen el esfuerzo de restauración. Sabemos que la rotación del suelo, aplicada con sabiduría, nos permitirá empezar de nuevo. Pero también sugiero, con todo respeto, que la señal a los dioses venga pronto. Un acto público de sometimiento a las divinidades podría ser la bendición que necesitamos. El pueblo lo verá como un renacimiento, algo que da esperanza, además de demostrar su poder. En este recinto somos cobijados por las veinte efigies sagradas del dios del maíz, a él debemos acudir.

El rey, observando a cada uno, con los dedos tamborileando sobre el su trono, su mirada dura como el cuarzo, pero el cansancio de la tragedia latente en sus ojos.

—Justicia. Recuperación. Fe. Todos hablan bien, pero no podemos permitirnos un error. Que los culpables sean hallados, y que su castigo sea ejemplar. Que la vigilancia se refuerce en nuestras rutas hacia Ik' Naahb' Nal, y que exijamos, por tres, lo que es nuestro en tributo. A los campesinos, dadles lo que necesitan, tierras y herramientas. Y que el pueblo vea que su rey actúa, no solo con la fuerza de la justicia, sino con la bendición de los dioses.

El noble traidor, inclinándose una vez más, satisfecho en su interior, pero con una máscara de devoción.

—Como ordene mi rey. Haremos que el pueblo y los dioses vean su grandeza.

Itzamná Yohl:

—Su sabiduría ilumina el camino, gran Ajaw. Veré que los preparativos para el ritual sean inmediatos.

El rey, con una mirada severa pero decidida.

—Entonces, que la justicia caiga, y que la tierra se levante.

En el corazón de la jungla, donde la luz del sol se filtraba a través del denso dosel de hojas verdes, el noble traidor, un hombre de intenciones oscuras y mirada perspicaz se encuentra con Ix Ub'aah Uw. A su alrededor, el canto de los pájaros y el murmullo del viento en las ramas creaban una sinfonía inquietante.

—Las cosas están avanzando según lo planeado —comenzó el noble, con una sonrisa que mezclaba satisfacción y astucia, su voz apenas un susurro entre el murmullo de la selva—. La orden del rey de buscar y capturar a los culpables es justo lo que necesitábamos. Él no tiene idea de que esos a quienes busca ya están marcados por nuestras manos.

Ix Ub'aah Uw, de postura erguida y mirada fría, asintió lentamente, su expresión una máscara de control. Sabía que el noble era un maestro en el arte de la manipulación, pero también era consciente de que su mezquindad no conocía límites.

—La vigilancia en la ruta hacia Ik' Naahb' Nal, se reforzará —continuó el noble, moviendo una mano en un gesto que abarcaba el futuro que se habían trazado—, y el rey ha solicitado que se triplique el tributo en alimentos. El hambre de nuestro rey se saciará con la riqueza que les exijamos a ustedes, los súbditos. ¡Ah, Chan Ik'Tok'! Él no sabe lo que le tenemos planeado.

La mujer lo miró con un dejo de lástima y desprecio apenas disimulados, sus pensamientos girando en torno a la inevitable caída de un hombre que no merecía ser arrastrado por la codicia de su aliado.

—Te advierto —dijo aquella con un tono grave—, que, aunque los planes marchen a la perfección, la lealtad de Chan Ik'Tok' podría ser un obstáculo. La influencia de su entereza y sus conexiones en la corte podrían complicar nuestra trama.

El traidor se echó a reír, una risa oscura y burlona que resonó en la selva como un eco macabro.

—Es un iluso, un soñador que aún cree en la bondad de la nobleza —replicó, cruzando los brazos—. No tiene idea de las sombras que se ciernen sobre él. Nos moveremos con cautela, pero con determinación. La lección que aprenderá será devastadora.

Ix Ub'aah Uw lo observó, sintiendo un ligero estremecimiento ante la vileza que emanaba de su interlocutor. Sintió asco. Sin embargo, había un propósito en su alianza, un hilo de ambición que unía sus destinos, aunque las intenciones de cada uno fueran radicalmente distintas.

—Solo asegúrate de que todo se haga en el tiempo previsto —dijo con una firmeza que intentaba insuflar en el traidor—. Un desliz podría arruinarlo todo.

—Puedes confiar en mí —respondió el noble, con un destello de confianza que encubría su ambición voraz—. Todo se desarrollará como hemos planeado.

Con esas palabras, se separaron, cada uno arrastrando sus propias sombras, mientras la jungla los envolvía en su manto de secretos y promesas de traición.

El noble se marcha, con su mirada punzante como un diente de jaguar, empeñándose en orquestar la caída de Chan Ik'Tok'. Ix Ub'aah Uw se retira anhelando un cambio radical en el equilibrio del poder entre las ciudades de Copán y Quiriguá. Para el noble, la derrota del joven era un paso crucial en su juego de sombras; para la Ix Ub'aah Uw, representaba la oportunidad de reconfigurar el entablado de alianzas y rivalidades, donde cada movimiento podría desatar un nuevo orden. El destino de ambas ciudades pendía de un hilo.

EL PRECIO QUE COPÁN PAGÓ

La llegada de Chan Ik'Tok' a Copán se tiñó de una tristeza punzante. El manto de niebla que cubría la ciudad esa mañana, le pareció que presagiaba tiempos aciagos. Las noticias que traía y las que recibió hablaban de un destino sombrío. Las voces de inconformidad plasmadas en las pintas que mancillaban los muros de los templos y edificios. El incendio voraz que había engullido las esperanzas de los pobladores. El anuncio de la ejecución de Ajpach' Waal. Esta sentencia, como un presagio de desdichas, cae sobre la ciudad como un anuncio seguro de alianza rota con Calakmul. Una cadena de sucesos que extienden una sombra inevitable sobre el destino de Copán.

Todo esto se sumaba a una atmósfera de fatalidad y cierre ineludible, que envolvía a la corte de Waxaklajuun Ub'aah K'awiil en un revuelo de inquietud. Sin embargo, las ordenanzas del rey, dictadas por la necesidad de construir un monumento, prevalecían, ante todo. Los dioses y sus mensajes exigían prioridad; sus signos en el cielo y en la tierra no podían ser ignorados, y las diligencias de la corte se volcaron hacia ese mandato real en busca de propiciación divina.

El sacerdote principal de Copán, Balam Aj Na Ha'al, regente del rito y templos de la lluvia, toma la palabra con la solemnidad de quien se sabe portador de un conocimiento ancestral. A su alrededor, los consejeros y cortesanos escuchaban atentamente, mientras Chan Ik'Tok', de pie entre ellos, aguardaba el momento de hablar. La tensión era palpable, sobre todo por la presencia del traidor, que había ascendido en la corte durante la ausencia del Chan Ik'Tok', y ahora veía su posición amenazada.

—El fuego que consumió las milpas y los hogares —comienza diciendo Balam Aj Na Ha'al—, ha dejado su huella en el pueblo, pero los dioses, en su infinita sabiduría, nos han concedido una oportunidad de redención. Es mandatorio que el rey, nuestro venerado soberano, aparezca como el dios del maíz, como el pilar del cosmos. El rey debe ser la imagen viviente del sustento y la renovación. En una estela será Yax Imix Cah, sembrador del ciclo eterno de vida y sacrificio, bendición de los campos para el rebrote del maíz; en la otra, Chak Ek', la estrella que guía los ciclos de los dioses y hombres. Propongo pues, erigir dos estelas con su efigie deificada.

El noble traidor inclinó ligeramente la cabeza, su mirada calculadora oculta bajo un gesto de falsa devoción.

—La sabiduría de los dioses, canalizada a través de ti, gran sacerdote, es incuestionable. El rey, sin duda, será mostrado como el sustentador del cosmos... pero las heridas del pueblo aún sangran, y será la justicia del rey la que calme los corazones de los hombres. Su imagen de poder y autoridad, como portador de la vara de K'awiil, debe prevalecer. No podemos olvidar el brazo implacable del rey.

Chan Ik'Tok', siempre perspicaz, percibió el veneno sutil en las palabras del traidor. Dio un paso adelante, con la humildad de un consejero fiel, pero con la firmeza de quien sabe su lugar.

—Mis señores, permítanme trazar los diseños para las estelas. He consultado a los astros y las tablas de las estrellas que he diseñado. Esto me ha permitido vislumbrar la simetría entre el ciclo del maíz y el de K'ahk'al Ek' con la influencia de Chak Ek'. Propongo llevar al rey dibujos detallados y maquetas en piedra caliza que orienten a los escultores, yo mismo supervisaré la obra. El lugar de cada estela debe estar cuidadosamente alineado con las trayectorias celestiales, para que no solo las imágenes, sino también su ubicación, hablen del destino del cosmos, alineado a la prosperidad de nuestra amada Uxwitik.

El noble traidor apenas logró ocultar su desagrado, guardando un silencio lleno de resentimiento. La destreza de Chan Ik'Tok' y la sabiduría que emanaba de cada una de sus palabras amenazaban con relegarlo, una vez más, a las sombras. Sabía que su propia influencia palidecía frente a aquella luz, y en su mirada se entreveía la amarga certeza de su inevitable opacidad.

Yax Ich Hix, el administrador mayor, carraspeó y tomó la palabra, sus dedos tamborileando sobre los libros de cuentas que llevaba consigo.

—Los costos serán considerables, pero si sincronizamos los recursos con los tributos que provienen de Ik' Naahb' Nal, y los otros reinos súbditos, sumados a la recolección de los materiales, podremos proceder sin retrasos. Los dioses nos han castigado, pero este evento puede ser también el momento de consagrar las riquezas en su honor.

K'an Tz'ikin, el contador asistente, asentía mientras revisaba las tablillas con los registros de materiales y trabajadores.

—El ritual que acompañe la colocación de las estelas debe ser grandioso, y los materiales abundan en nuestras reservas. El jade, el pedernal, la tova volcánica... el rey debe resplandecer como Chak Ek' conjurada y nutrir como K'uh Nal, nuestro sagrado alimento, el maíz.

Balam Aj Na Ha'al alzó la vista hacia Chan Ik'Tok', aprobando su ofrecimiento. —Lleva tus maquetas al rey en cuanto las tengas listas y que los dioses guíen tus manos. Que el sacrificio del rey, de su esposa, de toda la corte y la devoción del pueblo se graben en cada línea de esas estelas.

El noble traidor, siempre astuto, observó en silencio. Aún no era su momento para actuar, pero sus ojos seguían cada movimiento de Chan Ik'Tok'. Sabía que este proyecto acercaría al joven consejero más al rey, y sus propios planes debían ajustarse.

La reunión concluyó, con la promesa de un nuevo ciclo y la sombra de las intrigas, siempre al acecho.

Chan Ik'Tok', absorto en el arte del diseño, trazaba con sus hábiles manos las líneas dictadas por los astros. Con la mirada fija en los cielos futuros, descifraba en sus cálculos la secuencia oculta de los ciclos celestiales. Una fecha precisa se traza en su mente, un momento singular que vibra con el pulso del cosmos. Con esa certeza grabada en su mente, se presentó ante el rey, confiado en que el destino aguardaba su señal. Con la mirada serena y una calma templada por años de servicio en la corte, se inclinó ante Waxaklajuun Ub'aah K'awiil. La imponente figura del rey, realzada bajo el juego de luces y sombras, parecía brillar con resplandor propio, mientras de los incensarios, el humo sagrado ascendía impregnando el aire con su aroma embriagador.

—Gran señor, el de los cinco cautivos, las estelas que se levantarán en conmemoración del katún llevan consigo el poder y el ciclo mismo de los astros —comenzó Chan Ik'Tok'—. En la Estela B, se le representará como Chaahk, el dios del trueno y de la fuerza vital. Desde la sagrada montaña de la Creación, Mo' Witz', surgirá su figura, como lo dictan los antiguos mitos, trayendo consigo la lluvia fecunda y el poder de los gobernantes divinos. La montaña que nombraremos en los textos jeroglíficos será la misma que se alzará en la piedra, con sus ojos esculpidos en la parte posterior de la estela, observando eternamente. Su imagen no solo hablará a su pueblo, sino que trascenderá en el tiempo, proclamando la grandeza de su reinado y la alianza entre los hombres y los dioses.

El rey, envuelto en su manto de algodón y plumas, asintió con gravedad, sus ojos profundos alternaban entre el joven y las maquetas que este le había acercado. Arrebatado por la exquisitez de los modelos en miniatura, su semblante permanecía inmerso en una mezcla de asombro y aprobación, como si los detalles de cada relieve le transportaran al mismo corazón del cosmos que representaban. En las maquetas podía observar la conexión de la fecha de elevación de las estelas, bellos números elaborados en sus personificaciones de cabeza, los dioses de la noche, la edad de la luna, la relación con la última lunación, le brindaron una visión clara, como quien, con el poder de los dioses, contemplara esa noche en un presente continuo.

—Y en la Estela A —prosiguió Chan Ik'Tok'—, su autoridad divina quedará plasmada en múltiples símbolos, con el motivo del petate repetido intencionalmente. Observe el tocado, en sus cuatro esquinas, las cabezas de serpiente se alzan imponentes, mientras que hebras de hilo trenzado, anudadas con esmero, recrean una vez más el petate, emblema supremo de su soberanía.

—Si presta atención, hallará estos signos de poder replicados en la barra ceremonial y el cinturón. Note también los tres nudos de tela sobre sus sandalias, las muñequeras, el bordón en el fondo y los colgantes del cinturón, cada uno de ellos evocará ante el pueblo su autosacrificio, el tributo de su sangre en aras del equilibrio cósmico. Y allí, en la barra ceremonial, las calaveras de serpiente dan origen a deidades solares de cráneos alargados, un recordatorio solemne de la muerte y el sacrificio. La fecha del fin del K'atun será inmortalizada. Esta no es solo la culminación de un ciclo, sino el recordatorio de que el cosmos, como nuestro reino, debe sostenerse a través de sacrificios. Todo ello tendrá lugar tras el solemne rito del recorrido ceremonial que usted hará sobre la espalda pintada y decapitación del cocodrilovenado estelar, Itzam Cab Ain. Este acto sagrado, de inescrutable simbolismo, consolidará el nuevo orden y sellará la legitimidad del K'atun que recién comienza, uniendo en su tránsito los cielos y la tierra bajo el halo de divinidad encarnada en usted, rey nuestro.

Chan Ik'Tok' hizo una pausa deliberada. El silencio que siguió fue un aliado, subrayando la gravedad de sus palabras antes de proseguir con su alocución, diseñada para penetrar profundamente en la conciencia del rey.

—Es imperativo rememorar en este solemne acto las dos fundaciones que dieron origen a nuestra ciudad. —Continuó—: La primera, acontecida en el octavo Baktun, fue obra del legendario Ajaw Foliado, quien con su visión cósmica sentó las bases de nuestro devenir. La segunda, en este noveno Baktun, consumada por el venerado K'inich Yax K'uk' Mo', quien, siguiendo los pasos de su predecesor, consolidó nuestra identidad y destino.

El sacerdote Balam Aj Na Ha'al, que había permanecido en un respetuoso silencio, ahora se adelantó. Su rostro era la imagen de la devoción, y su voz, adquiriendo un tono de misticismo, se elevó suavemente.

—Así es, mi rey. Al igual que el dios del maíz en la creación cósmica, que puso en su lugar las tres piedras del fogón y plantó el árbol del mundo, usted sostendrá las tres partes del universo. El cielo, la tierra y el inframundo. Por medio de su sacrificio y la ofrenda de su sangre, las fuerzas del cosmos hallarán equilibrio. La vara de serpiente que sostiene en su mano, de donde emerge K'awiil, su protector divino, será el emblema supremo de su autoridad celestial. Este símbolo magnificará la solemnidad del acto inicial, la decapitación de Itzam Cab Ain, y la danza de sometimiento sobre su lomo, cuyo poder se transformará en sustento para el orden universal.

El rey miró a Chan Ik'Tok' con intensidad, su voz grave llenando la sala.

—¿Y qué propones? ¿Cómo debemos erigir estas estelas para que los dioses vean, y para que mi pueblo entienda que su rey es el pilar del universo?

—Mi rey, propongo que las estelas sean plantadas con tal precisión que marquen los pasos majestuosos de K'in Ajaw al cruzar su cenit, así como los momentos en que sus sombras anuncian los días más largos y los más cortos. Así, su figura sagrada trazará con claridad el inicio y el fin de cada ciclo anual. Basándome en el evento celestial que usted anunciará como regidor del tiempo, ya he definido los lugares exactos para su izamiento. Presentaré estos diseños en caliza que los escultores podrán seguir. Cada detalle, desde su postura divina en las estelas como el dios del Maíz, hasta los símbolos de Venus, será trazado con precisión. Los artistas deberán saber que están esculpiendo el destino de nuestra ciudad, y con él, el de todo el cosmos.

El traidor, siempre hábil en ocultar sus verdaderos sentimientos, observaba de cerca. Fingiendo aflicción por el pasado incendio, y deseoso de enredar los planes del rey y de Chan Ik'Tok', se acercó al trono.

—K'uhul Ajaw, es cierto que estas estelas hablan del ciclo eterno de los dioses, pero después de la devastación que hemos sufrido, ¿no es también su justicia lo que debemos mostrar? La búsqueda de los culpables debe ser implacable, así como la grandeza de su sacrificio. El fuego que destruyó nuestras cosechas solo será sofocado si su brazo de justicia cae sobre aquellos que nos traicionaron. En acato a su orden anterior, debemos dar prioridad a este acto.

El rey, inmerso en los simbolismos cósmicos, escuchó sin apartar la mirada de los bellos modelos de las estelas, volviéndose luego a Chan Ik'Tok' sabiendo que el consejero tenía la sabiduría para interpretar los signos del cielo y de la tierra. El gran sacerdote asintió en silencio, sabiendo que el mensaje de los dioses debía prevalecer sobre cualquier intriga.

—Que se levanten las estelas, —decretó el rey con voz firme, como si sus palabras estuvieran talladas en la piedra misma—. Que mi pueblo comprenda que los ciclos de los dioses son inmutables, como lo es mi voluntad. Y en virtud de esa voluntad, declaro que, tras los ritos de amarre de las piedras cósmicas, Chan Ik'Tok' compartirá el honor de ser mi consejero principal junto a Itzamná Yohl.

El cortesano traidor, oculto bajo la máscara de la lealtad, sintió cómo las palabras del rey atravesaban su orgullo como una hoja afilada. Su semblante permaneció sereno, pero dentro de él, la amargura se expandía como veneno. La decisión de dar el más alto honor a Chan Ik'Tok' era un golpe a sus ambiciones, un obstáculo inesperado en sus planes. Mientras los demás inclinaban la cabeza en señal de obediencia, él apretaba los dientes en silencio, luchando por mantener la compostura, aunque en su interior la envidia y el rencor ardían con fuerza indomable.

Por su parte, Chan Ik'Tok', alimentado por las voces que llegaban a sus oídos, sabía que el noble de la corte lo aborrecía en silencio, y que complotaba con otros en la sombra, contra su ascenso. Sin embargo, en su interior, se regodeaba con una satisfacción clandestina. La imagen de aquel traidor, atrapado en su propia frustración, se convertía en una fuente de regocijo. Mientras el noble mascullaba su ira, Chan Ik'Tok' marchaba con la seguridad de un vencedor, convencido de que nada ni nadie podría detener su avance en la jerarquía de la corte. Ignorante de la complejidad de los hilos siniestros que tejían la intriga a su alrededor, aquel soñador se entregaba a la ilusión de que su estrella brillaba con mayor intensidad, deslumbrando incluso a aquellos que deseaban su caída.

Hablaba para sí, la emoción vibrando en su pecho. ¡Consejero principal, consejero principal! Ni K'in Nah Taj podrá creer tal noticia. Cuando regrese de las tierras de Ik' Naahb' Nal, con los tributos exigidos, sabrá, por mi propia boca, que estaré codo a codo con su padre, al lado del rey, decidiendo los destinos de nuestra ciudad. ¡Qué honor, qué privilegio! ¡Y qué dulce es el triunfo, en especial cuando siento la sombra de los que me desprecian! Mis pasos me llevarán a las alturas, y de allí, miraré con desdén a aquellos que no supieron reconocer mi valor. Pronto mis padres serán aposentados en la mismísima ciudad en mi propia residencia. Este es solo el comienzo, y mi ascenso será afamado en cada rincón de Uxwitik.

Más tarde, en la penumbra de la selva, Ix Ub'aah Uw, con su porte elegante y mirada astuta, se acercó al traidor, su voz suave como un susurro de serpiente.

—Deja que Chan Ik'Tok' disfrute de su momento, —dijo, un destello de complicidad en sus ojos—. Su ascenso lo embriaga, y eso juega a nuestro favor.

El noble traidor, nervioso, se pasó la mano por la frente, sintiendo como una losa la tensión, oprimiéndole las entrañas.

—¿De verdad crees que podemos esperar? —inquirió, su voz temblorosa por la ansiedad—. Cada día que pasa es una oportunidad para que se fortalezcan.

Ix Ub'aah Uw esbozó una sonrisa serena, con la sabiduría reflejada en su semblante, como el sol cuando se deslíe en la quietud del ocaso.

—No debemos actuar antes del ritual del izamiento de las estelas, las lakamtun'ob —sus palabras fluyeron como un río tranquilo—. Ese evento les dará la seguridad que anhelan, y el golpe será mucho más duro cuando llegue el momento. Tal vez esos mismos astros alineados en ese evento cósmico, nos sean más propicios a nosotros.

El noble, sintiendo el ardor de su ambición, contempló las palabras de la mujer de Quiriguá.

—Tienes razón —respondió resoplando, aunque la desesperación manaba de su tono—. No quiero que este momento se me escape.

—Confía en la estrategia, noble. La paciencia es nuestra aliada. Después de la ceremonia, Chan Ik'Tok' caerá, y con él, su sueño.

Con una exhalación profunda, el noble traidor asintió, la llama de su ambición avivada por la promesa de un futuro que parecía al alcance de su mano.

—Entonces esperaré —murmuró, aunque su corazón latía con la urgencia de la traición—. La oscuridad nos envolverá, pero al final, esa oscuridad será la luz que nos guíe hacia el poder.

Ix Ub'aah Uw, al observar la reacción del noble, sonrió con la confianza de quien sostiene los cimientos mismos en los que descansa el destino. Su mente calculadora percibía en él no más que un instrumento, una hoja seca arrastrada por los vientos caprichosos de su voluntad y astucia. En su interior, una satisfacción profunda se entrelazaba con la certeza de que era ella quien tejía los hilos invisibles de esta intriga, dirigiendo cada movimiento con la maestría de una diosa del destino. A su alrededor, los demás actores del drama parecían figuras efímeras, sombras pasajeras en el vasto escenario que ella había diseñado, ajenas a la profundidad de su juego. Con cada susurro y mirada reafirmaba su dominio, consciente de que las hazañas de su plan se cantarían como un himno de victoria que aún estaba por llegar. K'ahk' Tiliw Chan Yopaat, rey de Quiriguá, seguramente estará orgulloso de ella.

Aquellas tardes en las gradas de la plaza central del barrio septentrional, cuando las voces de los ancianos evocaban historias sagradas y el murmullo de las voces de los vecinos se fundía con el crepitar de las antorchas, fue cuando comenzó a notar la mirada de la noble.

Al principio, solo fue un roce de miradas fugaces, una presencia que parecía casual entre tantas otras. Pero con el tiempo, se hizo evidente que ella le observaba con disimulada curiosidad, tratando de descifrarlo. No tardó en descubrir que, aunque no pertenecía a la nobleza, tampoco era un simple sirviente.

Él sabía que no encajaba en los cánones de belleza que la época y la ciudad veneraban, pero algo en su esencia parecía intrigarla, inquietarla. Y mientras su fama como poeta y erudito se propagaba como el eco de un canto en las colinas, así crecía el interés de aquella hermosa y admirada mujer. Solo mucho después comprendió que, en aquellos encuentros casuales, sin saberlo, habían comenzado a entrelazar sus destinos.

—Su nombre es K'aay Ak'ab Sak Ixik —le dijo K'in Nah Taj con amabilidad—. Mi prima, de la parentela del rey.

—Cha… Cha… Chan Ik'Tok'… —titubeó él, sintiendo que la lengua le traicionaba.

K'in Nah Taj estalló en carcajadas, doblándose sobre sí mismo, mientras la joven reía con la boca cubierta por sus manos, incapaz de contener los espasmos que agitaban su cuerpo.

Les tomó un buen rato calmarse, para desesperación de Chan Ik' Tok', que no sabía cómo ponerse. Se removía incómodo, lanzando miradas de reproche a su amigo mientras sentía que el rostro le ardía. Al fin, tras varios minutos de risas a su costa, K'in Nah Taj decidió marcharse, todavía con una sonrisa divertida en los labios.

—Bien, los dejo, pero saben perfectamente cómo deben conducirse las cosas.

Se alejó unos pasos, aunque no tardó en volverse con una sonrisa maliciosa y gritarle a su amigo:

—¡Nos vemos esta tarde en la Casa de los Guerreros! No faltes a tu compromiso, Cha-Cha-Chan… ¡Ese es tu nuevo nombre!

Y, entre carcajadas estentóreas, siguió su camino, disfrutando de su propia ocurrencia.

Chan Ik'Tok' siempre arrobado por su belleza, le habló en el único lenguaje en el que se sentía capaz de expresarse ante ella, la poesía. Vivía un sueño, estaba en un espacio intemporal regido por un delicado equilibrio entre el asombro y la dicha de estar a su lado.

Mientras le recitaba, entregándole los papeles de caligrafía impecable, adornados con figuras divinas en poses amatorias, se sumía completamente en la profundidad de sus ojos. De repente, un golpe en su brazo lo sacudió bruscamente, un sirviente lo despertaba, arrancándolo de aquel instante suspendido en el tiempo. Aún con la imagen del rostro de K'aay Ak'ab Sak Ixik y sabiendo que horas más tarde la vería, se incorporó.

Así que mucho antes de que el primer resplandor del alba tocara las cimas de las montañas, Chan Ik'Tok' se encontraba en pie, guiando a su contingente de artesanos y campesinos. A la luz de antorchas vacilantes, esos hombres de manos curtidas y mirada firme trabajaban con devoción y destreza. Eran elegidos no solo por su habilidad, sino por el conocimiento ancestral que los ataba a la piedra, al barro y al madero; hombres cuya sabiduría provenía de generaciones de escultores y constructores. En gran cantidad venidos de las tierras Lencas.

Bajo su atenta dirección, imponentes estructuras de madera se elevaban lentamente, como colosos pacientes que aguardaban cumplir su propósito sagrado. Los hombres se movían al unísono, sin pronunciar palabras que quebraran la solemnidad del momento; sus movimientos, suaves y calculados, eran como el pulso de la tierra misma que se alzaba a través de sus manos. Allí, en el sitio previamente consagrado, donde el eco de antiguas ofrendas y plegarias aún flotaba en el aire, sabían que cada tronco y cuerda colocados tendrían que sostener más que el volumen de la piedra. Sostendrían la memoria y el espíritu de su pueblo, la mismísima manifestación pétrea de las almas de su glorioso rey.

Chan Ik'Tok', silencioso pero presente en cada detalle, miraba el horizonte con una mezcla de orgullo y reverencia. Sabía que, al amanecer del siguiente día, esas estelas recién izadas serían testigos eternos de su tiempo, guardianes de historias y sueños grabados en la roca que hablarían a los siglos aún no nacidos.

Al día siguiente en aquella majestuosa madrugada en Copán, el humo se alzaba en remolinos desde la plaza central. Entre sus volutas brillaban en destellos de jade las plumas de quetzal, ofrendas consagradas al fuego de los braseros ceremoniales. Sus colores vibraban en el aire denso y húmedo, danzando como una plegaria suspendida entre la tierra y los dioses. Las figuras de sacerdotes y nobles se alineaban en procesión solemne mientras la multitud aguardaba en respetuoso mutismo. Desde el centro, el rey Waxaklajuun Ub'aah K'awiil avanzaba con porte majestuoso, llevando un tocado que parecía capturar el resplandor de las estrellas. Sus pasos eran firmes y ceremoniosos, como preludios que marcaban el pulso profundo de la tierra misma, destellando en los corazones de los fieles que lo rodeaban en un silencio de veneración.

Chan Ik'Tok' contemplaba con fascinación al gobernante. La figura del rey, en la cima de la plataforma sur de la plaza del sol, resplandecía mientras alzaba su mano, adornada con pulseras y brazaletes exquisitamente trabajados. De ellos caían finas tiras engarzadas con jade y otras piedras preciosas, que acariciaban sus antebrazos en un delicado vaivén. Cada movimiento del rey irradiaba una gracia y elegancia tales que parecía encarnar en su sola presencia el fulgor de los ancestros y la herencia sagrada de su linaje. Waxaklajuun Ub'aah K'awiil, cuyo semblante emanaba una mezcla de gravedad y devoción, se dirigió al sumo sacerdote con voz firme y ceremoniosa.

—Hoy, en este sagrado amanecer, plantaremos estos pilares eternos que mis ancestros han soñado y que los dioses han bendecido. ¿Están listas nuestras ofrendas para los dioses?

El sumo sacerdote inclinó la cabeza, su voz quebrada y respetuosa brotó como un murmullo en la plaza.

—Así es, mi gran señor. El copal arde ya, y nuestras sangres están prestas para unir este día al destino de nuestros hijos y los hijos de ellos.

Las estelas, yacentes aún sobre el suelo sagrado, aguardaban su momento de gloria. Atadas como bultos sagrados, receptáculos de las almas esculpidas del rey. Al desatar su confinamiento, irradiarían su esencia divina en todas direcciones, fundando la memoria del soberano con la voluntad de los dioses, y elevando su poder sobre los cinco rumbos del cosmos. Los sacerdotes comenzaron a entonar cánticos antiguos. Chan Ik'Tok' observó con fascinación cómo cada palabra se elevaba al aire, impregnándolo de promesas y antiguos juramentos.

La danza de la decapitación del Dragón de la Inundación dio comienzo, evocando el rito primigenio que fundó el mundo. Su fuerza ceremonial no solo recordaba el poder de aquel día en que el rey ascendió al trono, sino que lo revivía con intensidad renovada. Cada movimiento era una afirmación de su autoridad suprema, obligado a repetir este rito por la crisis que desgarraba a su pueblo. En el ritmo de la danza y el filo simbólico del sacrificio, el soberano buscaba reafirmar su vínculo con los dioses y restaurar el equilibrio perdido.

En el corazón de la gran plaza, el rey se alzaba, majestuoso, empuñando un hacha ceremonial que brillaba como un rayo petrificado. Ataviado al mejor estilo palencano, como el dios G1, el numen de los cielos, el sol y las aguas primordiales, su figura encarnaba un vínculo sagrado entre lo humano y lo divino. Una imponente corona adornaba su frente, un tocado que representaba la deidad solar con tres puntos bajo cada ojo, emblema distintivo del dios y que con su forma evocaba la poderosa mandíbula de un cocodrilo. Era una visión que asombraba y sobrecogía, una presencia viviente que contenía el cielo y el inframundo en un solo cuerpo.

El rey inició su recorrido por los cuatro extremos de la plaza, marcados por los árboles cósmicos que sostenían el universo en los puntos cardinales, representados por bellos y enormes braseros ceremoniales modelados como los troncos de las ceibas sagradas. A cada paso, pisaba el lomo del cocodrilo celeste, el mismo dragón de la inundación que amenazaba con devorar la tierra. Su danza, una coreografía de poder y conjuro, desplegaba el orden cósmico mientras convocaba el nacimiento de una nueva era, el renacer del mundo bajo el signo del nuevo K'atun.

Cuando completó el quincunce en el centro de la plaza, el aire vibraba con un aliento sagrado. Las miradas de los presentes convergían en su figura, atrapadas en el hechizo de aquel instante eterno, en el que la tierra volvía a surgir del caos, renovada por la voluntad divina y la sangre de los sacrificios.

Uno de los nobles de alta jerarquía, quien asistía al rey en ceremonias, se volvió hacia Chan Ik'Tok'.

—Observa. Estas piedras que yacen aquí son nuestro pasado, pero al ser alzadas y puestas se convertirán en el hilo que tejerá el destino de Uxwitik. Este acto se grabará en la memoria de nuestro pueblo como el latido de los cielos.

Chan Ik'Tok' asintió, absorbiendo cada palabra mientras observaba al rey acercarse a cada piedra sagrada. Le fue entregada una espina de raya, afilada y reluciente, que él tomó en sus manos firmes. Con un gesto sereno y decidido, el rey perforó su pene, permitiendo que la sangre cayera sobre la piedra y en los recipientes sagrados dispuestos para la ceremonia. Allí, la sangre ardería, y sus vapores se elevarían para alimentar a los dioses, en una ofrenda personal que sellaba su sacrificio y su vínculo eterno con las divinidades. Su esposa y los nobles de su linaje, aquellos más cercanos a su corazón y a su poder, le siguieron en el acto, honrando así la conexión ancestral y sagrada que unía a todos con los dioses y la tierra. La devoción de K'aay Ak'ab Sak Ixik en este rito produjo gran impresión en Chan Ik'Tok'. En un acto de solemne devoción divina, la esposa del rey se punzó la lengua. Con la asistencia de los sacerdotes, hizo pasar una fina cuerda adosada con diminutos cuchillos de obsidiana, cada uno cortante como el filo del viento. La cuerda atravesó su lengua, y la sangre brotó en abundancia, uniéndose en ofrenda con la de su rey y con la de su sagrado linaje. Así, su sacrificio personal se fundía en la sangre compartida que nutría el lazo eterno entre su pueblo y los dioses.

—Así como la sangre de mi linaje ha corrido por esta tierra —proclamó el rey, su voz sonaba deificada—, ofrezco mi esencia para que estas piedras sea mis guardianas en la eternidad. Que los dioses reciban este sacrificio y que los ancestros guíen cada sombra de estas estelas hacia el mañana.

Los sacerdotes, inspirados por el ejemplo del rey, siguieron su acto, presentando su propia sangre, la de los animales rituales sacrificados y vasijas decoradas acompañadas de bellas esferas de jade, como símbolo de lealtad. El humo de esta ofrenda preciada que se consumía y elevaba en volutas que alimentaban a los dioses, ascendía como una serpiente hacia el cielo, llevando las plegarias hasta las alturas. El canto se volvió un rugido bajo el manto de las estrellas, y el sonido de los tambores comenzó a llenar la plaza con un ritmo que hacía vibrar la tierra.

En un gesto solemne, el rey dio la orden. Los mecanismos de madera, cuidadosamente preparados, se activaron con destreza, y las estelas, como si fuerzas invisibles las elevaran, ascendieron majestuosas hasta caer en sus basamentos. Allí, las ofrendas de joyas y la sangre de sacrificios aguardaban, consagrando cada piedra como vínculo sagrado con los dioses. El rey se acercó con reverencia y, con manos ceremoniosas, ató las piedras finamente labradas, sellando en ellas la esencia del tiempo y sus bendiciones. Sabía que, al desatarlas, no solo liberaría su forma, sino también la fuerza sagrada que en ellas moraba.

Ante aquella escena de apoteosis, la multitud embelesada lanzó un profundo grito de asombro que resonó en toda la plaza. Luego, como un solo cuerpo, rompieron en alabanzas fervorosas al rey, sus voces entrelazadas en un clamor de victoria y devoción que llenó el cielo.

Finalmente, al alzarse las estelas recién nacidas, sus grabados parecían cobrar vida, como si las historias del linaje de Waxaklajuun

Ub'aah K'awiil afloraran de la piedra para integrarse al cielo. Los sacerdotes pronunciaban invocaciones sagradas, pidiendo la protección de los dioses, y cuando las estelas quedaron firmes, se escuchó la orden del rey.

—¡Que la danza comience! Que nuestros cuerpos se muevan como la sangre en las venas de la tierra, como el jaguar en la selva y como el águila en el aire.

Trompetas, tambores y caracoles sonaron en melodías que arrebataban el espíritu. Los danzantes, cubiertos con pieles de jaguar, cascabeles en sus pies y cinturas, plumas y máscaras, giraban y saltaban alrededor de las estelas en ritmos poderosos, recreando los movimientos de los astros y el origen del mundo. Chan Ik'Tok' contempló, fascinado, los monumentos de piedra que se alzaban como testigos eternos de su genio. Más que una muestra de su refinada habilidad artística, aquellas creaciones eran huellas imborrables de su mano guiada por el destino. En cada línea tallada y en cada símbolo grabado, comprendió su papel trascendental, no solo era el escultor de formas, sino el artífice del orden cósmico, el mediador entre los hombres y los dioses, y el guardián de la eterna renovación del mundo.

Cuando las danzas llegaron a su ocaso, la multitud, aún embriagada por la magia del ritual, se sumó al festín que celebraba la renovación del mundo. Abundaban los manjares: atoles espesos, dulces y perfumados, agrios y nutritivos, chichas fermentadas de frutas y raíces secretas, que aliviaban el cansancio y encendían las almas. Risas y cantos llenaron la plaza bajo el manto de la noche estrellada, mientras el eco de tambores y caracoles se desvanecía lentamente en el aire cálido.

Con el paso de las horas, el bullicio se fue apagando, y la multitud comenzó a dispersarse, como hojas llevadas por una suave brisa. Sin embargo, las estelas permanecieron allí, imponentes, erguidas en su solemne silencio. Inmóviles, pero llenas de vida. Sus inscripciones y formas parecían entonar inmortales y pétreas loas, un testimonio eterno de que el poder del rey, como la piedra misma, perduraría mientras aquellas columnas sagradas siguieran en pie, contemplando los ciclos infinitos del tiempo.

Los ritos de izado de las estelas, cuidadosamente dispuestas en la gran plaza, se entrelazaban con las mediciones del ciclo de la serpiente eclíptica que trazaban los planetas en su majestuoso recorrido por los cielos. Un aire fresco y renovador se deslizaba por todo Copán, acariciando tanto la ciudad como los barrios y centros periféricos que conformaban el vasto dominio real. Se respiraba un aroma a seguridad, un bálsamo que infundía vida a los corazones de sus habitantes. Las ceremonias y los sacrificios rituales de aquella noche, bajo el manto estrellado, brillaban en el alma colectiva. La sangre derramada, como un tributo al nacimiento de esos nuevos monumentos, proclamaba la divinidad del rey, quien se erguía como el legítimo dueño del destino y el tiempo. La moral de la comunidad se elevaba, impulsada por la esperanza renaciente, una chispa de orgullo que brillaba intensamente en la penumbra.

Pasó que unos días después, un rumor creciente se esparcía por toda la ciudad, impregnando cada rincón de expectación. Gracias a su aguda estrategia y su formidable habilidad para desentrañar misterios, el traidor había conseguido atrapar a los culpables de los devastadores sucesos que habían sumido a la ciudad y al reino en un caos indescriptible. En su poder se encontraban dos campesinos, un hombre y una mujer, cuya modesta vivienda había sobrevivido a las llamas, alzándose entre las cenizas como una luminaria de sospecha. La intacta morada, en medio de la devastación, despertaba preguntas y desconfianza, alimentando las intrigas de aquellos que ya sospechaban que su fortaleza no era mera fortuna. Junto a ellos, también habían caído sus cómplices, atrapados en la red que el noble había tejido con astucia, mientras la ciudad, al borde de la revelación, contenía el aliento ante el desenlace inminente.

El grupo de aldeanos, consumidos por el miedo, era retenido en un oscuro y húmedo rincón, apodado Zotzi-Ha. Allí, eran sometidos a vejámenes cruelmente orquestados, cada sufrimiento calculado con precisión para cumplir los designios del noble traidor y sus inescrupulosos aliados. Sabía que, para asegurar su jugada maestra, era imperativo apartar a Chan Ik'Tok' de la ciudad, enviarlo lejos en una misión que lo mantuviera ajeno a la verdadera trama.

El rey, por aquel entonces, se hallaba recluido en su palacio, rodeado por un séquito de herbolarios, médicos y sacerdotes que buscaban aliviar los malestares de su cuerpo envejecido, mientras la política, como un río traicionero, fluía a espaldas de su debilitada salud.

Había caído bajo la sombra de un wahy enemigo, un nahual oscuro que había invadido su cuerpo con su veneno invisible. El mal se alojó en su estómago, hinchándolo con una agonía punzante, una incomodidad constante y exhalaciones pestilentes que parecían anunciar la corrupción misma. Sin comprender el origen exacto de aquel maleficio, todos sabían que era obra del temido Sitz' Cham, el wahy de la muerte glotona, enviado por algún enemigo como un sigiloso asesino para devorar al rey desde dentro y arrebatarle su lugar en el mundo de los vivos.

Aprovechando esta coyuntura el noble aquel, con su pericia para mover los hilos en las sombras y usando hábilmente la influencia que le quedaba, había logrado aislar al monarca de cualquier trámite civil o religioso, asegurando una estricta custodia con los mejores guardias. Ni Itzamná Yohl pudo escapar a su poder de convencimiento.

Bajo el pretexto de la urgente necesidad de reactivar el meliponario y asegurar la importación de las mejores semillas de cacao, elementos cruciales para restaurar los cultivos devastados por el incendio, logró convencer al consejo de que Chan Ik'Tok' era el más indicado para supervisar esta delicada misión. El rey sería informado posteriormente.

Con astucia, el noble había conseguido que Chan Ik'Tok' no tuviera acceso ni a los prisioneros ni al rey, maniobrando a placer para alejarlo justo en el momento crítico. Y mientras el joven partía, creyendo que era un enviado de confianza, el traidor saboreaba la victoria aún no consumada, sabedor de que los hilos oscuros de su intriga seguían enredando al joven consejero en una telaraña invisible.

Tras semanas de viaje, Chan Ik'Tok' regresaba de su misión con la satisfacción de haber visto avances en la empresa que le había sido encomendada. La tarea, aunque delicada, parecía haber sido un éxito. Sin embargo, al aproximarse a Copán, notó algo extraño. El aire era pesado, como si la ciudad entera estuviera atrapada en un mal presagio. Al llegar, supo lo que no podía haber imaginado. Un grupo de labradores de su propia aldea, acusados de haber iniciado el incendio que destruyó los cultivos, las abejas y las reservas que alimentaban la ciudad. La noticia lo golpeó como una ráfaga de viento helado.

Con el corazón en un puño, Chan Ik'Tok' se apresuró hacia el salón principal, donde se encontraba el Consejo. Al llegar, los murmullos y miradas esquivas de los cortesanos le indicaron que algo se estaba tramando. Con sumo dolor K'in Nah Taj lo atajó antes de que pudiera entrar. Lo apartó haciéndole saber que sus padres, parte de ese grupo de aldeanos, aguardaban amordazados, sirviendo como esclavos temporales en trabajos asignados por los nobles y que se encontraban no muy lejos del palacio, mientras el rey y sus consejeros decidían su destino. Los acusaban de traición, de haber prendido fuego a los campos en un acto de sabotaje. De ser los líderes de tan abominable acto. La situación era más grave de lo que imaginaba. Si se dictaba la sentencia, sus vidas estaban en manos del trono.

—¿Cómo es posible? ¿Cómo han permitido algo así? Mis padres... ¡mis padres sufren mientras tú, K'in Nah Taj, no haces nada! Tú... tú juraste protegerlos —exclamó Chan Ik'Tok', con la voz quebrada, sosteniéndose contra un pilar.

—Escúchame, por favor. No sabía nada. He estado lejos, de gira, cumpliendo órdenes de un noble que se ha atribuido más poder del que le corresponde. Apenas me he enterado... —respondió K'in Nah Taj, abatido, dando un paso hacia él.

—¿Y eso te excusa? —replicó éste, girándose hacia él con los ojos llenos de lágrimas y un tono lleno de reproche—. ¿Eso alivia el dolor de imaginar lo que deben estar pasando? ¡Son mis padres, K'in! ¿Cómo puede alguien dejarlos a su suerte?

—No soy insensible a tu angustia, hermano —dijo K'in Nah Taj, sus ojos firmes, pero humedecidos por la pena—. Ya sé dónde los tienen y haré todo lo que esté en mis manos para que puedas verlos. Pero debo advertirte, este asunto no es tan simple como parece. Hay algo oscuro detrás de esto, algo que...

—¡No me hables de oscuridad ni de pretextos! —lo interrumpió Chan Ik'Tok', desesperado—. Lo único que importa es que los rescate, que estén a salvo. No sé... dime qué hacer.

—Por lo pronto arreglaré que los puedas ver —dijo colocando una mano firme sobre el hombro de su amigo—. ¿Eso deseas? ¿Estás seguro de que eso traerá alivio a tu alma?

—No estoy seguro, pero mi deber es acercarme a ellos e incidir en su situación, K'in —susurró Chan Ik'Tok', con la mirada perdida—. Porque si algo les ocurre... no podré perdonarlo. Ni a la corte, ni a ti... ni a mí mismo.

—Aunque sé que esto es duro de asimilar en este momento —dijo K'in Nah Taj, con un tono grave—, hay que decirlo, debemos actuar a espaldas de las órdenes del rey respecto al aislamiento de los prisioneros. Si él y los nobles llegan a enterarse, estarías contraviniendo la palabra del propio Ajaw.

—Me arriesgo y asumo las consecuencias —replicó Chan Ik'Tok', con un dolor palpable en su voz. Verlo desgarraba el alma.

—¿Sabes lo que eso significa? No habrá protección, ni disculpas posibles.

—Lo sé —respondió, cerrando los puños—. Esto... es peor que cualquier castigo que pude haber imaginado.

El silencio que siguió fue pesado, lleno de fatales posibilidades y de un miedo que ninguno de los dos quería nombrar.

Entre los que aconsejaban al rey estaba el traidor, de rostro afable y palabras suaves, pero cuya lengua era un veneno disimulado. Él, quien desde hacía tiempo miraba con recelo la cercanía entre el campesino y el rey, había sido quien propuso al monarca un plan sutil y perverso. Sin revelar que aquellos campesinos eran los padres del consejero, sugirió que sería sabio esperar el regreso de Chan Ik'Tok' antes de imponer la sentencia, sobre todo por la delicada salud de su majestad.

—Después de todo —dijo con una sonrisa apenas perceptible—, esos aldeanos son de su clase. Y quién mejor que nuestro estimado consejero para decidir lo que más conviene a la ciudad, a la justicia y a su noble casa. Su sabiduría siempre nos ha guiado en momentos de incertidumbre.

El rey, todavía recuperándose ajeno a la traición que se tejía a su alrededor, asintió con confianza.

—Esperémosle entonces —decretó—. Él dictará la sentencia condenatoria. Su juicio será imparcial, como siempre lo ha sido.

El eco de esa orden retumbó en los muros del palacio, pero sólo el traidor sabía la verdad, el verdadero tormento de Chan Ik'Tok' comenzaría cuando descubriera que era él quien debía decidir y anunciar el destino de sus propios padres.

Con la leal complicidad de su amigo K'in Nah Taj, Chan Ik'Tok' consiguió acercarse a sus padres. Sobornó a los guardias con delicados tesoros, preciosas joyas de jade, tejidos exquisitos de intrincados diseños, y pequeños cuencos de barro rebosantes de semillas de cacao, tan valiosas como la vida misma. Cada ofrenda fue un pacto silencioso, un precio pagado por el velo de discreción que cubrió aquella osada visita. En la penumbra, los pasos que daba se volvieron una promesa de redención y un desafío a las ligas del poder.

Al cruzar el umbral de aquel siniestro lugar, su corazón se estremeció con tal intensidad que por un momento temió perder el aliento, quizá la misma conciencia. Fue necesario un esfuerzo sobrehumano para no sucumbir al intenso dolor y mantenerse en pie.

La imagen de sus padres era devastadora, una herida abierta en el alma. Sus cabellos, antes ordenados con esmero, colgaban ahora como marañas anudadas, símbolos de desesperanza. Sus ojos, hundidos en las cuencas, reflejaban el tormento de la vergüenza y la tortura sufrida, mientras su piel, seca y agrietada, parecía quebrarse como la tierra bajo un sol implacable.

Sus pies, envueltos en barro y humedad, hablaban de una inmovilidad forzada; sus cuerpos estaban amordazados con lazos cruelmente apretados, obligándolos a mantener los brazos torcidos hacia atrás, como si el mismo aire se negara a ofrecerles alivio. En el suelo, cuencos con restos de comida rancia se acumulaban, esparciendo un hedor de descuido y miseria. Sus ropas, andrajos colgantes, no eran más que un lamento silencioso, un testimonio del abandono y la crueldad que habían soportado.

Aquel lugar, impregnado de humedad y desolación, parecía tragarse incluso la poca luz que intentaba filtrarse, envolviendo a Chan Ik'Tok' en una sombra que no solo era física, era un abismo en su espíritu. Pero en medio de aquella penumbra, una chispa de determinación creció en su interior, no dejaría que sus padres perecieran bajo la injusticia.

—¡Desátenlos de inmediato! —ordenó Chan Ik'Tok' con una firmeza que no dejaba lugar a dudas.

Los guardias intercambiaron miradas cómplices, acariciando en silencio las ofrendas recibidas, y obedecieron sin titubeos.

Ix Ulew, al sentir la libertad, fue la primera en acercarse. Se derrumbó en los brazos de su hijo, buscando el refugio que tantas veces ella le había ofrecido en su infancia. Ahora, era él quien debía ser fuerte.

—Hijo mío... sabía que vendrías. Los dioses te guiaron hasta aquí —susurró ella, con una dulzura que desafiaba la miseria que la envolvía.

Chan Ik'Tok' la abrazó con fuerza, sintiendo cómo su propio corazón se quebraba en mil fragmentos al sostenerla.

—Perdóname, madre. No debieron pasar por esto. Todo es mi culpa...

—No hables así, mi pequeño guerrero —dijo Ix Ulew, acariciando su rostro con manos temblorosas—. Lo importante es que estás aquí.

Cha Kej se acercó con pasos cautelosos, sus ojos oscurecidos por el dolor y la desconfianza. Sin embargo, al encontrar la mirada de su hijo, su dureza se desmoronó.

—Hijo... —dijo con voz quebrada antes de abrazarlo—. Nos tendieron una trampa. Nos acusaron de algo que no hicimos. Plantaron pruebas falsas, nos apresaron junto a nuestros vecinos...

—Lo sé, padre. No tienen que explicármelo. Sé que son inocentes —dijo, con voz ahogada por las lágrimas—. Pero es mi culpa, lo comprendo ahora. Los dioses intentaron advertirme y yo no escuché. Estaba... sordo.

Sus palabras se rompieron en un sollozo incontenible mientras los tres permanecían abrazados, compartiendo un dolor que parecía infinito.

—No es culpa tuya, hijo. Esos nobles... esa corte... ellos solo buscan sangre, pero tú no puedes soportar esto solo —repuso Cha Kej, con un tono severo pero lleno de afecto.

Chan Ik'Tok' se apartó un poco y limpió sus lágrimas, aunque nuevas corrían por sus mejillas.

—Prefiero perderlo todo, el favor del rey, mi lugar en la corte... todo. Pero juro que demostraré su inocencia —dijo, con una firmeza que llenó el aire—. Y usaré lo que quede de mi poder para aplastar a quienes les hicieron esto.

Ix Ulew lo miró con tristeza y orgullo a partes iguales.

—Los dioses te escuchan, Chan Ik'Tok'. Pero también cuida tu corazón. No dejes que el odio lo consuma.

Él asintió, aunque en su interior el odio ya germinaba como una sombra implacable.

—¡Rápido! —urgió K'in Nah Taj en un susurro apremiante, apenas un hilo de voz para no ser escuchado por oídos indeseados—. Debemos irnos, ahora.

Chan Ik'Tok' se giró hacia sus padres, el alma desgarrada por la despedida. Se inclinó hacia ellos, abrazándolos por última vez con una fuerza que buscaba compensar la distancia que pronto los separaría nuevamente.

—Volveré por ustedes —prometió, con un tono que mezclaba determinación y dolor—. Juro por los dioses que limpiaré sus nombres.

Ix Ulew, con lágrimas corriendo por su rostro, tomó las manos de su hijo y las apretó.

—Confío en ti, mi hijo. Pero no te dejes consumir por el odio. Mantén tu corazón puro, como siempre lo has hecho.

Cha Kej asintió desde las sombras, sus ojos reflejando un pesar profundo.

—Haz lo que debas, pero no olvides que aún tienes a los dioses de tu lado.

Chan Ik'Tok' confirmó con un leve movimiento de cabeza, incapaz de responder. Cuando se apartó, sus manos temblaban, pero su mirada ardía con un fuego que no se apagaba.

—¡Chak Jol, ahora! —insistió K'in Nah Taj desde la entrada.

Con un último vistazo a sus padres, se dirigió hacia la salida, su corazón hecho jirones, sus pasos guiados no por la esperanza, sino por el odio creciente que lo arrastraba.

Mientras se deslizaban fuera de aquel triste recinto, su pensamiento se concentraba en dos cosas, la venganza que cobraría con sus propias manos y el momento en que se enfrentaría al rey, para exigir justicia sin importar las consecuencias.

Llegado el día del juicio, Chan Ik'Tok', ignorante aún del abismo que se abría a sus pies, se apresuró a buscar al rey. Pero al entrar en la cámara real, notó una frialdad que nunca había sentido. Las palabras del monarca cayeron sobre él como un martillo.

Sus padres habían sido atados de nuevo como cautivos dignos de muerte y expuestos en el piso arrodillados. Junto a ellos, las pruebas irrefutables de su supuesta traición: fina cerámica, semillas de cacao, tejidos delicados y una variedad de bienes que solo la realeza solía poseer. Eran obsequios de Chan Ik'Tok', convertidos ahora en evidencia de una conspiración, pues nadie creía que tales riquezas pudieran pertenecer, legítimamente, a unos simples campesinos. El consejero, al verlos, se sumió en un amargo remordimiento. Se culpó con dureza por haber llevado aquellos objetos a la modesta vivienda de sus padres, sin prever que su generosidad sería torcida en su contra.

—Estos —dijo el rey, con una seriedad solemne—, han sido acusados de un crimen terrible. Este devoto noble me ha sugerido que tú, como nuestro más fiel consejero y hombre de sabiduría, determines cuál será su castigo. Nadie mejor que tú, Chan Ik'Tok', para juzgar la gravedad de la situación.

Las palabras fueron un golpe devastador. De inmediato, comprendió el juego cruel que se había tejido a su alrededor.

El traidor, con su voz venenosa, había diseñado esta intriga para convertirlo en el verdugo de sus propios padres. Se sintió atrapado en un laberinto de traición y dolor, una trampa de la cual no había escape. Si los condenaba, perdería a su familia; si los liberaba, arriesgaba su lealtad al rey y la confianza del pueblo. Cualquiera de estos caminos lo llevaría a la ruina.

La rabia, el arrepentimiento y la inconformidad lo consumían por dentro. Miraba a sus padres con un dolor que devoraba sus carnes desde dentro. Pero mantuvo su rostro imperturbable ante el rey.

Un chispazo le iluminó la mente, y probó suerte.

—Necesitaré un tiempo para meditar esta decisión, mi rey —respondió, su voz apenas un susurro. El monarca asintió, sin saber que, en el interior de su consejero, se desataba una tormenta. Había ganado tiempo. El juicio se reanudaría al día siguiente.

Esa noche, en su dormitorio, mientras las sombras lo envolvían, Chan Ik'Tok' meditaba en la crueldad de su destino. Sabía que sus padres estaban cerca amarrados, humillados. El dolor lo corroía, y el odio crecía en su corazón como una planta venenosa. Aquel cortesano, con su lengua de serpiente, había manipulado todo a la perfección, y el juego que había urdido se había convertido en una trampa mortal.

Sin embargo, en medio de la tormenta de sus emociones, había algo que no podía ignorar, Waxaklajuun Ub'aah k'awiil, no era el responsable directo de esta tragedia. El monarca había confiado en su consejo, sin saber que el veneno se deslizaba a su alrededor, en su propia corte. Chan Ik'Tok' comprendía que la malicia venía de otros, y no podía odiar al rey por ser una pieza más en el juego de traiciones que lo rodeaba.

En el fondo de su corazón, sentía una profunda admiración por el monarca, un hombre que le había abierto las puertas de la corte, que había depositado en él su confianza y que, en su ceguera, había seguido el consejo del insidioso noble. No podía culparlo. Waxaklajuun Ub'aah k'awiil por todas sus virtudes, era un líder que se apoyaba en los consejeros que lo rodeaban, y en esa confianza había sido traicionado, al igual que él. Pero ese reconocimiento no apagaba el fuego de la venganza que ardía en su pecho. Sabía que, tarde o temprano, las serpientes que envenenaban la corte tendrían que pagar.

El dilema lo desgarraba. Por un lado, su furia hacia la nobleza corrupta y sus intrigas. Por otro, su aprecio hacia el rey, quien seguía siendo una figura que respetaba, a pesar de todo. ¿Cómo tomar venganza sin dañar a quien, en su interior, aún consideraba digno de su lealtad? Esta contradicción lo consumía, porque su odio no podía dirigirse plenamente hacia aquel que, en su ignorancia, había permitido que su familia sufriera.

Al final, Chan Ik'Tok' decidió que su venganza no sería contra el trono, sino contra quienes, en las sombras, manipulaban al rey. Y cuando el polvo se asentara, aún esperaba poder servir al monarca con la misma devoción, aunque sabía que el hombre que había sido, aquel sabio reconocido y poeta que cantaba sobre las estrellas y los dioses estaba en riesgo de perderse.

El día llegó. La expectación se extendía, envolviendo a todos y reflejándose en miradas inquietas, cada cual desde la posición única del papel que jugaba en este asunto. Sin embargo, solo él, en el silencio insondable de su interior, conocía la forma en que sortearía tan azarosa situación. Aguardaba el momento preciso para revelar su propósito y dar un giro irrevocable al curso de los acontecimientos.

El salón del Consejo estaba en silencio, apenas roto por el ruido de los pasos de Chan Ik'Tok' al acercarse. Ante él, sus padres, amordazados, sus brazos forzados hacia atrás por las sogas esperaban el juicio que determinaría su destino. Sus miradas eran un bálsamo y una herida al mismo tiempo, una mezcla de amor y resignación. Todo en ellos hablaba de dignidad; no imploraban, no pedían clemencia. Sólo aguardaban el veredicto de su hijo, aquel que el destino había puesto como juez y verdugo.

Las palabras del traidor, impregnadas de falsa deferencia, repiqueteaban en su mente, ¿Quién mejor que tú, noble consejero, para dictar la sentencia? Conoces la sabiduría de las leyes y la necesidad del reino. Los dioses y el rey confían en ti. Era una trampa perfecta, tejida con precisión para sofocar cualquier atisbo de compasión.

Sabía que, si liberaba a sus padres, se arriesgaba a perder todo lo que había construido; su lugar en la corte, su influencia, su vida misma. El reino esperaba una sentencia justa, y la justicia, según los nobles, pedía sangre. Pero había una verdad más antigua, más profunda, que se imponía sobre cualquier ley humana, la lealtad a la sangre que le había dado vida.

El rey, sentado en su trono, lo observaba con confianza, seguro de que su consejero haría lo que debía hacerse. Este no sabía, no podía saber, el sufrimiento que devoraba el alma de Chan Ik'Tok'. Tampoco entendía el sacrificio que se le pedía. Ante sus ojos, este era sólo un acto más de justicia, una cuestión de estado. Pero para el pobre consejero, era el momento en el que todo lo que había sido y todo lo que sería podría colapsar en una sola decisión.

Sus labios se movieron, al principio sin sonido, como si las palabras que iba a pronunciar fueran demasiado pesadas para ser dichas en voz alta. Respiró hondo, sintiendo el examen de todas las miradas sobre él. Pero no miró a los nobles, ni siquiera al rey. Sus ojos se dirigieron a sus padres, que lo contemplaban con una mezcla de dolor, orgullo y serenidad. Sabía lo que debía hacer.

—Mi señor —comenzó, dirigiéndose al rey, aunque su voz parecía salir de un abismo—. Estos que aquí están no son culpables del crimen que se les imputa. Son inocentes.

El silencio que siguió a sus palabras, tan espeso que hubiera podido cortarse con un cuchillo de obsidiana. El aire en la sala se detuvo. Los nobles presentes se miraron entre sí, un parpadeo fugaz de desconcierto cruzó sus rostros, mientras el autor de la intriga, oculto en las sombras, frunció el ceño, incapaz de ocultar la sorpresa que le atravesó.

El rey, reclinado sobre su trono, se movió inquieto. Su voz, al salir, era grave, pero de una tensión palpable.

—¿Estás seguro de lo que dices, Chan Ik'Tok'? —preguntó, su mirada penetrante fija en el joven—. Tú mismo has visto las pruebas fehacientes de su culpabilidad. Estás a punto de cruzar una línea muy frágil. ¿Acaso desconfías de mi criterio y del de mi corte?

El traidor se frotó las manos, lo tenía donde quería.

Pero Chan Ik'Tok', con el rostro impasible, no titubeó. Aunque su corazón latía con fuerza, sabía que su destino estaba sellado en ese preciso momento.

—No desconfío, mi rey —respondió, sus palabras caían con firmeza, pero en su tono se atisbaba el roce de una profunda angustia—. Pero lo que está en juego aquí es más grande que cualquier juicio o decisión que puedan tomarse en esta sala. Lo que temo es que, al final, la verdad se pierda entre las sombras.

Un suspiro escapó de los labios del rey, que se dejó caer en el respaldo de su trono con gesto fatigado.

—¿Insistes en esa postura? —dijo, la desconfianza dibujándose en su rostro, como una nube que oscurece el cielo—. No te equivoques, esta corte está aquí para servir a la verdad... o eso espero. Pero dudar de mí es dudar de todo lo que representa esta casa.

El traidor se adelantó con estudiada astucia, dispuesto a inflamar los ánimos de la corte al ver el curso que tomaban las cosas.

—Señor, este hombre ha osado desafiar sus sagrados decretos —proclamó con fingida indignación—. Me consta que, en secreto, visitó a los cautivos acusados en este juicio. Ahora, no puedo evitar cuestionar su idoneidad para actuar como juez en este asunto.

El rey haciendo acopio de paciencia.

—Sigo sin entender nada de lo que pasa. ¡Explíquense!

Chan Ik'Tok' mantuvo la mirada firme, sus palabras reordenándose en su interior, consciente de que ya no había marcha atrás.

—Lo que pasa…lo que está en juego, mi rey, no es mi lealtad, sino la justicia que ha sido enterrada bajo las sombras de la traición. Y si debo desafiarlo a usted… para que la luz finalmente llegue, lo haré.

El rey, al borde de la exasperación, sintió cómo la tensión lo consumía. Su mirada reflejaba un dolor profundo, como si la misma corte le hubiera arrebatado algo esencial. Dudó por un instante si valía la pena continuar con el juicio. Estaba a punto de dar por cerrado el asunto, cuando, en un movimiento casi imperceptible, Itzamná Yohl se acercó a él con paso apresurado. Con un susurro bajo, apenas un murmullo que se desvaneció en el aire, el anciano consejero le habló al oído. El rey, aunque reacio, se repuso lentamente, dejando que las palabras de su consejero calaran en su mente. Su rostro, que había estado marcado por la fatiga de la incertidumbre, se suavizó ligeramente, y una chispa de resolución brilló en sus ojos. Sin pronunciar palabra, asintió y volvió a mirar a Chan Ik'Tok', dándole de nuevo la palabra con un gesto que no dejaba lugar a la duda.

—Continúa —dijo, su voz entre resoplidos buscando calma, reponiéndose, mientras el aire viscoso comenzaba a disiparse, al menos por un instante.

Chan Ik'Tok' prosiguió, sabiendo que con cada palabra seguro cavaba su propia tumba.

—El fuego que devoró las milpas no fue obra de estas personas viejas. Fue provocado por manos traicioneras, que buscan socavar el reino desde dentro —su voz temblaba, pero no por miedo, sino por la furia contenida—. He dedicado mi vida a servir al rey y a este trono, pero no puedo, no debo, condenar a inocentes para satisfacer los caprichos de aquellos que se ocultan tras intrigas y falsedades.

El rey se inclinó hacia adelante, visiblemente confundido.

—¿Estás diciendo que hay traición en la corte, Chan Ik'Tok'? ¿Quién osaría desafiar mi justicia?

El consejero se mantuvo firme, aunque sentía el peligro que se cernía sobre él.

—Mi rey, la traición se oculta en las sombras, en los corazones de quienes desean su caída. No puedo señalar aún a todos los culpables, lo que sí sé es que mis padres... no son los responsables de este crimen.

El salón se llenó de murmullos, un susurro de voces que no lograban acallar la tensión creciente. El rey entonces se incorporó de un salto en su trono, sus ojos abiertos de par en par, dejando de lado los protocolos que solían regir cada gesto en la corte.

—¿Son tus padres? —su voz, suspicaz, rompió el aire como un trueno mientras miraba a todas partes buscando una respuesta. El murmullo en el salón creció de inmediato, extendiéndose como un rumor de tempestad. Chan Ik'Tok', con el rostro sombrío y la verdad como una roca aplastando su pecho, asintió lentamente, como si en ese gesto descansara el destino de su alma. Los ojos de los cortesanos se fijaron en el rey, que mantenía sus ojos clavados en Chan Ik'Tok', buscando una señal de debilidad, de mentira. Pero no la encontró.

Entonces con una mirada endurecida, comprendió de pronto que había sido pieza en una treta cuidadosamente urdida. La revelación cayó sobre él con la contundencia de una losa, el consejero no podía ser el juez en aquel delicado asunto, pues sus intereses estaban ya manchados con la sangre que corría entre los lazos de familia. Una ráfaga de dolorosa claridad atravesó su aún lúcida mente, y en ese instante decisivo, resolvió su propio acto de rebeldía. Debía conceder cualquier petición a Chan Ik'Tok'.

Sin titubear, su voz rompió el silencio expectante del salón:

—Hemos caído en las redes de un macabro plan que debemos desentrañar. ¿Qué es lo que buscas de mí?

El rey, con la mirada fija y la voz grave colmada de incertidumbre, continuó, masticando cada palabra con cuidado.

—¿Acaso deseas que sean liberados? No digo esto por complacencia, debes saberlo. Mantengo mi propia batalla interna al pronunciar estas palabras.

El corazón de Chan Ik'Tok' latía con violencia, pero mantuvo su compostura. Sabía lo que su decisión significaba.

—Sí, mi señor, que sean liberados —pronunció con firmeza—. No puedo, con justicia ni con honor, condenar a inocentes.

Y en un derroche de astucia, involucró al mismísimo rey en este sentimiento. —Los dioses lo saben, y estoy seguro de que usted, en su infinita sabiduría, habiendo guiado cada decisión de su vida por el sendero de la justicia, comprenderá también esta verdad.

El rey permaneció en silencio. Sus ojos oscuros, como pozos profundos llenos de incertidumbre, no dejaban de fijarse en el consejero, ese hombre que había sido su fiel guía en tantas decisiones cruciales. Dentro de él, una lucha interna se desataba, por un lado, sentía la obligación de la justicia que debía cumplir, implacable y recta; por otro, una vergüenza visceral lo abrasaba, una humillación personal que lo marcaba, como si la misma dignidad de su reinado hubiera sido arrastrada por la corriente de una infamia de tal magnitud. Finalmente, asintió con lentitud, un gesto apenas perceptible, pero suficiente.

—Que así sea, —dijo, con una voz que parecía más una sentencia sobre el futuro de Chan Ik'Tok' que sobre la vida de sus padres—. Que sean liberados.

La sala estalló en susurros y gestos de sorpresa, pero Chan Ik'Tok' no prestó atención. Sólo podía sentir el alivio profundo que lo invadía al ver a sus padres ser liberados. Se levantaron con lentitud, debilitados pero dignos, y cuando sus ojos se encontraron por última vez, supo que había tomado la única decisión que le podía hacer vivir bien consigo mismo. No se equivocaba.

Sin embargo, también sabía que este acto de misericordia tendría un costo. El traidor, antes de escabullirse, lo observaba desde su asiento con una sonrisa nerviosa en los labios. Había desafiado el orden de la corte, y la venganza no tardaría en alcanzarlo.

La marea había cambiado, y aunque había salvado a sus padres, las sombras de la traición y el destierro ahora pendían sobre él. Chan Ik'Tok' caminaba hacia un futuro incierto, pero su alma, por ahora, seguía intacta.

Más tarde ese mismo día, el rey, con una mirada oscura y penetrante, observaba a Chan Ik'Tok', quien, humillado, se encontraba sentado en una estera frente a él. Su cuerpo se tensaba mientras aguardaba las palabras que ya imaginaba, duras, implacables. El interrogatorio que tantas veces había temido en lo más profundo de su ser.

—¿Cómo tuviste la osadía de enfrentarme de esa manera en un acto de gobierno, en el salón del consejo? —la voz del rey retumbó, con una mezcla de molestia, de intriga, de dolor, de resentimiento—. ¿Por qué me desafiaste de esa forma, haciendo pública una debilidad de tu rey? ¿No te he dado la apertura suficiente para hablarme directamente y en privado cuando lo desees?

El rey no ocultaba su incomodidad, sus palabras impregnadas de una amarga decepción.

—Serás desterrado con tu familia de mi reino. Verte en esta circunstancia es un recordatorio de mi vergüenza pública. Aunque podría darte como esclavo en Lakam Ha'.

Chan Ik'Tok' permaneció en un silencio profundo, soportando la tensión que envolvía la sala, esperando el momento oportuno para hablar. Sabía que no podía dar un paso en falso. Finalmente, con voz firme, aunque temblorosa, alzó la mirada hacia su rey.

—Mi venerado Señor, le juro que no fue en ningún momento mi intención exponerlo —dijo, su corazón latiendo con fuerza—. Sabe que lo venero y lo amo como lo más sagrado de mi vida.

El rey, al escuchar esas palabras, sintió un leve alivio cruzar su rostro, aunque la tensión no desaparecía del todo. Chan Ik'Tok' continuó con humildad:

—Le pido una última oportunidad para demostrar que hemos sido víctimas de una trama infame. Si logro demostrarlo, su nombre será limpiado, y yo asumiré la sentencia que decida mi destino. Sabiendo que será el veredicto más justo sobre mi futuro viniendo de su magnanimidad y criterio divinos.

El rey permaneció en silencio, sus ojos clavados en Chan Ik'Tok', escudriñando cada palabra que había pronunciado. Aunque sus argumentos no lograban disipar del todo la desconfianza, en el fondo deseaba aferrarse al tenue destello de esperanza que aquellas palabras le ofrecían. Chan Ik'Tok', sentado ante él, mantenía la mirada baja, inmerso en una mezcla de humildad y resignación. A su lado, Itzamná Yohl y K'in Nah Taj, su leal amigo, guardaban un respetuoso silencio.

—Mi rey —continuó Chan Ik'Tok' con voz baja pero firme—, para demostrar mi punto, en este último acto de confianza de su parte, deseo solicitar pertrechos y un puñado de hombres fieles. El enemigo no está lejos, ni es desconocido.

El rey, que hasta entonces había escuchado en silencio, frunció el ceño con evidente desagrado. Un arrebato de asombro lo hizo girar la cabeza de un lado a otro, como si en los muros del salón o en los rostros de los presentes pudiera hallar las respuestas que buscaba. En su mente, la incredulidad se agitaba, ¿cómo era posible semejante grado de desfachatez?

—¿Continúas probándome? ¿insistes en desafiarme? Acabo de sentenciarte al destierro ¿o es que no escuchaste?

Itzamná Yohl alzó la voz, su tono sereno, pero con la firmeza de una roca, acercándose ligeramente hacia el trono, buscando mediar a favor del cortesano humillado:

—Venerado Ajaw, sé que su juicio, como siempre, está inspirado por los designios divinos. No obstante, temo que en esta ocasión su corazón, inflamado por los impulsos, lo haya llevado más allá de lo que la prudencia aconseja. Le imploro, en nombre de nuestro parentesco y la amistad que nos une, más allá de los deberes del estado, que permita a este hombre expresarse. Y si mi súplica no basta, ofrezco compartir con este, el destino de su sentencia como prueba de mi sinceridad. Le ruego, señor, que su decisión se base en las palabras y no en la fuerza de la ira que ahora embarga su alma.

El rey, tragando profundas bocanadas de aire para calmarse, consideró por un momento las palabras de su fiel consejero y amigo. Recostándose casi por completo en su trono, su mirada se perdió en el techo, mientras el sonido de sus resoplidos llenaba el silencio de la estancia. Finalmente, tras un largo suspiro, asintió.

—Que hable.

—Amado rey, si me he atrevido a hacer esta solicitud, es porque conozco bien la fuente de donde emanan las intrigas. Esta es, solo una oportunidad para reafirmar mi inquebrantable lealtad y el profundo aprecio que siento por todo lo que usted representa, tanto como soberano como venerado ser.

—¿Estás seguro, Chan Ik'Tok'? —preguntó el monarca con gravedad, inclinándose levemente hacia adelante—. ¿Has logrado confirmar estas sospechas compartidas?

—Sí, K'uhul Ajaw. He seguido los hilos de la conspiración y he descubierto el nombre del traidor. Pero su traición no se limita a estos muros... hay otros que le secundan, y sus redes se extienden más allá de los límites de Uxwitik.

El rey observó al joven con la intensidad de quien ponderaba no sólo la información, sino las vidas que dependían de ella. Su silencio fue interrumpido por la voz de K'in Nah Taj, que rompió el mutismo con deferencia.

—Mi señor, lo que Chan Ik'Tok' revela es una amenaza que debemos erradicar antes de que arraigue más profundamente. Necesitamos actuar con rapidez y discreción.

El rey, aún absorto en sus pensamientos, asintió lentamente.

—Lo que solicitas parece justo —respondió finalmente el rey, con una voz que, aunque más suave, estaba impregnada de indecisión—. Concederé lo que pides a nombre de K'in Nah Taj, cuya lealtad ha demostrado ser digna de mi confianza. Ahora, será tu deber probar que esta decisión es acertada y, al hacerlo, salvar mi honor ante todos. Y sólo así, tal vez, pueda suspender mi sentencia de desterrarte del reino.

Hizo una pausa, su mirada fija, preocupada, como si algo siniestro anidara en su pecho.

—Pero deben tener cuidado... hay fuerzas oscuras que ya han comenzado a moverse, y no solo en las sombras de esta ciudad.

Las palabras del rey flotaron en el aire, llenas de presagio, mientras su rostro se tornaba grave, reflejando la preocupación que intentaba ocultar tras una fachada de autoridad.

Chan Ik'Tok' inclinó la cabeza en señal de gratitud.

—No lo defraudaré Señor. Vigilaré los movimientos del traidor, y cuando llegue el momento... sabrá que la justicia no lo pasará por alto.

Por los años acumulados en el trono, el rey, con su sabiduría templada en los vaivenes de la corte, previó el impacto de la decisión antes de pronunciarla. Sabía que su alcance sería implacable, como una piedra lanzada al río, cuyas ondas tocan hasta las orillas más lejanas. Presintió que las repercusiones de este fallo podrían envolver incluso a los suyos, como la sombra de un árbol antiguo que, generosa, no elige a quién cubre. Y, sin embargo, con la dignidad de quien conoce el destino y no lo teme, aceptó el costo inevitable de su elección, abrazando las consecuencias como parte de los deberes que imponía su realeza.

El rey observó por unos instantes más al consejero, consciente de que ese era solo el comienzo de una oscura y peligrosa cacería, y luego, con un leve movimiento de su mano, los despidió.

Habían pasado ya varios años en la corte, y con el tiempo, Chan Ik'Tok' aprendió a reconocer el rostro sombrío de las intrigas que allí se tejían. Fue entonces cuando descubrió, de manera casi fortuita, que un noble importante lo observaba, siguiéndolo en silencio, atento a sus movimientos. Entre esos movimientos, la relación que mantenía con la joven y bella tejedora era el más peligroso.

Recuerda con claridad cómo, una tarde, la sirvienta desapareció al ir al cenote a recoger agua, como si la tierra misma hubiera tragado su rastro. Nadie sospechó nada en un principio, pero más tarde K'aay Ak'ab Sak Ixik, descubrió con sorpresa que varias de las poesías que atesoraba en su caja de madera habían desaparecido.

Fue entonces cuando Chan Ik'Tok' comprendió la verdad que había estado ocultándose tras las sombras. La joven sirvienta, temblorosa y sin poder escapar de la amenaza, le confesó que había sido instigada por un noble, quien había usado su miedo para forzarla a confirmar lo que, hasta ese momento, solo era un secreto compartido entre él y la bella noble.

Así fue como aquellos versos, llenos de amor y de anhelos, llegaron a manos del rey. Pero en ese momento los jóvenes no comprendían aún el peligro que se cernía sobre ellos.

La selva vibraba con un clima de palpable tensión. Chan Ik'Tok' y K'in Nah Taj, junto con sus veinte hombres como los días del Tzolk'in, estaban agazapados en la espesura, sus respiraciones contenidas. Habían seguido las pistas con una precisión implacable, descifrando los mensajes secretos que el traidor intercambiaba más allá de las fronteras de Copán. Sabían que aquel encuentro clandestino tendría lugar en las entrañas de la jungla, y ahora, como cazadores al acecho, se preparaban para cerrar el cerco.

—Todo está en su lugar —susurró K'in Nah Taj con una ligera sonrisa. Sus ojos no se despegaban del claro frente a ellos—. No tienen idea de que los estamos esperando.

—Dejaremos las rutas libres, que no sospechen hasta que sea tarde, —respondió Chan Ik'Tok', sus ojos penetrantes escrutaban cada rincón de la selva—. La traición se paga con sangre, y hoy será el día en que lo descubran.

El traidor apareció primero, caminando con pasos calculados hacia el punto de encuentro. Tras él, Ix Ub'aah Uw, majestuosa y astuta, asomó de entre las sombras. Desconfiada, sus ojos escudriñaban los alrededores, alerta como una fiera. El silencio se condensó.

—¿Sientes eso? —preguntó, su voz baja pero afilada como la obsidiana—. Algo está mal.

El traidor frunció el ceño, tratando de mantener la compostura.

—No hay nada, es solo tu imaginación. Hemos sido cuidadosos, nadie nos ha seguido.

Pero ella no compartía esa seguridad. Sus ojos, siempre agudos, se detuvieron en la espesura un segundo más de lo debido. El viento trajo consigo un cambio imperceptible, un crujido apenas audible, pero suficiente para sus sentidos entrenados. Irguió su cabeza en señal de alerta.

—¡Ahora! —gritó Chan Ik'Tok' desde las sombras, y el caos estalló.

Como fantasmas que salen de los árboles, los hombres de Chan Ik'Tok' se abalanzaron sobre los conspiradores. Flechas silbaron en el aire, hachas cortaron la vegetación y el grito de la batalla llenó el espacio. El traidor, sorprendido y aterrorizado, apenas pudo levantar su mano antes de que le inmovilizaran. Su captura fue sencilla, un pálido reflejo de su traición.

Pero Ix Ub'aah Uw no caería fácilmente.

—¡Cobardes! —rugió con una voz poderosa, blandiendo su hacha. Con la agilidad de un jaguar, esquivó las primeras lanzas que volaban hacia ella, abriéndose paso entre sus adversarios.

K'in Nah Taj, observando desde un lado, lanzó una mirada a Chan Ik'Tok'. —¡Esa mujer es una serpiente, no nos lo pondrá fácil!

—¡Cierren los flancos! —ordenó Chan Ik'Tok', mientras él mismo avanzaba con la precisión de un guerrero curtido—. No debe escapar.

Ix Ub'aah Uw era una tormenta de astucia y violencia, su cuerpo se movía con una gracia mortal, esquivando y contraatacando con cada aliento que tomaba. Sus hombres acudieron a auxiliarla y la batalla se enredó en un torbellino de gritos y el zumbido de flechas volando entre los árboles. La obsidiana cortaba la carne con facilidad, y las lanzas hacían su sangrienta labor, derribando a los conspiradores enemigos uno tras otro.

—¡No seré capturada como él! —escupió la mujer mientras lanzaba un golpe hacia un guerrero que intentaba alcanzarla. Pero la superioridad numérica de los hombres de Copán comenzaba a inclinar la balanza en su contra.

En un último gesto de desesperación y astucia, como un animal herido, encontró un hueco en el círculo de sus atacantes. Con una agilidad casi sobrenatural, se deslizó entre las lanzas y, antes de que cualquiera pudiera reaccionar, desapareció entre las sombras de la jungla.

—¡Deténganla! —gritó K'in Nah Taj, frustrado por la fuga.

Pero Chan Ik'Tok', viendo que la batalla se había decantado a su favor, se mantuvo impasible.

—Déjala —dijo con un tono calculador—. Ya tenemos lo que necesitamos.

El traidor, inmovilizado y derrotado, yacía en el suelo, sus ojos llenos de desesperación. La jungla estaba salpicada de cuerpos caídos, y el aire aún vibraba con el eco de la batalla. Mientras la sombra de Ix Ub'aah Uw desaparecía en la distancia. Chan Ik'Tok' sabía que la lucha aún no había terminado.

El traidor, roto por las evidencias de su propia traición, no tardó en doblegarse bajo el filo de los interrogatorios. El veneno que ocultaba en su corazón fluía con la misma cobardía que marcaba su carácter, delatando a aquellos que, al igual que él, habían urdido planes oscuros en Copán. Uno a uno, los nombres de los conspiradores fueron pronunciados con labios temblorosos, sus destinos sellados antes de que la justicia les alcanzara.

El juicio fue breve, implacable. Las pertenencias de los traidores serían despojadas y entregadas a aquellos nobles cuya lealtad estuviera más allá de toda duda, mientras sus familias enteras, sin distinción, serían desterradas para siempre de la ciudad que alguna vez consideraron hogar. Y en cuanto a los traidores mismos, no habría piedad. Serían sacrificados en un rito civil que borraría cualquier rastro de su existencia. Sus cuerpos, profanados y desmembrados, serían vertidos en los confines del reino, disolviendo su memoria hasta convertirla en polvo. Su linaje, por más cercano que estuviera a la sangre del rey, sería olvidado para siempre, desterrado no solo de la vida, sino también del recuerdo, condenado al más profundo de los silencios en la historia de la ciudad.

En esta purga, el precio que Copán pagó fue desmesurado. Entre los que sucumbieron bajo las argucias del traidor, se contaban algunos de los más talentosos escultores, astrónomos y amanuenses del reino, mentes brillantes cuyas contribuciones habían dado forma tanto al tiempo como a la piedra. La venganza de Chan Ik'Tok', tejida no solo con la astucia que lo caracterizaba, sino también con el voraz deseo de saciar su sed de justicia, dejó una cicatriz que ningún ritual ni sacrificio podrían borrar.

El golpe fue profundo, no solo para los traidores, sino para la ciudad misma. Las repercusiones de esta implacable limpieza no tardarían en extender sus sombras sobre el trono. La pérdida de aquellos sabios, cuya labor sostenía el orden cósmico y la grandeza de Copán, comenzaría a minar el reinado, debilitando los cimientos invisibles que sostenían la gloria del rey y el destino de la ciudad. Chan Ik'Tok' en su afán por barrer con el pasado, no advirtió que, en su triunfo, también había abierto grietas que amenazaban con desmoronar el equilibrio sagrado.

Degustó el triunfo con un sabor amargo en la boca, como el fruto que, aunque maduro, aún guarda su acidez. Ante el rey, se sintió pequeño. Insignificante. Una brisa débil frente a la inmensidad de un volcán. El soberano, con la firmeza que nace de la responsabilidad sagrada de su linaje, no había vacilado en condenar a su propia sangre junto a los traidores. No le tembló la mano. Y esa implacable decisión, despertó en Chan Ik'Tok' una profunda reverencia. El respeto hacia el rey se tornó veneración, pues comprendió que la grandeza de Waxaklajuun Ub'aah K'awiil residía en su capacidad de sacrificar hasta lo más querido en nombre de la justicia. Con el alma encogida por la deuda que sentía imposible de pagar, se juró a sí mismo servir con mayor celo y una fidelidad renovada, dispuesto a ofrecer todo su ser por aquel magnífico rey, cuya trascendencia sobre la tierra era más que la de cualquier otro.

No sabía aún cómo su propia venganza lo desangraría.

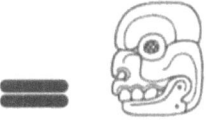

UN DIOS SOLAR ENVEJECIDO

Ix Ub'aah Uw se movía por la corte de Quiriguá con la seguridad de quien sabe que su lugar en el mundo no fue otorgado gratuitamente, sino conquistado. Cada paso que daba dejaba una marca en la tierra como un recordatorio de su linaje noble, emparentada con el propio rey. Su presencia no era solo un mandato de la sangre, sino un tributo a su astucia y habilidades, esas que la habían convertido en estratega respetada, en guerrera temida y en consejera cuya voz era escuchada con reverencia.

Su porte majestuoso evocaba la gallardía y esbeltez de una joven ceiba, que se alzaba hacia el cielo con imponente elegancia. Infundía respeto a todo aquel que osara mirarla. Esa misma mirada, de ojos de serpiente, maquillados con precisión divina, tenía el poder de hechizar a quien se atrevía a cruzarse con ella. Había en sus ojos un brillo profundo, insondable, como el misterio del inframundo maya, que parecía adentrarse en el alma de quien los enfrentara. Ningún pensamiento quedaba oculto bajo ese escrutinio, ninguna debilidad pasaba desapercibida. Era como si pudiera desentrañar el corazón de los hombres con solo una leve ojeada.

Su belleza era deslumbrante. No se trataba de una belleza frágil o dócil. Era el tipo de encanto que envenenaba dulcemente, como una flor que atrae con su aroma, solo para desarmar a quien se acerca. Sobre su piel morena, los tatuajes danzaban como símbolos vivos. Un quetzal y una serpiente entrelazados en una danza perpetua en su antebrazo, un retrato de su propio ser. Ella era esa dualidad. El esplendor del quetzal, vibrante y resplandeciente, y la astucia de la serpiente, silenciosa, letal, siempre esperando el momento perfecto para atacar. En su figura, lo etéreo y lo terrenal se unían en una danza cósmica, haciendo de Ix Ub'aah Uw no solo una mujer, sino un símbolo de poder y misterio en la corte de Quiriguá.

Cualquiera que la mirara, fuera con temor o con deseo, sabía que ante ellos no había solo una noble, sino un ser más allá de lo comprensible, cuya belleza solo era rivalizada por su intelecto y cuyo respeto se lo había ganado en batalla tanto como en el juego de la diplomacia.

K'ahk' Tiliw Chan Yopaat observaba a Ix Ub'aah Uw desde su trono, con la mirada profunda y calculadora de un rey que conoce el valor de cada gesto. Entre sus manos, el vaso que sostenía era una obra maestra, decorado con delicados nenúfares que flotaban como sueños en un lago pintado de un azul suave, mezclado con el susurro de un rosa pálido. Los glifos que separaban cada flor se deslizaban en columnas de símbolos exquisitos. El cacao afrutado que bebía, endulzado con la miel más pura de sus apiarios, se deslizaba con lentitud por su garganta, prolongando el placer de cada sorbo.

—Aj Maxam —murmuró rompiendo el silencio entre ellos, mientras sus ojos seguían fijos en Ix Ub'aah Uw—, la mejor escuela de pintores. Ellos decoraron este vaso. ¿Qué te parece su trabajo? —la voz del rey, suave pero firme, transida de un aire de prueba, analítica.

Con la quietud de un felino al acecho Ix Ub'aah Uw, levantó sus ojos para encontrarse con los de él, inclinando apenas la cabeza en un gesto que no era sumisión, sino reconocimiento del poder que ambos compartían en diferentes formas.

—Esa escuela de pintores, ha capturado la esencia de la calma y el movimiento en una sola pieza. Es como si los nenúfares flotaran realmente, sostenidos por el aire que los rodea. Pero su verdadera belleza, como bien sabes, no está solo en su trazo delicado —sus labios dibujaron una sonrisa, astuta y encantadora a la vez—, sino en el poder que transmite al portador de tal obra. En tus manos, cualquier arte florece más intensamente.

El rey dejó escapar una ligera sonrisa mientras posaba el vaso sobre el trono a su lado.

—Siempre con palabras precisas, Ix Ub'aah Uw. No esperaba menos de ti.

Hizo una pausa, escrutando los ojos de la mujer frente a él, sus pensamientos navegando en aguas profundas.

—Sabes que aquí, en mi corte, no hay lugar para quienes no saben ver más allá de lo evidente. Pero tú… siempre pareces ver lo oculto.

Ix Ub'aah Uw apretó sus labios, sus dedos jugando con una trenza que caía como una serpiente de obsidiana reluciente sobre su hombro.

—Ver lo oculto es necesario, mi rey —dijo en un tono bajo y envolvente —pero actuar en consecuencia es lo que define el verdadero poder.

El rey, tras escuchar esas palabras, dejó que el significado de estas flotara en el aire como uno de aquellos nenúfares, saboreando no solo el cacao en su boca, sino también la verdad oculta en esa conversación.

El silencio entre ambos estaba cargado de anticipación, pero fue ella quien lo rompió con la firmeza de quien sabe que las palabras que pronunciara cambiarían el curso de los pensamientos de su rey.

—Sé que ansías escuchar noticias de Uxwitik, mi reverenciado K'ahk' Tiliw —comenzó, sus ojos fulgurantes fijos en los del rey—. Oxte'tuun presiona para que actuemos con mayor rapidez, y no es para menos. Pero puedo asegurarte de que todo avanza según lo he planeado.

El rey, que había estado tomando un último sorbo de su cacao, acariciaba el fino engobe donde los nenúfares posaban con delicada estética. Dejó el vaso en su trono, mientras esperaba el resto del informe.

—He aprovechado —continuó, con una sonrisa apenas perceptible en sus labios—, el resentimiento de ciertos nobles en Uxwitik, quienes recelaban de un hombre campesino que, por sus talentos y habilidades, ha ascendido a convertirse en uno de los consejeros principales de Waxaklajuun Ub'aah K'awiil. Una persona brillante, debo admitir, cuyas cualidades yo misma he admirado en silencio. Sin embargo, los dioses nos han favorecido, como si las estrellas hubieran alineado sus fuerzas a nuestro favor.

K'ahk' Tiliw Chan Yopaat alzó una ceja, intrigado.

—Con el apoyo de estos nobles envidiosos —dijo, mientras sus dedos jugaban con la trenza sobre su hombro—, logré establecerme con el contingente que me proporcionaste gracias a los recursos de Chiik Naab'. Fue entonces cuando incendiamos las reservas y los plantíos de Uxwitik. Un golpe preciso, calculado, como te prometí.

El rey dejó escapar una exhalación lenta, sus ojos midiendo la magnitud de esas palabras.

—Una acción magistral, Ix Ub'aah Uw, aunque tal vez... algo exagerada —respondió con un leve gesto de desaprobación—. No soy yo quien juzgará tu audacia, pero debo preguntarme si tal destrucción era realmente necesaria y querida por los dioses.

—Lo era, mi rey. Con ese incendio ritual di a un noble miserable la oportunidad de vengarse del campesino que tanto despreciaba. Sabía que esa envidia sería su perdición, y no me equivoqué. A raíz de su traición, tanto él como sus cómplices fueron sacrificados por la corte de Uxwitik. Entre ellos, algunos de los más ilustres intelectuales y eminencias de esa ciudad. Es una pérdida lamentable, sí, pero necesaria para nuestros fines. Los dioses manifestaron su anuencia con sus signos en el cielo.

Los ojos del rey se entrecerraron, como si estuviera viendo un juego de sombras proyectado en las paredes de su mente.

—Así que Uxwitik ha perdido más de lo que imaginábamos —murmuró—. No solo sus campos, sino algunas de sus mentes más brillantes. ¿Y qué hemos logrado con esto?

—Tal como lo anticipé —Ix Ub'aah Uw sonrió con visible satisfacción—, ahora nos han exigido mayores tributos. No solo en objetos suntuarios, sino principalmente en alimentos, queriendo paliar desesperadamente las consecuencias por la destrucción de sus plantíos y reservas.

—Y nosotros hemos cumplido sin vacilación —respondió el rey—. Hemos satisfecho sus demandas, al fin y al cabo, el río Motagua nos provee generosamente. Incluso hemos recibido al noble K'in Nah Taj, quien ha sido comisionado para esta recaudación periódica. Lo hemos tratado como si fuera el propio rey de Uxwitik.

Ix Ub'aah Uw disfrutando el momento, sus labios curvándose en una sonrisa astuta.

—Una jugada perfecta, mi rey. Al tratarlos con esa deferencia, alimentamos en ellos la ilusión de sumisión, mientras ocultamos nuestros verdaderos intereses. Ellos tienen sospechas leves, y mientras continúen creyendo que somos sus fieles tributarios, no levantarán la guardia. Y cuando llegue el momento, habremos armado una trampa tan fina que ni siquiera sentirán el golpe hasta que sea demasiado tarde.

El rey asintió, satisfecho, mientras su mirada se perdía en el horizonte de sus pensamientos, saboreando el alcance de la estrategia desplegada ante él.

—Ix Ub'aah Uw, lo que has orquestado es digno de los dioses —dijo finalmente, con una sonrisa oscura—. Ik' Naahb' Nal, estará en deuda contigo por generaciones.

—En resumen, mi amado rey —continuó, sus ojos entrecerrados con la confianza de quien ya ha trazado los caminos del destino—, al lograr que Uxwitik nos exija más tributos, hemos sembrado la semilla de nuestra victoria. Nuestro pueblo, pronto acudirá a ti, no para alabanzas, sino para exigir compasión. El trabajo en los campos se ha triplicado, y el agotamiento y la ira crecen como una sombra entre nuestras gentes. ¡Menos de seis mil campesinos trabajando para cubrir una demanda de casi veinticinco mil personas hambrientas! Pero esa exacerbación de los ánimos no es más que parte de la jugada —hizo una pausa, permitiendo que sus palabras penetraran en los pensamientos del rey. —El odio contra nuestros opresores se encenderá en el corazón de los nuestros como una hoguera imparable, preparándote el terreno perfecto para dar el golpe final.

K'ahk' Tiliw Chan Yopaat, que había estado escuchando en silencio, asintió lentamente, sus ojos fijos en la pared perdidos en un punto distante como si ya pudiera ver el desenlace que Ix Ub'aah Uw le proponía.

—Y cuando llegue ese momento —prosiguió ella, bajando aún más el tono, acariciando cada palabra—, estarás listo para sellar nuestra alianza definitiva con Oxte'tuun. Ellos también lo saben, lo esperan. El odio que hemos cultivado aquí será la chispa que te empujará a culminar, de manera magistral, este pacto con la dinastía Kaan. Pero —hizo una pausa, sus ojos destellando de astucia—, dame tiempo para revelarte el evento público que te brindará ese poder ante Oxte'tuun, el acto que consolidará la confianza de nuestra alianza.

El rey, intrigado por sus palabras, frunció levemente el ceño.

—¿Y qué del campesino ese en Uxwitik? —preguntó en un tono entre curioso y calculador—. Sabemos que sigue siendo una influencia poderosa en la corte de Waxaklajuun Ub'aah K'awiil.

—Ese plebeyo ha sido un obstáculo, lo admito, pero su tiempo se acerca. No pudimos doblegar la confianza que el rey ha depositado en él… aún. Ahora veo que esto es un hecho que juega a nuestro favor. Sin embargo, debo enredarlo en mi telaraña, hacer que se convierta en la flecha perfecta, la pieza clave que, cuando de en el blanco, nos permita culminar esta obra. Ik' Naahb' Nal, tomará el lugar que le corresponde, y la dinastía Kaan se sentirá confiada y recompensada por el apoyo que nos han brindado. Eso es lo justo, mi rey.

K'ahk' Tiliw Chan Yopaat observó a Ix Ub'aah Uw por un largo momento, una sonrisa apenas visible en el borde de sus labios.

—Lo justo —repitió en un murmullo, mientras su mente ya comenzaba a paladear el sabor de la traición futura y el poder que le aguardaba más allá del horizonte.

Más de cuatro años transcurrieron en una calma sostenida, como el cauce sereno de un río después de la tormenta. Las intrigas y traiciones en las cortes mayas muchas veces avanzan como un reptil al acecho, que inmóvil durante largos períodos, pero siempre atento, calcula con precisión el momento exacto para atacar y asegurar a su presa. Los tributos de Ik' Naahb' Nal, llegaban sin interrupción, garantizados por la vigilancia atenta de K'in Nah Taj, cuya supervisión aseguraba que la balanza de poder se mantuviera firme. En Copán, la vida retomaba su curso esperado. Los campos florecían, los templos se llenaban con cantos sagrados y la corte vibraba en su propio ritmo, bajo el cielo inmenso que parecía sonreírle a la ciudad en su renovado esplendor.

En aquellos días, el rey Waxaklajuun Ub'aah K'awiil, rodeado de su corte, escuchaba con atención las propuestas de Chan Ik'Tok', tenido como escriba, poeta, consejero y astrónomo cuya sabiduría y lealtad habían sido plenamente restablecidas. Juntos, concebían la creación de una nueva estela. La atmósfera rezuma expectativa y solemnidad, mientras el rey, ya anciano, pero aún poderoso en su porte, observa a los reunidos con ojos agudos, brillantes bajo la luz. Los sonidos del incienso crepitando y el murmullo de las joyas de jade de los sacerdotes y nobles llenan la estancia.

—Mi gran señor, he consultado los cielos y revisado las tablas astronómicas. Los ciclos de las estrellas, los días de las cosechas y las cuentas del tiempo nos han revelado una verdad, es el momento adecuado para crear un nuevo monumento que glorifique tanto su reinado como el equilibrio sagrado que hemos logrado restaurar en Uxwitik. La plaza real, su plaza, coronada en el sur por la bella plataforma que replica los cuatro rumbos del mundo, debe coronarse con una estela que marque este tiempo bendecido. Propongo que esta estela, la que yo mismo tallaré con mis propias manos, celebre el final de un ciclo y el inicio de uno nuevo, inscribiendo en ella la fecha 9

Pik 15 Winik Haab 5 Haab 0 Winik 0 K'in, 10 Ajaw 8 Chen, un día sagrado en los calendarios divinos.

Ese día, —continuó diciendo Chan Ik'Tok'—, cuando el sol se apague en el horizonte, Chak Ek' caerá como un lucero fulgurante, alineándose con la serena magnificencia de Júpiter en el oeste. Las estrellas, en su danza secreta, proclaman antiguos designios. Al mismo tiempo, por el este, la luna se alzará en toda su majestad, inundando la tierra con su resplandor, como un oráculo celestial que emana la voz insondable de los dioses. Este esplendor divino confirmará ante el pueblo congregado la sacralidad de su presencia, manifestada como el eje que sostiene al cosmos, asentado en el corazón mismo de Uxwitik. Bajo el cielo estrellado, su figura será reconocida no solo como rey, sino como el vínculo viviente entre los dioses y la tierra, el pilar que sostiene el equilibrio del mundo y cuyo destino está tejido en las estrellas.

El rey, con sus años de sabiduría reflejados en el rostro, escucha atentamente. A pesar de sus más de sesenta años, su mirada es tan penetrante como en su juventud. Hace una pausa, y luego asiente lentamente, su voz grave y autoritaria.

—Has servido bien, Chan Ik'Tok', y has demostrado tu valía una y otra vez. Pero dime, ¿por qué esta estela será diferente? Hemos erigido monumentos antes, todos gloriosos. ¿Qué hace que esta obra destaque sobre las demás?

—Venerado Consejo, con esta estela demostramos, con certeza y fundamento, cómo el día se divide en cuatro partes y cómo medimos el transcurso del año tomando como referencia los solsticios, los equinoccios y el paso del Sol por el cenit. En ella se muestra la manera en que registramos el tiempo, las imágenes talladas no son meros adornos, sino una interpretación iconográfica que asocia las sombras proyectadas por la estela con los cuerpos de las serpientes que la rodearán, como lo hacen en torno a usted, mi venerado Gobernante.

—Hizo una pausa deliberada para observar las reacciones de los presentes y continuó. —De las fauces de estas serpientes nacen ocho cabezas del Dios K'awiil, cada una representando un sol. Dos de ellas señalan los solsticios de invierno y verano, que marcan el inicio y el fin del ciclo haab; otras dos, los equinoccios de primavera y otoño. Dos más corresponden al primer y segundo paso del Sol por el cenit, momentos en los que la dirección de las sombras se invierte, avanzando por delante y por detrás de usted, mi venerado Señor en el centro de la estela. Finalmente, las dos últimas cabezas de K'awiil representan los momentos en que las serpientes, símbolo del tiempo y la renovación, se hunden y emergen. Una marca el fin de la primera mitad del ciclo haab, cuando las serpientes entierran sus pies en la tierra, y la otra señala el inicio de la segunda mitad, cuando aparecen en sentido contrario. Y en el centro de este diseño sagrado, en medio de las serpientes y los soles, se alza su imagen, Gran Señor. Se le muestra como el Viejo Sol Jaguar, el noveno sol, aquel que mira hacia el sur y se hunde en las profundidades tras su altar, marcando el eterno ciclo de la luz y la sombra, del tiempo y la vida. Por esto su ubicación será en el norte.

Uno de los nobles consejeros, sentado cerca del trono, interviene con deferencia, pero con cierta duda en su tono.

—¿Y por qué en la parte septentrional de la plaza? Hemos colocado otras estelas en sitios importantes. ¿Qué tiene este lugar de especial para un monumento de tal magnitud?

—He estudiado los pasos del sol y su influencia en los ciclos de la tierra, y este punto específico en la plaza permitirá que la sombra proyectada por la estela marque los momentos clave para nuestras ceremonias religiosas y las cosechas. En su alineación perfecta con las otras de la plaza norte de la ciudad, será una guía precisa para los sacerdotes, para la corte y para todo el pueblo. Además, la energía que fluye desde el norte, donde los vientos de los ancestros soplan con más fuerza, bendecirá esta obra con la sabiduría del tiempo. A su vez, marcará el punto más septentrional en relación con la plataforma sur, trazando los límites sagrados de su plaza, la Plaza del Sol, mi señor.

Los sacerdotes, intercambiando miradas entre ellos, asienten lentamente. El más anciano, avanza hacia el centro de la sala, inclinado ante el rey.

—Es cierto, venerado Ajaw. Las estrellas han sido favorables, y las tierras de Uxwitik prosperan nuevamente. Los dioses han sido generosos con nosotros, y lo seguirán siendo si seguimos sus señales. El norte es el lugar adecuado, donde los ancestros se manifiestan en cada paso del sol.

El rey, pensativo, entrelaza los dedos en su regazo. Finalmente, su mirada se posa en Chan Ik'Tok' con una mezcla de aprobación y profunda confianza.

—Entonces, será así. B'alu'n K'awiil y su altar zoomorfo serán cimentados en la parte septentrional de la plaza. Tú mismo esculpirás y supervisarás esta obra y serás quien inscriba las fechas sagradas personificadas plenamente en cuerpos completos. Que esta estela sea no solo una prueba de nuestra grandeza, sino un testimonio para las generaciones futuras, de que Uxwitik se alzó aún después de la tormenta, con la bendición de los dioses.

—Así será, mi señor. Mi deber y mi devoción están con Uxwitik y con usted. Que K'awiil guíe mis manos y mi espíritu para honrarle como se debe.

Los nobles y sacerdotes, en silencio reverente, observan cómo la decisión del rey se transforma en decreto. Un nuevo monumento se alzará, tallado por las manos de Chan Ik'Tok', que inmortalizará no solo al rey y a su linaje, sino también el renacimiento de Copán.

K'in Nah Taj llegó a Quiriguá con la precisión de quien ha hecho de su tarea una danza cuidadosamente ensayada. Los caminos, los rostros, el murmullo del viento entre las estelas, todo le resulta familiar. Los ciudadanos, como siempre, lo recibieron con el respeto que su rango de noble copaneco merecía. Quiriguá, parte del dominio de Copán, le debía tributos y deferencias. Sin embargo, algo llamó su atención.

Mientras atravesaba la plaza, sintió la penetrante mirada de un noble de alto rango de la corte de Quiriguá. Lo observaba con intensidad, como si quisiera transmitir un mensaje urgente. Aquella mirada lo persiguió un instante, pero sus deberes lo llamaban. La preeminencia de los bienes y el jade en los tributos no podía esperar. Siguió su camino hasta el palacio, donde los contadores lo aguardaban, listos para presentar los registros de lo que debía llevar a Copán.

Al caer la noche, tras completar su cometido, un sirviente lo alcanzó cuando ya se dirigía a descansar. En sus manos, un pequeño trozo de papel amate. El mensaje era claro, alguien de la corte deseaba hablarle en privado.

Después de cenar, mientras la luna bañaba con su luz suave las piedras del palacio, el mismo sirviente regresó a su puerta con el rostro grave, pidiendo permiso para entrar.

—Señor, el noble Uk'ab Wáax solicita audiencia —dijo con suma reverencia—. Será un honor recibirlo —respondió, consciente de la importancia de aquella inesperada visita.

El noble Uk'ab Wáax no tardó en entrar, rodeado de un aura de opulencia. Llevaba consigo ofrendas preciosas, collares de jade, una capa exquisitamente adornada con plumas de quetzal, y bandejas con alimentos cuidadosamente preparados, mezclas de maíz, miel y calabaza que exhalaban aromas dulces y delicados. Tras el intercambio de saludos y cumplidos ceremoniosos, Uk'ab Wáax inclinó levemente la cabeza, dejando que el tono de la conversación tomara el vuelco de lo inevitable.

—Señor K'in Nah Taj —comenzó, midiendo cada palabra—, lo que debo decirle es de suma importancia. Oxte'tuun, con su insaciable ambición, ha comenzado a presionar a nuestro pueblo y a nuestro rey. Nuestras tierras sienten el rigor de sus expectativas, pero hay algo más oscuro fermentando entre nosotros.

—Muchos en la corte —continuó el noble, bajando la voz como si temiera que las paredes pudieran escuchar—, están inquietos. Murmuran que nuestro rey ha mostrado demasiada debilidad, que no se ha plantado con la fuerza suficiente para demostrar su filiación a Uxwitik. Lo acusan de haber cedido ante Oxte'tuun, de vacilar en su lealtad.

—¿Vacilar? —preguntó K'in Nah Taj, sus ojos entrecerrándose levemente, aunque su tono permanecía sereno—.Pero si han cumplido con los tributos.

—Los tributos son entregados, sí —admitió—, pero eso no es suficiente. Los nobles perciben la falta de acción, la ausencia de una señal clara de fuerza por parte de Uxwitik. La relación se está resquebrajando, señor. Si no se hace algo pronto, temo que Oxte'tuun aprovechará la debilidad que perciben para romper nuestra alianza ancestral de la peor manera.

El silencio que siguió fue profundo, casi palpable. Las luminarias oscilaban con el viento nocturno, y K'in Naj Tah sintió las palabras del cortesano calar en su mente. Conocía bien el juego del poder entre las grandes ciudades mayas. Quiriguá, siempre atrapada entre Copán, Calakmul y Tikal, era una pieza frágil en un tablero peligroso.

—¿Resquebrajando? Dices que muchos nobles y cortesanos están descontentos —replicó K'in Nah Taj, tras un breve momento de reflexión—. ¿Crees acaso que se necesita una demostración más fuerte de poder por parte de Uxwitik como aliada de Ik' Naahb' Nal?

Uk'ab Wáax asintió solemnemente.

—Así lo creo, señor. Debe mostrarse celosa de su súbdito. El aporte de nuestra parte ha sido vasto, pero los tiempos están cambiando. Si Oxte'tuun percibe debilidad, no tardarán en forzarnos a actuar. Y temo que la alianza que ha sostenido a Ik' Naahb' Nal podría derrumbarse.

K'in Nah Taj cerró los ojos, evaluando la situación. Las palabras de Uk'ab Wáax revelaban una verdad difícil, la influencia de Calakmul se extendía, y cualquier vacilación podría ser el principio de un desastre.

Al regresar a Copán, K'in Nah Taj caminaba con pasos tensos, sus pensamientos nublados por las sombras de lo que había escuchado en Quiriguá. Cada rumor, cada mirada furtiva, le aplastaban como si llevara el cielo entero sobre los hombros. Sentía que debía hablar con alguien de confianza, alguien cuyo juicio fuera afilado como una obsidiana y profundo como los secretos de los dioses. Su mente no tardó en acudir al único nombre, Chan Ik'Tok'.

Lo encontró rodeado de códices y papeles, el humo del incienso elevándose suavemente en espirales que se mezclaban con la tenue luz de las antorchas. Levantó la mirada, su semblante impasible, pero sus ojos siempre inquisitivos se clavaron en el rostro de su amigo.

—Has vuelto antes de lo esperado, K'in Nah Taj —dijo con voz grave, percibiendo de inmediato la inquietud que lo rodeaba como un manto invisible.

Este asintió, observando a un lado y otro asegurándose de que estuvieran solos. Se acercó al centro de la habitación y, tras un breve silencio, se dejó caer en una estera de la estancia.

—No podía esperar más, Chak Jol. Traigo noticias que me han revuelto el alma —hizo una pausa, sus ojos fijándose en el suelo—. Y temo que presagian tiempos oscuros para nosotros.

Chan Ik'Tok' cruzó las manos sobre el regazo, observando con paciencia la agitación de su amigo, dejando con deferencia el trabajo que lo ocupaba para atenderlo, el nuevo proyecto del gran rey, la flamante plaza para el juego de pelota.

—Habla —dijo con suavidad—. Desata la tormenta que llevas dentro.

K'in Nah Taj le relató todo lo sucedido en Quiriguá, la mirada inquisitiva del noble, el mensaje urgente, la reunión con Uk'ab Wáax, y las advertencias sombrías sobre la presión de Calakmul y la debilidad del rey de Quiriguá. Mientras hablaba, las palabras parecían llenarlo de nuevo con el mismo desasosiego que había sentido en aquella oscura noche.

Cuando terminó, Chan Ik'Tok' permaneció en silencio, estudiando cada palabra como si fuera un acertijo que debía descifrar.

—Tu relato es grave —dijo finalmente—, pero me sorprende tu urgencia. ¿Qué es lo que te hace temer tanto?

—La fuente. Uk'ab Wáax es un noble muy cercano al rey de Ik' Naahb' Nal. Sus palabras no pueden tomarse a la ligera. El pueblo también murmura a decir de este noble, están descontentos. Y cuando un pueblo murmura en las sombras, no es mucho tiempo antes de que el descontento se vuelva un grito.

Su voz se tornó casi suplicante.

—Esto es más que un simple rumor.

—Comprendo que, Uk'ab Wáax sea cercano al rey, pero... —hizo una pausa, sus ojos se entrecerraron ligeramente—. ¿No te parece sospechoso que esta reunión fuera tan discreta? ¿Por qué no se trató directamente con el rey un asunto de estado tan delicado? Siento que hay algo que se te escapa.

—Nunca he recibido un desaire ni del rey, ni de los nobles de Ik' Naahb' Nal, ni de su gente —dijo con convicción—. Al contrario, siempre me han recibido con deferencia y respeto. No tengo razones para dudar de sus intenciones.

Chan Ik'Tok' que se había sentado en otra estera, apoyó los codos en sus rodillas y se inclinó hacia adelante, su mirada más penetrante.

—Es precisamente eso lo que me inquieta. Si el rey de Ik' Naahb' Nal se siente presionado, ¿por qué no enviaría él mismo un mensaje claro? ¿Por qué un cortesano tan cercano al rey actúa por iniciativa propia en las sombras? —se enderezó y, tras un breve silencio, prosiguió—. Estoy claro con respecto a que el descontento en la corte, cuando el rey está débil, suele manejarse con cuidado, pero hay algo en todo esto que me huele a trampa.

K'in Nah Taj, aún afectado por los rumores y las advertencias, frunció el ceño.

—¿Trampa? ¿Qué clase de trampa podría ser esta? Uk'ab Wáax habló con genuino temor, con una preocupación real por su pueblo y su rey.

—No lo sé con certeza —admitió Chan Ik'Tok'—, pero algo no encaja del todo. La política entre las ciudades mayas es un juego peligroso. Hay demasiadas fuerzas invisibles moviéndose, y temo que tú y yo solo estamos viendo una pequeña parte del tablero. —Levantó la mirada hacia el cielo, como si pidiera consejo a los astros—:

Propongo que lo consultemos con tu padre Itzamná Yohl antes de llevar esta información al consejo. Su sabiduría podría iluminar el camino que ahora parece tan oscuro.

K'in Nah Taj exhaló, sintiendo que la tormenta en su interior se calmaba solo ligeramente al escuchar la voz de su amigo. Sabía que no había lugar para decisiones precipitadas, y aunque su alma seguía inquieta, confiaba en el juicio del poeta-consejero.

—Tienes razón —dijo, finalmente. —Debemos escuchar la sabiduría de mi padre. Solo entonces sabremos si estas palabras deben ser compartidas con la corte.

—Dejemos que los dioses nos guíen en este laberinto, K'in Nah Taj. A veces, el sendero más claro está oculto a simple vista.

Y había un secreto que K'ahk' Tiliw Chan Yopaat guardaba celosamente de Uxwitik. Evitaba sobre todo que K'in Nah Taj lo descubriera, siguiendo siempre el consejo astuto de Ix Ub'aah Uw. Ese año, 736 en silencio y con determinación, el rey de Quiriguá había ordenado la construcción de una estela. En sus grabados, pretendía sellar un mensaje profundo y sutil, uno que honraba su vínculo con la poderosa Calakmul, en busca del apoyo que tanto anhelaba para liberarse del yugo de Copán. La estela narraba un suceso que, aunque peligroso, había dejado su huella imborrable, una incursión liderada por el propio Yuknoom Took' K'awiil, el señor de Chiik Naab', quien marchó junto a Quiriguá contra la poderosa Yax Mutal, aliada de Copán.

Pero el destino, caprichoso como siempre, inclinó la balanza a favor de Tikal. Yuknoom Took' K'awiil fue capturado en la contienda, y K'ahk' Tiliw apenas logró escapar, viendo cómo las fuerzas de Calakmul caían. Aun así, Quiriguá no se doblegó. K'ahk' Tiliw Chan Yopaat ordenó esculpir la estela no como un lamento por la derrota, sino como un recordatorio implacable de su lealtad. A través de esos símbolos tallados en piedra, enviaba un mensaje a los cielos y a los reyes futuros, la velada alianza con Calakmul no se rompería, y aunque las mareas del poder fluctuaran, él había jurado mantener ese lazo. De esta manera, aseguraba que la herencia de Quiriguá permanecería alineada con la gran Oxte'tuun, para que ningún nuevo soberano osara ponerla en peligro.

La derrota había dejado a Calakmul en una posición precaria. Tikal, fortalecida por su triunfo, se constituía como la principal amenaza para la estabilidad de la región. Calakmul, consciente de este nuevo orden, comprendía que para asegurar su supervivencia y recuperar su influencia, debía emprender una ardua lucha. La balanza del poder se había inclinado a favor de Tikal, y solo una acción audaz podría restablecer el equilibrio.

Copán se alzaba como una pieza indispensable en el intrincado tablero del poder maya, un reino cuya influencia radicaba en su control sobre la estratégica posición de Quiriguá. Desde allí, dominaba las rutas comerciales que transportaban el codiciado jade y la obsidiana, materiales sagrados y esenciales para la élite de la región. Además, su acceso a las costas orientales del Caribe le permitía canalizar productos exóticos y valiosos que alimentaban los intercambios y las alianzas entre las grandes ciudades. En el contexto de la actual coyuntura, Copán se mostraba como un aliado imprescindible para quienes buscaban consolidar su supremacía en el vasto y competitivo mundo maya. Tal el caso de la debilitada Calakmul.

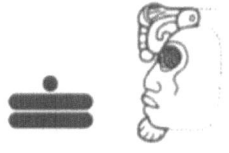

SOLO EN TI CONFIARÉ

K'in Nah Taj, Con el ceño fruncido, completamente convencido.

—No hay duda alguna. Uk'ab Wáax habló desde las entrañas de su preocupación. Ik' Naahb' Nal teme sucumbir ante Oxte'tuun, lo dijo con el corazón de un vasallo fiel a Uxwitik. No es el tipo de hombre que juega con la verdad, mucho menos en las sombras de una conversación privada.

Chan Ik'Tok', con un gesto de leve escepticismo, cruzando los brazos.

—¿No te parece extraño? Que un noble de una ciudad que ha comenzado a recelar nuestra influencia se aventure a revelar semejantes temores en secreto, justo cuando tú, el recaudador de tributos de la ciudad que les somete, visitas su tierra. Si realmente temen a Oxte'tuun, ¿por qué no lo expresaron abiertamente ante el consejo, donde sus palabras serían escuchadas con mayor seriedad?

—Lo que vi en Uk'ab Wáax no era ambición ni ardid, era miedo verdadero. Un miedo que tal vez no puede mostrarse ante todos los ojos. ¿No crees posible que el temor a Oxte'tuun haya empezado a envenenar sus corazones? Incluso el pueblo está inquieto. Lo sentí en las calles, en miradas furtivas, en los susurros apenas apagados por el ruido de los mercados. La sombra de esa poderosa ciudad herida se cierne sobre ellos, y temen perder más que su orgullo.

—No niego que Oxte'tuun aun sea una amenaza. Pero algo me incomoda. Uk'ab Wáax eligió bien el momento y las palabras, como quien desea que la noticia se propague con rapidez, pero sin claridad. ¿Y si nos están guiando hacia una trampa? Ellos no han dejado de anhelar su propia independencia. Debemos ser cautelosos.

Itzamná Yohl, tras una pausa reflexiva, acariciando su barbilla, con un tono grave y meditativo.

—Ambos hablan desde la verdad que conocen, pero también desde la incertidumbre que les ciega —mira primero a K'in Nah Taj—, comprendo que, Uk'ab Wáax te haya hablado con sinceridad, pero también veo la prudencia en las palabras de Chan Ik'Tok'. La sospecha no puede ser desechada.

Ahora hacia Chan Ik'Tok' —Y tú, es justo que dudes. Ik' Naahb' Nal ha aprendido a moverse con sagacidad. Sus actos pueden ocultar tanto el peligro como la desesperación. Por eso, mi consejo es este. La próxima vez que K'in Nah Taj viaje allá, no deberá ir solo. Tú lo acompañarás. Juntos, observarán los signos, no solo en los nobles, sino también en el rostro del pueblo. Si Uk'ab Wáax tiene algo más que decir, lo sabremos. Y si sus palabras han cambiado, también lo veremos.

K'in Nah Taj asintiendo, aunque la preocupación no se disipa. —Así se hará padre. Pero debo confesar que, en mis entrañas, siento esas palabras como una advertencia. Si están tejiendo algo en las sombras, lo descubriré.

Chan Ik'Tok' con un aire de aceptación, pero sin abandonar su cautela. —Y yo estaré allí para verlo también. Ningún velo quedará sin levantar, por más sutil que sea. Si están fingiendo, pronto lo sabremos.

—Entonces que así sea. Pero recuerden, cada paso debe ser bien medido, un solo error podría costarnos más que la traición. Costaría Copán.

El crepúsculo teñía el horizonte mientras K'in Nah Taj y Chan Ik'Tok' caminaban en silencio por el angosto sendero, guiados por el sirviente de Uk'ab Wáax. Al llegar al taller de los talladores, una figura oscura los esperaba junto a una gran estela. El noble de Quiriguá se adelantó, sus ojos reflejaban preocupación.

—Gracias por acudir, distinguidos enviados. Lo que les mostraré ahora no es solo un relato, es una advertencia, —dijo señalando la estela inacabada, cuyos símbolos apenas tallados resplandecían bajo la luz menguante.

—¿Qué es lo que estás insinuando, Uk'ab Wáax? —frunció el ceño K'in Nah Taj, con desconfianza—. ¿Qué relato es tan peligroso que debe ser esculpido en piedra, pero ocultado a nosotros?

El noble de Quiriguá bajó la mirada y su tono se volvió sombrío.

—Este es el relato de una incursión liderada por Yuknoom Took' K'awiil, el gran señor de Oxte'tuun. Marchamos junto a él contra

Tikal… pero fue derrotado. Yax Mutal venció, y Yuknoom Took' fue apresado. Oxte'tuun exige que levantemos esta estela, a pesar de la derrota. Si no lo hacemos, vendrán contra nosotros, y no será con palabras.

—¿Qué? —K'in Nah Taj explota mientras camina hacia el noble, amenazante—: ¡Tikal es nuestro aliado!

Los ojos de Chan Ik'Tok' abiertos al máximo escrutando el rostro del noble y cada una de sus palabras, valorando la gravedad de lo escuchado. Deteniendo a su amigo que no podía ocultar su enojo.

—¿Por qué mostrarnos esto ahora? Sabes que revelar algo así dañará la confianza de Copán en su lealtad. ¿Qué esperas de nosotros con esta revelación?

Uk'ab Wáax suspiró, su rostro reflejando vergüenza y resignación:

—Oxte'tuun nos arrinconó. Si no obedecíamos, nos aplastarían. No tenemos los medios para enfrentarnos a esa potencia, pero tampoco podíamos mostrar debilidad. Al labrar esta estela, los mantenemos a raya, al menos por ahora. Entiendan que nuestro rey no puede expresar estos miedos abiertamente, por eso me envió a mí.

K'in Nah Taj un poco más calmado, pero receloso, sus ojos dos cuchillos de pedernal.

—Nuestra lealtad sigue firme —continuó diciendo el noble de Quiriguá—, pero estamos en peligro. Si los rechazamos vendrán con fuerza y nos destruirán. Serían muy cercanos vecinos de Uxwitik. Si aceptamos su yugo, sin que ustedes lo sepan, nos convertimos en traidores. Si los buscábamos en busca de apoyo, lo tomarían como franca agresión. Esta estela es nuestra única salida por ahora. Si son capaces de entender lo que está en juego, podemos encontrar una solución juntos.

Los enviados de Copán cedieron, poco a poco, ante la lógica implacable de los argumentos planteados.

Chan Ik'Tok' cruzó los brazos, su mirada fija en la estela.

—¿Qué es lo que realmente quieres de nosotros al revelarnos todo esto? Insisto. Todo lo que he dicho es cierto. Nos tienen contra la pared, y tememos lo que pueda venir. Uxwitik debe actuar pronto, si no Ik' Naahb' Nal caerá… y en esa caída, serán arrastrados con nosotros.

La reunión con Uk'ab Wáax había concluido, pero el eco de lo expresado seguía suspendido en el aire. Regresaron en silencio a la estancia que se les había preparado, una amplia sala adornada con textiles finos y delicadas antorchas. Los sirvientes, les obsequiaron una comida sencilla y se retiraron en silencio, dejando a los dos hombres solos en la quietud de la noche.

K'in Nah Taj, sentado en la estera, movía las manos con inquietud, como si intentara ahuyentar el enjambre de pensamientos que se arremolinaban en su mente. Levantó la vista hacia Chan Ik'Tok', quien permanecía de pie junto a la puerta, mirando hacia el cielo estrellado, escrutándolo en busca de señales.

—No puedo dejar de pensar en lo que vimos y oímos —dijo K'in Nah Taj, rompiendo finalmente el silencio—. Esa estela, esas palabras... ¿Si Uk'ab Wáax realmente está diciendo la verdad? Si Calakmul ya tiene a Quiriguá en su poder, nosotros... estamos en una posición peligrosa.

Chan Ik'Tok' no apartó la mirada del cielo, su voz tranquila, tenía un filo cortante.

—La verdad no siempre está en lo que se nos dice. Muchas veces está en lo que se nos oculta. Lo que vimos parece una pieza en un juego mucho más grande, uno que ni tú ni yo controlamos. Esa estela es un mensaje, no solo para Oxte'tuun... También es para nosotros, para Uxwitik. Debemos desentrañar su verdadero significado antes de actuar.

K'in Nah Taj frunció el ceño, su confianza tambaleándose entre la lealtad que sentía hacia su ciudad y las dudas que aquella revelación sembraba en su corazón.

—Si lo que dice Uk'ab Wáax es cierto, entonces el peligro es inminente. Pero... ¿y si es toda una manipulación? —preguntó—. ¿Y si esta es solo una trampa para empujarnos a actuar precipitadamente?

—Es una posibilidad. Y por eso debemos ser cautelosos. No podemos volver con solo rumores y miedos. Necesitamos pruebas, necesitamos certezas. Y, sobre todo, necesitamos entender los verdaderos motivos detrás de estas palabras.

La estancia, impregnada por la suave luz de las lámparas, parecía contener el aliento junto con ellos, mientras los dos hombres permanecían atrapados entre la incertidumbre y el deber, sabiendo que cualquier paso en falso podría desencadenar la caída no solo de Quiriguá, sino de Copán. Chan Ik'Tok' concluyó:

—No lo sé aún. Pero está claro que esta villa ha sido doblegada por Oxte'tuun, por el miedo o por la precaución. Esto está muy velado. Debemos regresar a nuestra ciudad y evaluar la situación, pero no sin antes observar más. Debemos escuchar lo que el pueblo murmura y ver con nuestros propios ojos. Las palabras de Uk'ab Wáax pueden ser ciertas… o pueden ser las de una ciudad que ya ha decidido su destino.

No bien había terminado Chan Ik'Tok' de pronunciar sus últimas palabras cuando un estruendo de pasos rompió la calma de la noche. El sonido se aproximaba con la firmeza inconfundible de guerreros en marcha, y pronto, dos lanceros surgieron de entre las sombras, atravesando las cortinas de la puerta con su presencia imponente. Con ceños fruncidos, brigantinas relucientes y enormes tocados emplumados. Las lanzas brillaron bajo la escasa luz.

Instintivamente, Chan Ik'Tok' y K'in Nah Taj como felinos en un movimiento fluido y sincronizado, se apoderaron de sus propias hachas, preparándose para la defensa. Los músculos tensos, los ojos fijos en los intrusos, cada uno listo para contrarrestar el peligro rápidamente.

Pero antes de que las tensiones estallaran, el lancero principal alzó la mano, la colocó en su hombro e inclinó la cabeza en señal clara de paz y sumisión. El aire pareció detenerse por un momento, mientras el guerrero hablaba.

—El gran rey K'ahk' Tiliw Chan Yopaat, solicita su presencia —dijo respetuosamente—. Como distinguidos enviados de la venerada ciudad alta de Uxwitik, su majestad desea conferenciar con ustedes esta misma noche.

Los copanecos se miraron brevemente, aún con la adrenalina recorriendo sus venas. Relajaron sus posturas, bajando las hachas con cautela. El súbito interés del rey de Quiriguá en recibirlos a una hora tan inusual traía consigo una nueva ráfaga de incertidumbre.

—Guíennos pues —dijo Chan Ik'Tok', con voz firme, mientras los guerreros retrocedían para permitirles el paso—. El significado de esta noche aún no ha sido revelado. —Comentó entre dientes.

Rota la quietud de la noche por la inesperada visita, los enviados de Copán se prepararon para encontrarse cara a cara con el señor de Quiriguá, sabiendo que debían cuidar cada palabra que compartieran.

El rey los recibió con la pompa digna de su estatus. Alrededor de su trono se desplegaban exquisitos arreglos florales, cuyas fragancias llenaban la sala con la dulzura de la selva. La luz de las antorchas, sabiamente colocadas, era perfecta para la ocasión, tan fuertes como para revelar gestos y miradas, pero también lo bastante tenues como para honrar la discreción que el momento exigía.

K'ahk' Tiliw Chan Yopaat, queriéndose hacer ver como el gran señor de Quiriguá se encontraba sentado en su trono, con las piernas cruzadas en una postura de serena autoridad. Vestía con mantos ricamente decorados, y su tocado, con un velado estilo copaneco, resplandecía con plumas vibrantes que reflejaban la luz de las antorchas. Con un leve movimiento de la mano, ordenó a los sirvientes que ofrecieran a sus distinguidos invitados una bebida de cacao finamente preparada. El aroma del brebaje envolvió el ambiente, embriagando los sentidos. Tomaron los vasos con el respeto debido, sabiendo que estaban en presencia de un sajal principal avalado por Waxaklajuun Ub'aah K'awiil, con ínfulas de gran señor.

Tras los protocolos de cortesía, el rey, con la majestad que le caracterizaba, rompió el silencio.

—Mis estimados huéspedes, sé que han sido bien recibidos en mi ciudad y por mi noble consejero Uk'ab Wáax —dijo con voz grave y pausada, mientras sus ojos escrutaban los rostros de aquellos—. Él ha cumplido su deber llevándoles los mensajes que inquietan mi corazón, mensajes que no puedo dejar de compartir con mis hermanos de Uxwitik.

Chan Ik'Tok', con su mirada penetrante, se inclinó levemente en señal de respeto antes de hablar.

—Señor, no dudamos del celo con el que el noble consejero ha transmitido sus pensamientos —dijo, su voz tranquila, en tono de respeto—. Sin embargo, venimos en busca de certezas, y sería un gran honor escuchar de su propia boca aquello que el noble Uk'ab Wáax nos ha revelado. Hemos planteado nuestras dudas, no por desconfianza, sino por la gravedad de lo que hemos oído.

K'in Nah Taj, siempre más impetuoso, se inclinó también, sus ojos con un dejo de desafío.

—Señor, su noble consejero nos ha hablado de las presiones de Oxte'tuun sobre esta ciudad y de los temores que les aquejan. Pero estando aquí necesitamos saber de su voz, cuál es su verdadera posición en este asunto. ¿Es cierto lo que hemos oído? ¿Se han visto forzados a aceptar las demandas de Chiik Naab'?

K'ahk' Tiliw Chan Yopaat se reclinó en su trono, como si meditara sus palabras, el brillo de las antorchas reflejando la solemnidad de su rostro. El silencio que siguió era casi tangible, una pausa cargada de profundo significado, mientras los dos enviados de Copán aguardaban con la máxima atención.

—La verdad es como el agua de un río —expuso el rey lentamente—. A veces fluye limpia y clara, y otras veces se enturbia con las piedras que arrastra en su cauce. Oxte'tuun ha presionado, sí. Pero aún queda en mi corazón la lealtad que siempre he profesado a Uxwitik. Y eso, mis estimados enviados, es algo que deben llevar de vuelta a su ciudad.

Chan Ik'Tok' y K'in Nah Taj se vieron el uno al otro fugazmente, mientras escuchaban las palabras del rey.

—Cada palabra que les ha transmitido Uk'ab Wáax es cierta —dijo finalmente, con un suspiro que pareció desvanecerse en la tenue luz de las antorchas—. He sido obligado, no solo por las amenazas visibles, sino por las sombras que me rodean. La estela que han visto en construcción… —El rey hizo una pausa, como si el mero recuerdo le doliera—: fue esculpida por mis órdenes, pero no por mi voluntad. Es un testimonio de las presiones a que estoy sometido por la dinastía Kaan. De su insistente mano extendida sobre nosotros, que somos parte del reino de Uxwitik. Un recordatorio de que, aún debo mantener a raya a aquellos que desean apoderarse de lo que es nuestro.

Aquellos, sentados frente a él, escuchaban con solemnidad. Sabían que en ese momento el rey no solo estaba hablando de una simple alianza con Calakmul, sino de la supervivencia de su dinastía y del delicado equilibrio que mantenía a Quiriguá libre de ser devorada por los colmillos de la guerra.

—La estela debe levantarse —continuó el rey, su voz más baja, pero firme—, para mostrar que Oxte'tuun ha venido a nosotros no solo como posible aliado, sino como amo en potencia. Sin embargo, no todo está perdido. El destino aún no ha sido sellado. Si el rey, el gran Waxaklajuun Ub'aah K'awiil, se presenta aquí, ante mis gentes, su sola presencia sería un escudo para protegernos de la ambición de Chiik Naab'. Sería una declaración de que seguimos siendo fieles a Uxwitik, y de que la gran ciudad de Calakmul no podrá doblegarme tan fácilmente.

Las palabras del rey se sentían brumosas en los corazones de sus invitados. Ambos comprendían lo que implicaba aquello que K'ahk' Tiliw Chan Yopaat proponía, llevar al gran rey de Copán a Quiriguá, con el riesgo implícito de que dicha invitación pudiera transformarse en una trampa, enredada en las intrigas de Calakmul.

—Señor… —comenzó Chan Ik'Tok´ con cautela—. Entendemos la gravedad de la situación. Hemos protegido a esta ciudad durante generaciones, y sabemos que su lealtad no es una palabra vacía. Pero si el rey Waxaklajuun Ub'aah K'awiil viene hasta aquí, ¿qué garantía tenemos de que Oxte'tuun no aprovechará esa misma señal para urdir algo más oscuro?

—Mi persona da todas las garantías, noble copaneco. Solo hay que tomar decisiones. Pero les aseguro esto, la presencia de su rey es lo único que, al menos por ahora, puede disuadirlos. El poder de Oxte'tuun es grande, pero mayor su respeto por la fuerza de Uxwitik. Si no se presenta, temo que la estela no será lo único que quede tallado en piedra… sino también mi destino y el de mi ciudad —rezumaba dignidad, ofreciendo en su propuesta una prenda de unidad y lealtad—. Para fortalecer nuestra alianza y como reflejo del anhelo que abriga mi corazón en esta delicada circunstancia, he considerado que el momento es propicio para celebrar el ritual del fuego en nuestros altares. Deberá ser presidido por nuestro venerado señor Waxaklajuun Ub'aah K'awiil. Este acto sagrado, destinado a invocar las primeras lluvias del año, será una oda a su propio nombre de K'awiil, símbolo de abundancia, y sellará nuestra alianza en un espacio mítico que trasciende el efímero presente.

Con la frente en alto y la mirada vagando en las imágenes que sus palabras habían instalado en la mente de sus oyentes, el rey deslizó los ojos de soslayo, atento al efecto que surtían en ellos. Su sagacidad confirmó lo que intuía, había capturado las miradas y disuelto las sombras de duda que anidaban en los corazones de sus invitados. Con más seguridad entonces, continuó su arenga.

—Por lo tanto, su presencia en estos ritos es ineludible. Además, —añadió con una leve inclinación de cabeza—, sería para mí un honor jugar con él a la pelota en la escalinata, como símbolo del poder que emana de los dioses del corazón de la tierra, del inframundo, y de nuestra capacidad como monarcas para canalizar dichas fuerzas.

—Mañana realizaré una ceremonia pública para que los dioses y los ancestros nos otorguen su anuencia. Sé —prosiguió, con un tono más grave—, que no necesito recordarles que la presencia del rey de Uxwitik en estos ritos es también una estrategia política para disuadir cualquier intento de agresión por parte de Oxte'tuun.

Más tarde esa noche, mientras reposaba sobre su estera, Chan Ik'Tok' fijaba los ojos en el techo, inmóvil, como si el rigor de sus pensamientos lo mantuviera anclado al suelo. Su mente, una pasta fluida de memorias, parecía tener vida propia, trayendo de forma mágica cada detalle de su pasado al presente. Podía sentir, como si estuvieran ahí con él, la solemnidad del rey, la vastedad imponente de Copán, su encuentro con K'aay Ak'ab Sak Ixik y el momento fortuito en que conoció a K'in Nah Taj, aquel hombre que lo había llevado hasta Uxwitik.

¿Qué propósito tendría todo aquello? Esa pregunta giraba incesante en su mente, como una espiral que lo arrastraba hacia lo desconocido. Su pecho se llenaba de una mezcla de anhelo y confusión. Quería entender, pero la respuesta seguía fuera de su alcance. En ese momento, atrapado entre sus recuerdos y el vacío del futuro, no podía ver más allá de lo que su memoria le ofrecía, como si el mismo tiempo se hubiera detenido para obligarlo a contemplar lo incierto del camino que había de transitar. Su destino.

Al amanecer, la pequeña plaza de Quiriguá se convirtió en el escenario de un evento grandioso. La multitud, compuesta por nobles y ciudadanos, se congregaba en un murmullo expectante.

Los rituales comenzaron con la reverencia que los dioses exigían, mientras el aroma de las aves preciosas, quetzales y guacamayas dadas a las llamas, se elevaba en columnas de humo entrelazadas con plegarias. Los distinguidos enviados de Copán se unieron a los nobles de Quiriguá, rodeados por la vibrante energía de la ceremonia. Cada canto y cada ofrenda eran una muestra de adhesión, un lazo que se tejía entre dos ciudades que, a pesar de sus diferencias, compartían un destino.

A medida que los sacrificios se realizaban, el sacerdote, un hombre de años y sabiduría, condujo al rey y a su esposa a lo más profundo del recinto sagrado. Allí, entre la penumbra y la luz, se prepararon para un autosacrificio. El rey y su esposa ofrecieron su sangre a los dioses, un acto de devoción que prometía fortalecer los lazos con Copán y asegurar que la inminente visita del gran rey Waxaklajuun Ub'aah K'awiil fuera acogida con los mejores augurios.

Con el rito consumado y las energías purificadas, el sacerdote emergió del recinto sagrado, su rostro iluminado por un fervor sagrado. Con voz poderosa y resonante, anunció que el rey de Quiriguá había recibido el mensaje divino. K'ahk' Tiliw Chan

Yopaat, ataviado con prendas que personificaban al dios del maíz, se erguía majestuoso frente a la multitud, símbolo vivo de esperanza y fortaleza.

La danza del rey era un espectáculo que detenía el tiempo, un ritual que convocaba a los dioses y a la tierra misma. Vestido con la parafernalia divina, se movía con una gracia que desafiaba la comprensión. Cada paso era dictado por la voluntad sagrada del dios del maíz. Plumas de quetzal temblaban con cada movimiento, y el jade resplandecía en su atuendo, como hojas vivas del dios encarnado. Al compás de tambores y caracoles, sus pies dibujaban círculos de poder, llamando a la fertilidad y la abundancia que solo la divinidad podía conceder.

El humo sagrado de las ofrendas se elevaba en espirales, envolviendo al rey en un velo místico. Las volutas de copal formaban columnas que conectaban la tierra con los cielos, y a través de ellas, los mortales contemplaban el mundo de los espíritus.

Cuando la danza alcanzó su clímax, el señor se detuvo en el centro del altar, sus brazos alzados al cielo, sus ojos fijos en lo invisible.

El sacerdote con voz estentórea relata a los presentes, lo que vio en el recinto sagrado: —Al quemar el papel sagrado que contenía la sangre del rey y su esposa, de entre las columnas de humo, una serpiente de visión apareció, flotando en el aire con una majestuosidad imposible. De sus fauces abiertas apareció un rostro, una forma que parecía suspendida entre la tierra y el inframundo. Era la cara de aquel que traía el mensaje, la figura de un ancestro, que cruzó el umbral del tiempo para entregar su voluntad.

El silencio cayó sobre la multitud, mientras todos observaban con una mezcla de temor y reverencia. El rey, aún en trance, habló en voz baja, pero clara como el trueno en la distancia:

—He visto el rostro que trae el mensaje. Que su voluntad sea escuchada en la tierra y en los cielos.

En los corazones de todos en la plaza, el aire, pareció vislumbrar presagios, pareció detenerse un instante más antes de que el humo se disolviera, y en él, la imagen de la serpiente y el rostro que portaba el destino que imaginaban dirigiéndose al rey divino. El eco de la danza permanecería en el corazón de cada testigo, como una promesa de tiempos fecundos bajo la protección del sagrado dios del maíz.

—¡Escuchen! —proclamó el rey, su voz retumbó en cada rincón—.Yop Huun, Ajaw Foliado nuestro ancestro común, ha hablado. Solo la visita del gran rey de Uxwitik podrá frenar las ambiciones de la dinastía Kaan, de la poderosa Oxte'tuun. Su llegada será el signo de un nuevo amanecer, el refugio que nos protegerá de la sombra de la guerra.

Las palabras del rey se elevaron en el aire, como un canto de guerra y esperanza. La multitud, enardecida, levantó sus voces en un clamor que hizo temblar las piedras de Quiriguá, sellando un pacto no solo de sangre, sino de un destino compartido, uniendo sus corazones en la promesa de un futuro que, aunque incierto, se vislumbraba posible. Los emisarios de Copán quedaron imbuidos dentro de aquella atmósfera.

La noche anterior, cuando la sesión privada con el rey y los de Copán concluyó, K'ahk' Tiliw Chan Yopaat permaneció solo en su trono, la grandeza del lugar apenas iluminada por la tenue luz de las antorchas que danzaba en las paredes. En ese momento de recogimiento, donde la incertidumbre y el poder se entrelazaban, una figura irrumpió con sigilo de entre las ricas cortinas que adornaban la pared del fondo detrás del trono. Ix Ub'aah Uw.

Sus miradas se encontraron en un cruce de complicidad. Un instante robado al tiempo donde se tejían los hilos de la intriga. La noble, con una leve inclinación de cabeza, expresó su gratitud silenciosa, sus ojos brillando con el destello de la astucia y la confianza. El rey, sintiendo lo relevante de su presencia, sonrió en un gesto que decía más que mil palabras, él también sabía que el elaborado montaje que habían orquestado juntos era solo el preludio de algo mayor.

Ix Ub'aah Uw, en su interior, mantenía la certeza de que la tapa se cerraría al día siguiente en la ceremonia de petición a las deidades, un evento que marcaría el rumbo de su destino y el de su reino, una parodia teatral bien urdida. La noche fresca prometía buenos augurios, su corazón contra el pecho golpeándolo con una mezcla de ansiedad y determinación.

—Mañana —murmuró ella, rompiendo el silencio—, nuestras ambiciones se harán realidad. He visto los ojos de Chan Ik'Tok', está convencido. Ya no hay duda en él, la ceremonia será la confirmación que esperan.

El rey asintió, consciente del delicado equilibrio que ambos debían mantener. Sabía que el sacrificio de su propio bienestar era la piedra angular de sus planes, y en ese oscuro rincón del palacio, los sueños de poder se enlazaron con los designios de los dioses.

En Copán, el consejo se congrega. Chan Ik'Tok', K'in Nah Taj e Itzamná Yohl se mantienen cerca del trono, conscientes de la vibrante tensión que se cierne en el aire.

El rey, con su porte imponente, despidió a los administradores que habían presentado los recuentos de los tributos. Los ecos de sus informes se desvanecieron, y el salón se llenó de un silencio expectante. Era el momento de desvelar los secretos que llevaban consigo, el momento de compartir lo que habían presenciado en tierras vecinas.

Con un gesto firme, Chan Ik'Tok' rompió el silencio. Su voz se escuchó diáfana, sin titubeos. Relató lo ocurrido en Quiriguá, el encuentro privado con el rey de esa ciudad, donde las sombras de la intriga se tejían entre palabras de poder. Habló de la estela mandada erigir por Calakmul, un monumento que atestiguaba las alianzas y los temores que permeaban la región.

—Y lo más importante —prosiguió—, fue la ceremonia en la que se hizo presente nuestro ancestro común, Yop Huun Ajaw. En él, se reveló la voluntad de los dioses, es imperativo que usted, mi amado rey esté presente en Ik' Naahb' Nal, para la ceremonia del fuego y aplacar las ambiciones de la decadente Calakmul que patalea como fiera herida.

El rey asintió, su mente navegando entre las implicaciones de tal decisión. Sabía que su presencia no solo significaría un gesto de fuerza, sino también un riesgo calculado que podría cambiar el rumbo de su dinastía. En ese momento, mientras sus pensamientos se reordenaban dentro de su cabeza, comprendió que el futuro de Copán dependía de la valentía que él, como líder, debía exhibir ante el inminente desafío.

Expresó sus ansias de escuchar un poema de esos que Chan Ik'Tok' componía y eran su recreación y deleite antes de ir a su estancia a descansar.

Éste con una reverencia que emanaba respeto y humildad, miró al rey a los ojos, reconociendo la magnitud del momento.

—Por supuesto, venerado Ajaw —respondió con voz clara y decidida—. Escuche este que tengo a mano.

Las palabras fluyeron de sus labios con una mezcla de emoción y solemnidad, mientras su corazón sintonizaba con un sentimiento de creciente anticipación. De cercanos presagios. En su mente, el poema se transformaba en un puente que conectaba su espíritu con el del rey, uniendo sus destinos en un indisoluble instante. Se sintió inspirado, instándolo a compartir su creación en un escenario de íntima adhesión.

Ix K'ahk, ix che', ix ha', ix ixim.	Eres Agua, árbol, fuego, maíz.
Ba'ax k'uchul ti' le winik	¿Qué posa en el alma del hombre,
Ma' k'ex junp'éel k'iin,	que ni un día altera su curso,
Wa junp'éel wa'.	o quizá... es solo otro día más?

Su voz tiembla como la brisa entre las hojas, cada palabra fluye como un río sagrado. Mientras el rey observa, su mirada perdida imaginando cada palabra, persiguiendo cada figura magistralmente urdida por el pincel del autor.

Ichil jun k'iin, k'expajach le ha',	En un solo día, se turbó el agua,
K'expajach le k'in,	Se turbó el sol,
K'expajach le ik'.	Se turbó el viento.

Con un susurro profundo, sus ojos centellean, ardientes de fervor, la emoción en su voz truena como un tambor, y el rey, absorto, escucha su anhelo sincero.

Ba'ax k'uchul ti' le winik	¿Qué posa en el alma del hombre?
Ch'a'uk tumen le k'am,	Golpeado por el destino,
U pach'tal tumen le kam.	Ceñido por la muerte.

Cada sonido se desliza como un rocío dorado, su tono se eleva, flameando en el aire, en cada pausa, el silencio se espesa, y el rey siente lo trascendente de su esencia sagrada.

Ka'antaj, winik,	Escucha, hombre,
Che'e k'u ti' le kux,	Pues ahí está el dolor,
Che'e k'u ti' le k'ux,	Pues ahí está la herida,
Che'e k'u ti' le k'ux.	Pues ahí…está la herida.

Al concluir su canto, una brisa se levanta, las antorchas vacilan, se oscurece el recinto fugazmente. Nunca un silencio tan incómodo se había hecho entre ellos.

Chan Ik'Tok', sintiendo el profundo significado de ese momento, se vio transportado a su infancia, recordando el sueño fatídico que había dejado una huella indeleble en su ser. Rememoró aquel tablero de patolli, en el que un joven iluso había jugado el papel de un rey en su imaginación desbordante, un papel que ahora se sentía burdo y distante. Pero al volver a contemplar su poema, un abismo se abrió ante él.

Sintió cosquillas en el estómago, parecidas a la caída libre de sus aventuras de niño, cuando se lanzaba al río desde la rama más alta, desafiando al peligro y abrazando la emoción. Sin embargo, allí, ahora, no era el ardor de la diversión lo que lo invadía, sino un frío premonitorio que le recorría la piel y el cuerpo, una punzada que le advertía sobre el porvenir.

Las palabras del poema cobraron un nuevo sentido, y la conexión con su rey se tornó intensa y abrumadora. En ese instante, comprendió que el pasado y el futuro se entrelazaban, y que lo compartido llevaba consigo un signo de su destino. La fragilidad de ese momento lo envolvía, haciéndolo sentir tanto la grandeza de la ocasión como la inquietante sombra de lo desconocido que se cernía sobre él.

Se imaginó a sí mismo, ante el rey, con el corazón agitado y las palabras enredadas en la garganta, formulando la frase que había rondado su mente en tantas noches de insomnio. ¿Está cansado, mi adorado rey? comenzaría, con la voz temblorosa, como si cada sílaba estuviera impregnada de su angustia. Pero debo contarle algo que, cuando niño, soñé, vi su sacrificio. Vi su muerte.

En su mente, la visión del sueño se desplegaba vívida y espantosa. La oscuridad lo envolvía, gritos desgarradores ensordecían sus oídos, el fuego danzaba a su alrededor, voraz y hambriento, hasta que, finalmente, todo se desvanecía en un abismo de silencio. Y luego... nada. Un escalofrío recorrió su espina dorsal ante la crudeza de esa imagen.

Se armó de valor, dispuesto a abrir la boca y compartir con el rey las sombrías advertencias que aún latían en su memoria, nacidas de aquella pesadilla infantil que nunca lo había abandonado. Sin embargo, justo cuando las palabras comenzaban a formarse en su mente, los sirvientes y guardianes del Ajaw irrumpieron, anunciando que era hora de escoltarlo hacia su descanso.

¿Por qué aquel momento crucial, esa oportunidad para revelar lo acuciante, se esfumaba? No lo sabía, pero al intentar hallar respuesta, el miedo se hizo presente de nuevo como un tirón violento y doloroso en su vientre, una fuerza primitiva que le recordaba que el tiempo, aunque ineludible, podía ser un enemigo tan cruel como el destino mismo.

En lugar de revelar la sombra que se cernía sobre el rey, se dejó llevar por la esperanza de que tal vez habría más oportunidades para confesar ese sueño, ese oscuro presagio que lo acechaba. La fragilidad de la verdad se le antojó una carga demasiado grande para soportar en aquel instante, y el temor a alterar de nuevo el destino que lo unía al rey lo mantuvo en silencio, prisionero de su propia premonición.

El rey, rompiendo el tenso silencio que había llenado la estancia, dirigió su mirada hacia Chan Ik'Tok', deseando desviar la conversación hacia un tema más constructivo, antes de salir.

—¿Y qué hay de los avances en el nuevo juego de pelota, que se erigirá cerca de la escalinata? —preguntó con un tono que reflejaba su anticipación.

—Sagrado Señor, todo está listo. Mañana le mostraré el diseño, un proyecto que se ajusta a sus gustos arquitectónicos refinados.

Una chispa de entusiasmo iluminó su rostro mientras continuaba, con el ardor de un artista ante su obra maestra.

—Para optimizar nuestros recursos, seguiremos la venerable tradición de utilizar los restos del actual juego. Esos fragmentos, portadores de historia, serán transformados en espolios para construir el nuevo. Así, el nuevo juego será un testimonio de nuestra continuidad y respeto por los ancestros y por lo que hemos construido en el pasado.

El rey, con una determinación serena en su voz, cerró aquella jornada con las palabras que sellarían el destino de los días futuros. Palabras que marcarán a fuego el resto de la existencia de Chan Ik'Tok'.

—En cuanto mi viaje a Quiriguá, sólo en ti confiaré. Eres la única persona a quien puedo encomendar esta misión.

La mirada del rey anciano se hizo intensa, como si buscara en los ojos de su consejero un reflejo de la misma certeza que ardía en su interior.

—Te encomendaré los preparativos necesarios. Partiré solo después de haber dado vida a mi obra divina, esa construcción en la que el espacio infra mundano se entrelaza con la lucha del sol por la vida y el movimiento, donde los valientes Pitzil'ob juegan con la energía de su existencia.

Con un gesto firme, el rey subrayó la magnitud de la tarea.

—La misma confianza que deposito en ti para esta misión es la que sustenta nuestro destino. Sé que podrás navegar por las corrientes inciertas de esta alianza y devolvernos noticias que iluminen nuestro camino.

Chan Ik'Tok' sintió aquellas palabras como un pastoso atol que se atascaba en su garganta antes de alcanzar su estómago. La entereza y confianza del rey avivaban en él un sentimiento punzante de traición por no haberle advertido sobre su sueño premonitorio. Al mismo tiempo, sus defensas flaqueaban ante la fuerza de aquellas palabras, dándoles el poder para conjurar su propio peligro, como si en ellas pudiera encontrar refugio, o al menos el consuelo de autoconvencerse de que su propio temor no tenía fundamento.

En la parte más al norte del dominio de Copán, donde el río Motagua, con su paso paciente y eterno, casi se rinde al abrazo del mar, Chan Ik'Tok' escondía un proyecto que ni siquiera su más fiel amigo, K'in Nah Taj, conocía. En ese rincón alejado de miradas inquisidoras, había creado una escuela de ceramistas. Pero no era una escuela común, ni los propósitos que la animaban eran evidentes para el ojo inexperto.

Con la mente siempre enredada en planes y visiones, había dado un giro a la tradición ancestral. Mientras otros nobles se ocupaban de tallar su legado en piedra, él, con una audacia discreta, buscaba esculpir algo más profundo, el alma de los plebeyos. En sus manos, el barro, humilde y terroso, se transformaba en un lenguaje silencioso, un canal para dar voz a quienes no la tenían.

Con paciencia y maestría, enseñaba a campesinos, artesanos y plebeyos no solo a moldear la arcilla en formas sublimes, sino también a impregnarla de conocimiento. En aquellos talleres escondidos, los mejores moldes nacían bajo su supervisión. El barro era trabajado con devoción, los engobes, esas capas finas que daban color y textura, eran cuidadosamente adheridos a la superficie como si se tratara de piel nueva. Pero el verdadero arte no residía solo en la belleza de los vasos que producían, sino en lo que esos objetos significaban.

Chan Ik'Tok' había hallado la manera de popularizar la escritura, no la escritura reservada a los dioses y a los gobernantes, sino una que los campesinos, los hombres y mujeres del campo, pudieran entender. Los signos que antes eran el privilegio de la élite se convertían en un código accesible, y los vasos que salían de su escuela, finamente decorados, llevaban en sus superficies el lenguaje de los pobres. Símbolos nuevos, gestados con el barro, hechos para transcribir la vida diaria, el trabajo de las milpas, las canciones al maíz, los nacimientos y las muertes.

Así, creyendo no levantar sospechas, sembraba algo más duradero que los monumentos de piedra. Una revolución sutil, donde el poder del saber comenzaba a deslizarse hacia las manos callosas, acostumbradas a la tierra. Cada vaso que salía de su escuela era una pequeña rebelión, un paso más hacia un mundo donde los más humildes podían plasmar en palabras escritas aquello que antes solo podía ser contado con susurros o suspiros. Con la técnica del moldeado y tallado, se masificaron los objetos artísticos y empezaron a llegar a muchos rincones del vasto dominio.

La luz del amanecer bañaba los templos de Copán con un resplandor dorado. Las sombras de las estelas se proyectaban largas sobre las plazas, mientras el pueblo comenzaba sus actividades bajo el calor creciente del día. En la corte, los altos nobles ya habían tomado sus lugares, esperando la llegada del gran rey Waxaklajuun Ub'aah K'awiil.

Chan Ik'Tok', avanzaba con paso firme pero humilde hacia el centro del salón real. Sobre sus hombros, llevaba una cesta cuidadosamente atada, dentro de la cual se hallaban las obras que había moldeado con esmero, dedicadas al soberano. Las vasijas, pulidas como el jade más fino, reflejaban no solo la dedicación del artesano, sino también hechos míticos, así como la historia y el poder de la dinastía.

Ante el trono de piedra donde el rey lo aguardaba, Chan Ik'Tok' se detuvo y, arrodillándose, habló con voz suave pero firme.

—Mi señor, con humildad le presento estas vasijas. He dedicado mi esfuerzo en crearlas para que su nombre y su gloria trasciendan nuestras fronteras. Que su poder, fuerza y sabiduría sean reconocidos en cada lugar donde lleguen.

El rey, cuyos ojos contemplaban las ofrendas con detenimiento, alzó una mano para que se acercara más. Las vasijas eran de un estilo que pocos habían visto en la corte, bellamente moldeadas en estilo pabellón, talladas con finos glifos que representaban las hazañas del Ajaw y las divinidades que lo protegían.

El rey tomó una de las piezas entre sus manos. El peso era el justo, la textura suave bajo sus dedos. Cada línea en la cerámica, perfecta. Sus ojos, brillando admirados, se volvieron hacia el autor.

—Has creado algo digno de los dioses —dijo el rey con voz profunda, sus palabras llenas de aprobación—. Pero dime, ¿cómo esperas que se difunda mi nombre a través de estas piezas?

—Mi señor, cada una de estas vasijas ha sido moldeada no solo para llevar su imagen, sino también su palabra. Serán enviadas a los cuatro rincones del dominio, a Chalchuapa, a Cerén, a Quiriguá, así como también a Tikal, a Lakam Ha', a la misma Calakmul y más allá, hacia el este a las tierras de los Lencas. Cada pueblo que las reciba sabrá que Uxwitik los protege y que su Ajaw es invencible, con un nombre que nunca será olvidado.

El rey, profundamente complacido, hizo una pausa, dejando que el silencio resonara en la cámara. Finalmente, habló con determinación:

—Se hará como dices. Las vasijas serán enviadas como ofrendas a los grandes templos de las ciudades más poderosas, y los nombres de Uxwitik y de su Ajaw serán escuchados en todos los pueblos bajo nuestro poder.

Así, una gran campaña fue lanzada. Las vasijas de Chan Ik'Tok' fueron entregadas en ceremonias solemnes en Chalchuapa, donde los sacerdotes las colocaron entre las ofrendas a Itzamná, el dios supremo. En Quiriguá, los líderes locales contemplaron con asombro la precisión de los glifos que narraban las conquistas de Waxaklajuun Ub'aah K'awiil. En Tikal, Palenque y Calakmul, las piezas fueron recibidas con respeto y una mezcla de recelo y admiración.

Pero mientras el nombre del Ajaw se extendía como el fuego, Chan Ik'Tok' veía cumplido su propio propósito oculto. Había logrado difundir algo más que las hazañas de su rey, había plantado las semillas de la palabra escrita en cada rincón del reino.

Un día, tras el regreso de los emisarios que llevaban las ofrendas a los rincones más lejanos, el ajaw llamó a Chan Ik'Tok' de nuevo a su presencia.

—Mi nombre ha sido grabado en la memoria de todos los pueblos bajo mi mandato —dijo haciendo un guiño al autor—. Pero también he oído hablar de tu escuela, y de cómo tus enseñanzas están floreciendo más allá de nuestras tierras. No solo mis conquistas, sino tu arte ha cruzado fronteras.

—Mi señor, tu gloria es la que ha abierto los caminos —respondió sin poder ocultar su sorpresa y avergonzado—. Yo solo he seguido las huellas que dejaste en ellos.

El rey esbozó una ligera sonrisa, un gesto casi imperceptible que bastó para sellar su confianza en el cómplice. Con un suave carraspeo, cortó la atmósfera, desviando la reunión hacia su verdadero propósito, velado hasta ese instante. El nuevo monumento.

—Mi señor —comenzó Chan Ik'Tok' con la voz serena y solemne—, el nuevo campo de pelota, que tú has ordenado en honor a los dioses y a la gloria de tu linaje, avanza como el maíz tras las lluvias, creciendo en esplendor y majestad. Las piedras de sus plataformas se alzan como montañas sagradas, coronadas por cabezas de guacamayas, símbolo de luz y poder divino. Estas criaturas, con sus ojos de jade, garantizan que este espacio es un portal hacia los dioses.

El rey inclinó levemente la cabeza, mostrando interés. Chan Ik'Tok', en su gesto característico, trazó el aire con las manos, pintando la imagen para la corte.

—Los taludes —continuó—, inclinados con suma precisión, suben en ángulos perfectos. En lo alto, las plataformas aguardan, imponentes, listas para recibir a los sacerdotes y nobles que contemplarán el juego, tal como observan los astros moverse en el firmamento. En las fachadas de estos templos dieciséis guacamayas enviadas del sol descienden volando, ocho en el templo oeste y ocho en el templo este. Las piedras desnudas, en tonos grises y blancos, se combinan con el rojo vibrante que será aplicado a los muros y taludes, un rojo que recuerda la sangre de los héroes que ofrendaron sus vidas en los sagrados campos. Un color que resplandece bajo el sol como la sangre misma de los sacrificios.

El rey asintió y murmullos de admiración llenaron la sala. Chan Ik'Tok', consciente de que todos estaban bajo el hechizo de sus palabras, prosiguió con su voz rebosando reverencia.

—En el centro del campo —dijo, señalando al vacío como si lo viera ante él—, verán los marcadores de piedra decorados con imágenes y glifos que representan aspectos de la mitología y la historia, simbolizando la conexión entre el juego y el mundo espiritual. Serán recordatorios de la importancia del juego como un ritual sagrado, vinculado con la fertilidad, la vida y la muerte. Cada uno ha sido esculpido con figuras que representan los ciclos del tiempo y los movimientos de los cielos. Los glifos que adornan sus contornos cuentan historias de los ajawtaak que, como tú, han honrado a los dioses con su fuerza y destreza. En el marcador central la inscripción sagrada revelará: Wak Mih Ajaw Ub'aah Waxaklajuun Ub'aah K'awiil. Su rostro es el dios del cero. Se observará la mano reposando en su mandíbula, personificando la esencia de la deidad. Este gesto simbolizará la totalidad primordial, el origen latente del cosmos y el vasto potencial que reside en su interior. Además, manifestará el poder supremo que usted, venerado señor, ejerce sobre los dominios del inframundo. Cuando el juego comience, y la pelota inicie su movimiento sin fin, los dioses encarnarán volviendo ese espacio un telar tramado de presente, pasado y futuro. Un espacio tiempo mítico que concentra el cosmos.

Waxaklajuun Ub'aah K'awiil observó a Chan Ik'Tok' con orgullo. En los rostros de los presentes, el asombro era evidente. El campo de pelota, aún en remodelación, ya parecía cobrar vida en sus mentes.

—Y cuando el sol comience a ocultarse —continuó, su tono bajando ligeramente, pero con la misma solemnidad—, el crepúsculo bañará las piedras de la plaza de pelota, haciendo que las cabezas de guacamaya brillen como llamas en la penumbra, mostrando un espectáculo espiritual. Los astros en el silencio del cielo trazarán su mensaje en una danza sagrada. Cada movimiento celestial, una melodía cósmica que revelará los designios ocultos en el firmamento reafirmando su autoridad sagrada sobre el tiempo, mientras nuestras almas se entrelazan con el ritmo eterno del universo. Bajo esa luz sagrada, el campo mismo será un templo viviente, dedicado al sacrificio, a la vida y la muerte.

El silencio se apoderó de la sala. Aquellas palabras habían hecho eco en todos los presentes, desde los altos nobles hasta los más humildes sirvientes. El rey, impresionado, levantó la mano lentamente en señal de aprobación.

—Has hablado bien, Chan Ik'Tok' —dijo con voz firme—. Tu visión es grandiosa, digna de los dioses que nos guían. El campo de pelota será la joya de nuestra ciudad, y tú, su artífice.

Chan Ik'Tok' inclinó la cabeza, satisfecho. Sabía que la obra no solo sería un monumento a los dioses y a la gloria de Copán, como un reflejo de su propio arte y visión, basado en el refinamiento estilístico del rey.

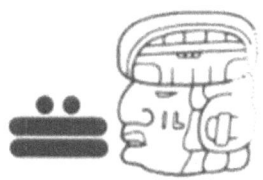

MI DESTIERRO ES LA OFRENDA

Habiendo ofrecido los sacrificios rituales, la esencia de los elegidos se elevó, convirtiéndose en un susurro sagrado en el aire, en vida que ahora formaba parte de las conmemoraciones del ritual del tiempo, recreado en el espacio sagrado de la cancha de pelota. En ese mismo espacio sagrado, el rey, con un semblante de profundo regocijo, se preparó para el ritual inaugural, revestido en el majestuoso atuendo del jugador mítico, Jun Ajaw, quien había vencido a los temidos señores de Xibalbá el mítico Mih Nal.

Los cuerpos sacrificados, elevados a la más alta reverencia en su tránsito final, fueron tratados con un cuidado divino. Sus cenizas se mezclaron con la goma, para vulcanizar la majestuosa pelota ceremonial. Ahora vuelta el sol en su eterno movimiento por el firmamento. En su interior, conteniendo las almas de los ofrendados, convertidos en númenes celestiales, perpetuando el ciclo de vida y muerte mediante su sangre, ofrecida como un vínculo sagrado entre los hombres y los dioses.

Así, con cada golpe resonante de la pelota, el tiempo se desdoblaba, y la cuarta era se inauguraba en un instante crucial, un momento místico que había comenzado en aquel legendario 13 de agosto de 3114 a.c., (0.0.0.0.0, 4 Ajaw 8 Kumk'u), que se revivía en el campo, ese día, (9.15.6.8.11. 8 Chuen 14 Kayab) 6 de enero de 738 d.C. en el que el rey fue el axis mundi. Fue un nuevo amanecer, un ciclo renovado que conectó el pasado, el presente y el futuro, entrelazando las vidas de los mortales con los designios de los dioses.

Esa noche, el firmamento se transformó en un lienzo celestial, pintado con los matices dorados del ocaso y la promesa de los astros.

Los ojos de propios y extraños se alzaron hacia el cielo, cautivados por un espectáculo que desbordaba la magnificencia de lo divino.

Con el sol deslizando su último rayo, el rey, majestuoso en su atuendo ceremonial, se posaba en el centro de la cancha, su figura iluminada por el fulgor moribundo de la luz solar. Toda la ciudad comenzó a despertar bajo el manto de la noche. Como estrellas terrenales, las antorchas ceremoniales fueron encendiéndose una a una, tejiendo una armoniosa red de resplandores que envolvía a la gran urbe. Sus llamas danzaban al viento, iluminando templos, plazas y caminos, hasta que la ciudad entera brilló bajo una luz sagrada. Los dioses mismos presentes para contemplar su creación.

—¡Escuchen! —proclamó, su voz tronando con la autoridad de los antiguos. —Esta noche invocamos a nuestros dioses, quienes, desde el inframundo y el cielo, contemplan nuestras almas y nuestros destinos.

Más sacrificios se llevaron a cabo después del juego inaugural, cada ofrenda entregada al fuego con reverencia, cada rito una súplica ferviente, un puente entre el mundo terrenal y el sagrado. Los cuerpos sacrificados de los jugadores de pelota, los Pitzil'ob, cautivos tomados durante la incursión comandada por el propio rey, fueron elevados al cielo, transfigurados en luminarias eternas que ahora vigilan desde el firmamento. Los sacerdotes, vestidos con túnicas de resplandor, danzaban al compás de tambores que pulsaban como el corazón del cosmos. Los inmensos y espléndidos incensarios exhalaban columnas de humo perfumado que se elevaban en espirales hacia el cielo, ofrendas etéreas, alimentando a los dioses que moraban en las imponentes edificaciones que coronaban las plataformas oriental y occidental de la sagrada cancha. El aire se impregnaba de ese aroma divino, un susurro fragante que conectaba a los mortales con el reino celestial, mientras los espíritus de los dioses encarnaban para contemplar el ritual.

Los tambores cesaron. Las luminarias se apagaron. El cielo refulgió de colores y pústulas luminosas. Un silencio unísono, como sólo suena el silencio más profundo, se hizo en todos al contemplar tal suntuosidad. Como un rayo una voz irrumpió devolviendo a los participantes al presente.

—¡Observen! —exclamó el sacerdote, con sus ojos fijos en el cielo—. Chak Ek', aparece en su máxima elongación de estrella vespertina, desciende en el ocaso, como un brillante símbolo de renovación. ¡La danza del tiempo comienza!

Y, efectivamente, a medida que la oscuridad se asentaba, Venus se encendió imponente casi al centro del cielo, descendiendo hacia el oeste, su luz radiante compitiendo con la de las antorchas. La multitud contuvo el aliento mientras el resplandor de la estrella crecía, inusualmente, como si hubiera absorbido el brillo del mismo sol.

—¡Ah! —murmuró un astrónomo, extasiado—. La conjunción es perfecta. ¡Contemplen! Chak Ek' y K'ahk'al Ek' se entrelazan en un abrazo cósmico, y así danzarán en el cielo por varias horas, una obra maestra del universo.

Los murmullos de asombro se propagaron entre los asistentes. Venus y Marte en perfecta conjunción.

—Este es un signo de los dioses —declaró el rey, su voz impregnada de fervor—. La fuerza de nuestros sacrificios se refleja en la grandeza del cielo. Xux Ek' desciende vertiginosa, ya no como portadora de malos presagios, sino como un augurio de fertilidad y abundancia. Su abrazo celestial con K'ahk'al Ek' ha disipado su influjo maligno, y todo ello ha sido posible gracias a mi dominio sobre el tiempo. La obra que hoy hemos gestado no solo trasciende nuestro momento, sino que quedará inscrita en la memoria de las generaciones venideras, pues lleva el sello inconfundible de la voluntad divina.

Y en ese instante, mientras Mercurio asomaba en el oeste por unos momentos antes de ocultarse, la multitud elevó sus voces en un canto de alabanza, uniendo sus corazones en un concierto de esperanza y reverencia hacia el rey, atribuyéndole a su poder, la respuesta de los cielos.

—El cielo habla con claridad —dijo Chan Ik'Tok', su mirada fija en la unión celestial—. La divinidad de nuestro rey y de esta obra resplandece con los augurios más claros. Copán florecerá bajo su luz.

Así, bajo el manto estrellado de una noche inolvidable, la tierra y el cielo se unieron en un pacto sagrado, tejiendo la historia de un pueblo que miraba hacia el futuro, guiado por las luces eternas que adornaban el firmamento.

La cancha, impregnada de historia y sacrificio, se convirtió en un escenario donde el tiempo mismo parecía cobrar vida, invitando a todos los presentes a ser parte de una narrativa sagrada que continuaría viva en los corazones del pueblo.

La obra que Waxaklajuun Ub'aah K'awiil legó a la posteridad, nació bajo cielos que parecían estampar augurios favorables. En su esplendor, se alzó como testimonio de la grandeza del rey y su pueblo, un monumento destinado a desafiar el tiempo. Sin embargo, bajo aquel boato, se gestaba, en silencio, el preludio de eventos que harían tambalear los cimientos de la orgullosa Uxwitik.

Esa misma noche, en Quiriguá, el rey, rodeado de sacerdotes y nobles, alzó sus plegarias a los dioses en gratitud por las señales celestes. Nunca los augurios habían sido tan propicios, y a la luz trémula de las antorchas, sus rostros reflejaban una mezcla de asombro y expectativa. Las estrellas parecían haber tejido su destino con hilos de certeza, y en el esplendor de aquella oscuridad sagrada, todos comprendieron que el momento esperado había llegado. Copán y su rey ya estaban marcados por la voluntad divina.

Chan Ik'Tok' emprendió el rumbo hacia Quiriguá, adjudicándose la delicada misión de asegurar cada detalle del inminente viaje de su rey a esas tierras. Los meses que habían transcurrido desde la reunión con el astuto K'ahk' Tiliw Chan Yopaat habían sido tensos, pero la paz se mantenía, como una cuerda estirada al límite, debido al frío equilibrio diplomático que se había establecido con Calakmul. Ik' Naahb' Nal, bajo la mano habilidosa de su rey, había levantado la majestuosa estela, un monumento que era tanto una ofrenda a los dioses como una declaración política.

Quiriguá aún tributaba con fidelidad a Copán, reafirmando su lealtad con cada ofrenda entregada. Sin embargo, lo que más apaciguaba la inquietud de la corte de Uxwitik era la certeza de que Calakmul, con toda su imponente influencia, no tendría representación alguna en la inminente visita del rey de Copán. Representación no, influencia tal vez. Esta ausencia había sembrado un aire de confianza entre los consejeros, quienes interpretaban el gesto como una clara confirmación de la sumisión inquebrantable de Quiriguá.

La tarea de Chan Ik'Tok' era clara, desentrañar los hilos invisibles que pudieran tejerse en las relaciones entre Quiriguá, Copán y Calakmul. Por lo que él, como emisario y estratega, debía navegar las aguas turbias de la política con la misma habilidad de un astrónomo leyendo los movimientos de los cielos.

En la sala oscura apenas iluminada por pequeñas antorchas, Chan Ik'Tok' se encontraba reunido con un círculo selecto de guerreros, nobles y cortesanos de Quiriguá. La expectación se palpaba en el ambiente, pues los días del viaje del gran rey de Copán se acercaban, y cada detalle debía ser meticulosamente planeado para garantizar su seguridad y la estabilidad política entre Copán y Quiriguá. Las conversaciones fluían, impregnadas de cautela y diplomacia.

—El primer día —comenzó Chan Ik'Tok', su voz era grave y firme—, la comitiva de Copán viajará sola. Únicamente los guerreros de nuestro reino escoltarán al rey. Sabemos que su cuerpo ya no es el de antaño, pues a sus más de sesenta y cinco años, habiendo rebasado el tercer K'atun, su fragilidad nos obliga a extremar las precauciones.

Uk'ab Wáax, asintió con solemnidad, comprendiendo la importancia de la seguridad del soberano de Copán.

—¿Y al segundo día? —preguntó, inclinándose levemente—. ¿Permanecerán aún separados de nuestras fuerzas?

—Así será —respondió Chan Ik'Tok'—. El segundo día la comitiva continuará bajo la protección exclusiva de los guerreros de Copán. Queremos evitar cualquier malentendido que sugiera desconfianza entre nuestros pueblos. Hasta ese momento, nuestros guerreros seguirán siendo los únicos responsables de la seguridad de Waxaklajuun Ub'aah K'awiil.

Hubo un breve murmullo entre los cortesanos de Quiriguá, comprendían las implicaciones diplomáticas de cada movimiento en este viaje.

—Y en el tercer día —prosiguió Chan Ik'Tok', su tono más calculado—, llegará el momento en que los guardias y guerreros de Ik' Naahb' Nal, y de Uxwitik asumirán el control. Lo hacemos por un símbolo de paz, pues no queremos que Oxte'tuun, siempre observando en las sombras, malinterprete nuestra posición, es lógico pensar que, si un contingente armado se aproxima a las fronteras, no será para propósitos pacíficos. Por eso propongo un acto significativo, los guerreros de Quiriguá depondrán sus armas y las dejarán bajo la custodia de nobles.

Uk'ab Wáax levantó una ceja, interesado por la estrategia diplomática.

—Es un gesto audaz, Chan Ik'Tok'. Sabes bien que un guerrero maya nunca se desprende de su arma. Pero ¿qué te parece si elevamos aún más el nivel de este acto de paz? Propongo que no sólo entreguen las armas, sino que las lanzas sean quebradas, un símbolo inequívoco de completa rendición.

Este rito, reservado para momentos de total sumisión, se realizaba frente al cautivo como el último acto de derrota. Ante una propuesta tan osada, el noble contuvo la respiración, ansioso como un pescador que observa el anzuelo, esperando que la presa muerda la carnada. Deseaba que los emisarios de Copán abandonaran toda sospecha y abrieran de par en par sus corazones y espíritus a una confianza desmedida.

—Es un acto extremo —respondió Chan Ik'Tok' tras una pausa cautelosa, meditando cada palabra—. Me parece que roza el exceso. Sin embargo, también lo veo como un gesto poderoso, una demostración de confianza absoluta. —Tras una meditación profunda respondió—: Qué así sea entonces.

El noble de Quiriguá respiró aliviado, ocultando su satisfacción por aquel logro. En tanto que uno de los cortesanos de Quiriguá, de rostro severo, tomó la palabra rápidamente.

—¿Y quiénes acompañarán la comitiva después de ese gesto de desarme? No podemos dejar todo al azar.

Chan Ik'Tok' lo miró con calma, como si hubiera anticipado la pregunta.

—Desde ese punto, solo los nobles y cortesanos de Copán seguirán acompañando al rey —dijo, con voz serena—. Los estandartes de nuestros dioses tutelares, llevados por los nobles designados, serán nuestra única compañía. Los porteadores de alimentos, así como los que transporten los tronos y palanquines, formarán el resto del cortejo. Será un despliegue de respeto y reverencia, no de poder militar.

Hubo un asentimiento general, pero Uk'ab Wáax frunció ligeramente el ceño.

—¿Y qué del último día antes de llegar a Ik' Naahb' Nal?

Chan Ik'Tok' esbozó una pequeña sonrisa, asegurando la hospitalidad debida a su rey como monarca absoluto de estas tierras.

—La víspera de nuestra llegada, acamparemos junto a las orillas del río Motagua. Allí, Ik' Naahb' Nal desplegará todo su esplendor para recibirnos, cortesanas, cortesanos y sirvientes nos atenderán con esmero. Nada será dejado al azar. Cada detalle estará diseñado para honrar al soberano de este reino —pronunció estas últimas palabras con deliberada lentitud y un énfasis calculado, —y para demostrar su buena voluntad.

Uk'ab Wáax se inclinó, satisfecho, mientras los demás cortesanos intercambiaban miradas de aprobación. El plan era impecable, diseñado para asegurar tanto la paz como la grandeza de ambos sitios. Y en ese momento, bajo el humo sagrado de los incensarios, Chan Ik'Tok' se dio cuenta de que el viaje no solo marcaría un encuentro entre reyes, sino el destino mismo de Copán y Quiriguá, sospechando que sería bajo el ojo atento de Calakmul. Con los nobles exultantes, creyendo el trato sellado, él intervino, sosegando los ánimos y lanzando un ultimátum a Quiriguá.

—Es imprescindible, para reafirmar la voluntad de concordia y demostrar su fidelidad a Uxwitik, que se nos entregue a Ix Ub'aah Uw. Su influencia ha instigado a nobles de Copán y a guerreros de Oxte'tuun en contra de nuestro reino, causando un daño incalculable a nuestra ciudad y a nuestro pueblo.

Chan Ik'Tok' dejó caer estas palabras con la precisión de un cuchillo que corta en silencio, tomando a los nobles de Quiriguá completamente desprevenidos. Ningún gesto o murmullo podía ocultar el impacto de aquella demanda. Jamás habrían imaginado que una solicitud con tal nivel de exigencia sería pronunciada en ese lugar, y mucho menos en relación con aquella mujer cuya relevancia superaba cualquier expectativa.

—Yo mismo comandé la operación que la sorprendió en el preciso acto de conspirar junto con el traidor. Sus maquinaciones no solo provocaron un daño irreparable a Uxwitik, al rey y a su linaje, sino que también hicieron tambalear la estabilidad que tanto nos ha costado preservar. Por ello, exijo que sea traída a mi presencia de inmediato.

Las palabras, dichas con la firmeza de quien no admite réplica, se alzaron como una sentencia inapelable. La autoridad en el tono de Chan Ik'Tok' no dejaba espacio para dudas ni dilaciones. Cada sílaba como una pedrada en la frente, reclamando justicia con la urgencia de una herida abierta.

Uk'ab Wáax dio un paso al frente, su rostro marcado por una expresión de profunda aflicción, mientras su voz, teñida de pesar, se dirigía al impaciente interlocutor.

—Oh, gran señor, ella no logró sobrevivir a la refriega que mencionas. Apenas alcanzó a regresar con vida, y en cuestión de horas sucumbió a las heridas que le fueron infligidas.

Chan Ik'Tok escuchó aquellas palabras, incapaz de aceptar su veracidad. En su memoria, la imagen de aquella mujer permanecía clara, huidiza, esquiva, pero no visiblemente herida de gravedad. ¿Cómo era posible que hubiera perecido? Su mente, aguda y suspicaz, comenzó a girar en torno a esta declaración, buscando las grietas en la versión de Uk'ab Wáax, pues algo en aquella explicación le resultaba inquietantemente inconsistente.

—Llévame al lugar donde están sus restos. Hasta que no sostenga con mis propias manos sus huesos y contemple la parafernalia funeraria con su nombre inscrito en las cláusulas de su sepulcro, no daré crédito a tus palabras. Y debes saber que esta situación, de no aclararse, pondrá en grave peligro la posición de Ik' Naahb' Nal.

El noble inclinó la cabeza con aparente gravedad y una formalidad calculada, ocultando cualquier rastro de inquietud tras un rostro imperturbable. Sin demora, organizó un séquito de sirvientes para guiar a Chan Ik'Tok' al lugar señalado.

Llegados a uno de los barrios de la élite, se dirigieron a la casa de la familia de Ix Ub'aah Uw. Ante ellos se mostró una tumba en forma de cista de apariencia reciente, su construcción apenas disimulada por el polvo y la piedra del entorno. Con movimientos lentos y trabajosos, los sirvientes comenzaron a remover las pesadas losas que cubrían la entrada. Cada piedra arrancada requería un esfuerzo monumental, y el sonido de la roca contra la roca se percibía como un lamento en el aire. Finalmente, tras un arduo trabajo, el acceso quedó despejado, y el umbral oscuro de la tumba se abrió permitiendo entrar.

Chan Ik'Tok' tomó entre sus manos los huesos, todavía frescos del proceso de descarnado para su preservación. Su mirada, recorrió los restos con detenimiento. Allí estaba una vestimenta que reconoció de inmediato, y de la calavera pendía, de forma macabra, una larga trenza que parecía burlarse del tiempo y la muerte.

Las cerámicas funerarias, delicadamente dispuestas a su alrededor, llevaban inscripciones claras con el nombre de la difunta. No quedaba espacio para la incertidumbre, aquellos eran los restos de Ix Ub'aah Uw.

Una sensación de náusea y repugnancia se apoderó de Chan Ik'Tok'. Incapaz de soportar más, ascendió rápidamente desde aquel oscuro hoyo, sintiendo que cada paso lo alejaba del abismo emocional que acababa de presenciar. Afuera, bajo el cielo que parecía más sombrío que nunca, no quedaba duda alguna, la mujer que tanto buscaba había encontrado su fin.

De vuelta en el salón de conferencias culminó su arenga con más exigencias.

—Hay una última condición, una que no está sujeta a negociación ni a interpretaciones ambiguas —dijo Chan Ik'Tok', con su voz tajante—. El rey Waxaklajuun Ub'aah K'awiil, no permitirá la presencia de ningún guerrero armado, ni de Ik' Naahb' Nal mucho menos de Oxte'tuun, durante su visita. Hemos cedido en muchos aspectos, hemos acordado gestos de paz y señales de confianza, pero esta es una orden directa del rey, no una sugerencia.

El silencio que siguió a sus palabras fue denso, como si la atmósfera misma contuviera la respiración. Los nobles de Quiriguá intercambiaban miradas, sopesando el compromiso de la exigencia. Chan Ik'Tok' no les dio tiempo para titubear.

—Estando en territorio del señorío de Uxwitik del que ustedes son parte —prosiguió, dando un paso adelante—, mis palabras son claras, no habrá excepciones. Nuestros guerreros, con la plena autorización del rey, catearán cada palmo de los alrededores de Ik' Naahb' Nal antes de la llegada de la comitiva real. Y si la mínima sombra de oposición surge, si no se nos permite esta medida, tomaremos esa falta de respuesta como un acto hostil.

La tensión en la sala se palpaba. Chan Ik'Tok' alzó la barbilla, inquebrantable, su voz como un tambor de guerra.

—Si ustedes no envían este mensaje con la debida prontitud y claridad, el rey no emprenderá su viaje. Y si eso ocurre, deben saber que la culpa no recaerá sobre nosotros, sino sobre Ik' Naahb' Nal y confirmará que Oxte'tuun está detrás. El viaje que tanto anhelan ambos reinos no se realizará, y las consecuencias serán inevitables.

Los ojos de Uk'ab Wáax se entrecerraron, pero no hubo palabras de disenso. Chan Ik'Tok' había trazado los términos, y la urgencia y prioridad de la decisión recaía ahora en los nobles de Quiriguá. En ese momento, el copaneco se sintió como un huracán desatado, desplegando su autoridad con el poderío de su pueblo y la fuerza de su rey, esperando solo una respuesta.

Uk'ab Wáax, se adelantó, portando un pequeño estuche de madera que contenía un apreciado objeto de jade que relucía bajo la luz de las antorchas. Sus movimientos eran lentos, ceremoniales, cada gesto, una declaración de intenciones.

Con voz firme y respetuosa habló, dirigiéndose directamente a Chan Ik'Tok', que permanecía erguido y expectante.

—Señor consejero de nuestro gran rey, Waxaklajuun Ub'aah K'awiil, hemos escuchado las palabras que con tanta firmeza has expuesto, y entendemos la gravedad de la situación, —sosteniendo el estuche en alto para que todos pudieran verlo—. Pero no somos ajenos a las señales de paz, ni a las medidas que aseguren la concordia entre nuestros pueblos.

Con un gesto suave, acercó el estuche hacia las manos de Chan Ik'Tok', que lo tomó con cuidado.

—En previsión de tus demandas, y para evitar toda sombra de desconfianza —continuó Uk'ab Wáax, su tono ahora más suave—, te entregamos el sello real de nuestro rey, K'ahk' Tiliw Chan Yopaat. Este símbolo, inquebrantable y sagrado, es la promesa de que todas las condiciones impuestas por Uxwitik serán cumplidas con precisión, hasta el último detalle. Ningún guerrero foráneo habrá en las inmediaciones, ningún guerrero de Ik' Naahb' Nal portará armas en los días que preceden a la llegada de tu rey. Nuestros territorios estarán despejados y custodiados por la paz que ambas ciudades han acordado.

Hizo una pausa, dejando que las palabras se asentaran en el aire antes de proseguir con una voz solemne.

—Este sello no solo es una promesa de paz, es un juramento sagrado. Si se rompe, no solo será la tierra de Ik' Naahb' Nal la que sufrirá, también los cimientos de la alianza entre nuestros pueblos y la confianza en la voluntad de los dioses. Pero no temas, noble Chan Ik'Tok', porque bajo este símbolo de autoridad, la palabra de nuestro rey será tan firme como las piedras que sostienen nuestros templos.

Chan Ik'Tok' asintió, recibiendo el sello con una mezcla de satisfacción y cautela. Las palabras de Uk'ab Wáax se apreciaban portadoras de acuerdos ancestrales, sellados no solo entre hombres, sino bajo la mirada vigilante de los dioses.

Dos días antes de la llegada de la comitiva real al lugar donde se acamparía antes de su entrada en Quiriguá, Chan Ik'Tok' contemplaba el paisaje que lo rodeaba, sintiéndose complacido por el meticuloso cumplimiento de las condiciones del viaje por parte de sus anfitriones. Los guerreros de Quiriguá, en un gesto de confianza y buena voluntad, se habían despojado y roto sus armas, dejando a un lado la tensión que a menudo acompaña a las negociaciones entre reinos. Ahora, departían cordialmente, como viejos amigos que comparten historias y risas, mientras el aire estaba impregnado de una calma inusitada.

La paz se vislumbraba como el estandarte principal de este encuentro, flanqueada por las efigies de los dioses tutelares de Copán, cuyas bendiciones se invocaban a cada momento. Chan Ik'Tok' observaba con atención el fluir de la interacción, el intercambio de miradas y sonrisas que reflejaban un entendimiento mutuo, un deseo compartido de forjar lazos más fuertes entre sus pueblos.

Ningún indicio perturbaba el ambiente festivo; todo parecía presagiar un desenlace favorable, una consolidación de la sumisión de Quiriguá ante Copán y la promesa de tratos justos con Calakmul, una ciudad que, en su inmenso poder, teniendo la capacidad de asolar a Copán en cualquier momento, se mantenía al margen. La armonía de aquel instante musitaba melodías en el corazón de Chan Ik'Tok' celebrando un nuevo amanecer para las tierras de los mayas. La danza del destino se movía en su favor, la confianza depositada por su rey en él se fortalecía y con cada susurro del viento, sentía que el futuro de sus pueblos se entrelazaba en una historia compartida de esperanza y unidad. Así pensando, se aferró instintivamente a su amuleto.

Acompañados por guerreros desarmados de Quiriguá, Chan Ik'Tok' avanzaba con firmeza, mientras su amigo K'in Nah Taj se adelantaba con la confianza de quien ha cruzado fronteras conocidas. Juntos, se dirigían a una conferencia con el noble Uk'ab Wáax y otros cortesanos de Quiriguá, un encuentro destinado a definir los últimos detalles de hospitalidad y del evento ritual que podría sellar el destino de sus pueblos.

Al llegar a la ciudad que tantas veces habían visitado, K'in Nah Taj dejó caer la guardia. Todo marchaba según lo planificado, como si los dioses mismos sonrieran desde las alturas. El ambiente resplandecía en una luminiscencia festiva, un preludio de lo que estaba por venir. Los sirvientes, artesanos y pintores se movían con destreza, sus manos trabajando en monumentos y estelas que embellecían la plaza, cada uno dedicado a su especialidad, aportando su talento al esplendor colectivo que flotaba en el aire.

Recibidos con honores por los nobles de Quiriguá, K'in Nah Taj asumiría el rol de líder de la caravana, retornando al punto donde se encontraba la comitiva. Mientras tanto, Chan Ik'Tok' permanecería en la ciudad, al mando de un pequeño contingente, listo para ultimar los detalles de la celebración del rito del fuego y el juego de pelota que habrían de tener lugar. Su mente bullía con pensamientos y estrategias, consciente de la responsabilidad que recaía sobre sus hombros.

Así, el esplendor de Quiriguá brillaba como un hálito de esperanza y unidad, mientras risas y charlas festivas se entrelazaban con el sonido de herramientas golpeando la piedra. Era un momento de celebración y promesa, un instante suspendido en el tiempo donde los destinos de dos ciudades se entrelazaban, y donde la paz, como una flor resplandeciente, comenzaba a brotar entre los corazones de los hombres.

En la penumbra de su dormitorio, Chan Ik'Tok' se disponía a descansar con una mezcla de inquietud y curiosidad, la luz tenue apenas delineaba las formas de los bultos de sus dioses tutelares en los nichos de las paredes, mientras su mente reflexionaba sobre la complejidad de las intrigas que envolvían su mundo. Se recostó sobre la estera y, con un gesto fatigado, se deshizo del amuleto de su cuello. Entre el sopor del descanso, sus dedos buscaron la pulsera de jadeítas en su muñeca. Apenas la rozó, un espasmo de dolor le atravesó el cuerpo, sumiéndolo en una sombra de angustia.

K'aay Ak'ab Sak Ixik, con los ojos encendidos de un brillo furtivo, se deslizó entre la multitud. Sus dedos rozaron los de él apenas un instante, dejando un pequeño bulto en su palma. Una bolsita tejida por ella misma, con su nombre bordado con maestría. Adentro una bella joya.

El pulso se le agitó. La calidez de aquella mano, la misma que creaba las piezas más finas, los tejidos más deseados, le recorrió el cuerpo como un incendio silencioso. Apenas un segundo, apenas un roce... y, sin embargo, el estremecimiento aún persiste, imposible de apagar.

Se ve a sí mismo arrodillado bajo un cielo sin luz, la piedra bajo sus rodillas, sus manos atadas, el murmullo de la multitud como un río de sombras. El golpe cae, y con él, una ráfaga de fuego recorre su espalda. No grita. No puede. Su cuerpo se dobla como un junco en la tormenta, pero su espíritu permanece erguido. En cada palo que recibe, sabe que su sangre es una ofrenda de redención.

Ella está allí. Sus ojos son los de un venado atrapado entre las zarzas del destino. No puede alcanzarla, solo puede ofrecerle su carne, su sangre, su humillación. Y lo hace. Pero cuando alza la vista, ella ya no está. La han arrancado de su mundo y la han arrojado a otro, a las tierras de Tikal, donde será entregada a un noble que nunca soñó con ella como él lo hizo.

No comprende, no entonces. Solo siente que el universo se cierra sobre él. Sabe que su propia venganza ha tejido el destino que lo castiga, que el juicio contra sus padres desató una corriente oculta que ahora lo arrastra. La sentencia inapelable del rey condenó a su amada, no solo como moneda de cambio en un pacto con los nobles de Tikal, sino también al destierro por la traición urdida en su propia corte, de la cual el padre de la joven había sido parte activa. Y a él, la osadía de recomendar al rey otra sentencia le valió una humillación pública y una paliza. Este fue el pago por su atrevimiento y por su amor ilegítimo. Sin embargo, el rey, firme en sus principios y obligaciones, le recordó que la ley debe acatarse incluso cuando nos perjudica, confesando que esta sentencia lo había afectado tanto como al propio consejero. Chan Ik'Tok' se creía dueño de su odio, pero es su odio quien lo posee. Y en su ceguera, no advierte que cada acto, cada palabra, cada herida que ostenta en la piel y el alma, lo están llevando a un desenlace que hará tambalear el trono mismo de Copán.

Busca refugio en los códices, en los números y los astros, como si las estrellas pudieran ofrecerle la redención que los hombres le han negado. Pero la geometría del cosmos no es compasiva. En cada línea trazada con la precisión de un augurio, en cada cálculo del paso del tiempo, siente la vibración de un destino sellado.

El rey sigue pidiéndole versos. Pero la poesía es ahora un tormento. Cada palabra le sabe a ceniza, cada nuevo proyecto en nombre de la gloria es una lápida anticipada.

Y en la brisa de la noche, entre el susurro de la ceiba y el eco de las estrellas, una voz que no es suya, pero que siempre ha estado dentro de él, le murmura, no eres tú quien escribe el destino. Es el destino quien escribe a través de ti.

Corre hacia ella. La ve a lo lejos, más allá de la bruma dorada del amanecer, más allá de la espesura que se pliega y despliega como un velo entre los dos. Su nombre arde en su garganta, pero no se atreve a pronunciarlo. Cada paso lo acerca y, sin embargo, la distancia se alarga, como si el mundo mismo conspirara para mantenerlos apartados.

Sabe que no puede alcanzarla. No ahora. No cuando la ley la ha sellado en un destino ajeno. Correr hacia ella sería arrebatarle la paz que le queda, exponerla a un peligro mayor. Y así, con el alma desgarrada, detiene su avance. Se queda inmóvil, sintiendo cómo la sombra de su cobardía se cierne sobre él.

El dolor es insoportable, pero decide sobrellevarlo. No por valentía, sino porque no le queda otra elección. Y en ese instante de renuncia, cuando el mundo cae sobre él con la clara certeza de lo irremediable, comprende que esta herida es la más cruel de todas.

Despierta jadeando, con la sensación de que aún corre, pero sin moverse. Está atrapado entre la vigilia y el sueño, sus párpados como piedra y, por un instante, es incapaz de separarlos. Su aliento es errático, su pecho sube y baja como si aún estuviera huyendo de algo invisible. Se agita y exhala un grito ahogado.

De golpe, se incorpora en su estera. Solo entonces se percata de que no está solo.

La penumbra de la estancia se disuelve lentamente, dejando ver dos figuras inmóviles que aguardan en silencio. Sus formas, al principio etéreas, van cobrando contornos definidos a medida que la luz tenue las revela. Primero, los rasgos duros y expectantes de Uk'ab Wáax; luego, la imponente presencia del diplomático Chak Xook de Calakmul.

Por un instante, la irrealidad lo envuelve de nuevo. Cree aún estar atrapado en el sueño, arrastrado por su propio delirio. Pero la claridad regresa con un golpe certero, y lo atraviesa como un dardo, está despierto. Y lo que le espera no es menos inquietante que la pesadilla de la que acaba de escapar.

Una pregunta surca su mente, ¿qué hace Chak Xook en Ik' Naahb' Nal? E instantáneamente un remolino de sentimientos se agolpó en su mente. No sabía que ambos jugaban un juego del que él había sido tan sólo una pieza.

A medida que los nobles se acercaban, un aire de crispación se palpaba en el ambiente. Aunque se acercaban con cortesía, Chan Ik'Tok' no pudo evitar notar que ni el noble ni el diplomático se atrevían a mirarlo directamente a los ojos. Un estremecimiento recorrió su ser, sus sentidos, agudizados por años de experiencia, captaban algo anómalo en su conducta.

Con un ingenio intuitivo, intentó encontrar un pretexto para abandonar el salón, pero antes de que pudiera dar un paso, la situación se tornó caótica. Rápidamente, fue apresado y maniatado, la fuerza de varios guerreros de Chiik Naab' lo despojaba de toda libertad, obligándolo a sentarse en el suelo, su dignidad aplastada bajo la presión inequívoca de la traición. A su alrededor, la amenaza de lanzas brillantes se alzaba como un oscuro coro, preparadas para su inminente desenlace.

En su corazón, el miedo crece como una sombra voraz, y sus ojos se abren en un parpadeo de incredulidad. Mira su amuleto queriendo asirse a él en la distancia. De entre las sombras, una figura familiar surge con la gracia de un depredador, un espectro del inframundo. Ix Ub'aah Uw. Su andar es majestuoso, sus rasgos bellos, pero en su esencia se oculta la pérfida naturaleza que había tejido la red que lo atrapaba. La luz del salón parecía inclinarse hacia ella, resaltando su presencia con un aura que seducía y aterraba por igual. Aquel hombre, reducido, permanecía sentado en el suelo, incapaz de asimilar lo que sus ojos le revelaban. Frente a él, estaba ella, más viva que las caudalosas corrientes del río Motagua, desafiando todo lo que creía saber. Los huesos que había sostenido no le pertenecían.

La certeza lo golpeó como un rayo, el ingenio de aquella mujer era tan vasto que parecía haber burlado incluso la anticipación de los dioses. Había tejido su destino con tal maestría que ahora su mera existencia desafiaba la lógica, dejando en evidencia la vulnerabilidad de quienes intentaron atraparla.

—Ah, Chan Ik'Tok'—susurró con un tono melodioso que disimulaba un profundo desdén—. ¿Te sorprende encontrarme aquí? Las piezas han sido movidas, y tú, desafortunadamente, eres una ficha en este juego.

La traición pesaba como un yugo sobre sus hombros, y la mirada de Ix Ub'aah Uw era un espejo que reflejaba su inminente destino. En ese instante, la esperanza se tornó un susurro distante, ahogada por la risa de un destino que se tejía en la oscuridad.

Chan Ik'Tok' aún albergaba la frágil esperanza de que todo fuera un mal sueño, una ilusión cruel que se desvanecería con el primer rayo de luz. La incredulidad se enredaba en su mente, incapaz de aceptar que había sido usado en un juego que lo superaba, un instrumento en la trampa tejida para atraer a su rey hacia la traición. Cada latido golpeaba con la agitación de una tormenta interna, mientras las imágenes de su rey y de su ciudad se mezclaban en su mente, inquebrantables.

Ix Ub'aah Uw, en un gesto de ostentación y poder, se acomoda en su banca móvil forrada de piel de jaguar, llevada por algunos de aquellos guerreros, luciendo con orgullo el resplandor de su estatus brillando en cada movimiento. El espectáculo era tanto un despliegue de riqueza como una declaración de su dominación. Chan Ik'Tok' la observaba, su figura elegante y amenazante, mientras un nudo de desesperación se formaba en su estómago.

En su interior, los pensamientos rodaban con la fuerza de rocas que caen por la ladera del río, desgarrando la serenidad de su ser y provocando un torrente de emociones. La confusión y el miedo se entrelazaban, los pensamientos de su corazón saltaban al ritmo del compás de un tambor que crepitaba en su pecho, marcando el pulso de una realidad oscura y amenazante. En cada tamborileo, una advertencia, la inminencia del peligro que se cernía sobre su rey y su pueblo, y la impotencia que lo atenazaba como un abrazo mortal.

—Chan Ik'Tok' —comenzó aquella, su voz suave, pero con una frialdad cortante—, es momento de que comprendas la verdad que te ha sido ocultada.

Éste con la mirada clavada en el suelo, respiraba de manera agitada, cada inhalación un intento de mantener la calma ante la tormenta que se desataba a su alrededor.

—¿Qué es lo que deseas de mí? —respondió, su voz temblorosa, temiendo confirmar en aquella respuesta el origen de su terror.

Ix Ub'aah Uw se reclinó bajando la cabeza, su mirada fría buscando capturar la de él. Sus ojos brillaban con una mezcla de triunfo y peligro, como dos estrellas en un cielo oscuro.

—Llevamos años esperando este momento, —dijo con una sonrisa sutil—. Esta trampa fue urdida con la paciencia de un reptil, esperando el momento propicio para saltar sobre la presa. Recuerda cómo tus padres fueron falsamente acusados de traición. Cómo el fuego devoró su legado y se volvió contra un noble de la corte de Uxwitik al que tú condenaste. Sé que, en esa ola furiosa de tu venganza, tu corazón fue lacerado —murmuró—. Y ahora, en tu dolor, contemplas a Tikal como la fuente de tu desgarramiento.

Volteó ligeramente el rostro, su mirada perdida en un punto indeterminado. Apoyó sus manos en la banca entre sus piernas abiertas. Luego, como si hablara consigo misma, dejó escapar un pensamiento en voz alta, con un matiz de curiosidad y amarga ironía:

—Pensar que este detalle del plan, tan intrigante, pasó desapercibido incluso para mí....

—No… —susurró Chan Ik'Tok', el horror arraigándose en su pecho, cada palabra de la mujer como un cuchillo en su corazón.

—Sí —confirmó ella, disfrutando de su desconsuelo—. Con mensajes sutiles, durante años, hemos mantenido el control sobre todos. Incluidos aquellos nobles que han jurado lealtad a tu ciudad. Cada movimiento, cada decisión, orquestados desde las sombras, mientras tú, inocente, creías haber burlado el destino.

La revelación se cernía sobre Chan Ik'Tok' como una sombra, su mente se inundaba con recuerdos de la traición, de su impotencia, de su cobardía en el amor y de la profunda decepción que lo abrumaba.

—No lo entiendo… —balbuceó—. ¿Por qué? ¿Por qué a mí?

—Porque eras el peón perfecto. Alguien que se creyó noble, un amigo del rey, alguien que podía hacer que el camino a la traición pareciera recto y claro. Pero ahora… —su sonrisa se amplió—. el juego está a punto de terminar, y tú has sido parte fundamental de nuestra victoria.

Chan Ik'Tok', con la voz entrecortada por la desesperación, alzó la mirada hacia Ix Ub'aah Uw. Sus ojos, antes llenos de confianza, ahora reflejaban la fragilidad de un hombre acorralado.

—Por favor, —suplicó, su tono vibrando con la urgencia de un corazón que sabe que se acerca al abismo—. No puedo ser parte de esto. No puedo traicionar a mi rey, a mi pueblo.

Ix Ub'aah Uw lo observó en silencio, su expresión impasible, pero algo en su mirada se movió como una corriente subterránea, un destello de comprensión. Eran tan similares en su fidelidad a las causas que les movían y en la entereza de sus acciones.

—Chan Ik'Tok' —respondió finalmente, su voz suave como el susurro de una brisa en la selva—, no soy malvada. No es mi deseo causar dolor, pero tengo una misión que cumplir.

—¿No ves que hay otra forma? —continuó él, el sudor perlándole la frente—. Podemos encontrar un camino diferente, uno que no implique sangre.

—¿Tú me dices eso? Vaya descaro. ¿Quién si no tu derramó la sangre de nobles y personas valiosas para Uxwitik en un afán de venganza? Si consideras ese acto como justicia, entenderás mi postura.

Sin embargo, viéndolo, titubeó un segundo, una sombra de duda cruzando su rostro, como si un instante de humanidad se abriera paso entre sus resoluciones. Sacudió la cabeza. Sus ojos volviendo a la frialdad que había marcado sus palabras.

—Entiendo tu dolor, y en otro tiempo, quizás hubiera considerado tu propuesta —dijo Ix Ub'aah Uw, apretando los dientes—. Pero las piezas están en movimiento, y no puedo detenerme ahora. La historia ha sido escrita y no podemos cambiar su curso.

Chan Ik'Tok', sintiendo cómo la desesperanza comenzaba a consumirlo, suplicó.

—¡Te lo ruego! No permitas que el destino se selle con el sufrimiento de los inocentes.

Ella se detuvo un momento, sintiendo la urgencia de su súplica, pero en su corazón, la lealtad a su misión prevalecía.

—Lo siento —murmuró, la decisión tomando forma en su voz—. A veces, el sacrificio es el precio de la paz.

Se enderezó, su figura esbelta proyectando una autoridad palpable en el oscuro salón. La luz parpadeante de las antorchas encendía sus rasgos, revelando una mezcla de determinación y pasión.

—¡La paz para nuestro pueblo viene de nuestra libertad! —exclamó, su voz alzándose enfática con la fuerza de un torrente de río desbordado—. Ya no queremos seguir tributando a ustedes lo que no les cuesta nada. Esa riqueza, esa abundancia, será nuestra al liberarnos del yugo impuesto por sus reyes.

Sus ojos, ardientes como brasas, se encontraron con los de aquel pobre, quien escuchaba con desesperación.

—¿Te das cuenta de lo que hemos llegado a soportar? —prosiguió, su voz en un arrebato de fervor—. Nuestro pueblo ha llegado al extremo de renunciar a la descendencia, pues nadie desea traer hijos al mundo solo para verlos sometidos a los trabajos forzados que nos exige el tributo. Esa es la raíz de nuestro atraso. Aquí, en este dominio estratégicamente situado entre las tierras bajas, el altiplano y las vastas planicies del norte, podríamos haber gobernado las vías fluviales y controlar las rutas comerciales que llevan las riquezas nacidas de nuestro esfuerzo. En cambio, nos vemos obligados a presenciar cómo Uxwitik crece y nos subyuga, sustentando su poder en la debilidad que ellos mismos nos han impuesto y en las riquezas que nos arrebatan por la fuerza. Esa, mi señor, es la razón que impulsa mi determinación.

Hizo una pausa, respirando agitadamente por la fuerza de la pasión que la embargaba. Chan Ik'Tok' humillado, amarrado, minado. Su corazón en un puño.

Ix Ub'aah Uw continuó con tono desafiante. —¿Acaso no es una forma distinta y legítima de liberar a un pueblo? Así como tú has creado una escuelita para llevar el saber a los de tu clase, ¿no es lo mismo lo que yo busco?

Chan Ik'Tok', sintiendo la presión de su argumento, intentó replicar, pero Ix Ub'aah Uw no le dio tiempo.

—Te das cuenta de que has quebrantado el orden establecido, ¿verdad? —dijo, inclinándose ligeramente hacia adelante, su voz un susurro tenso—. Y lo que es peor, estás haciendo pagar a Copán por tu propia maldición. Tú eres el culpable de todo esto, Chan Ik'Tok'.

Éste sintió cómo tras aquellas palabras, dos hilos de agua caliente y ardiente le recorrían el rostro. Surcaron su piel con la intensidad de una pena que amenazaba con desbordarse. Aquellas no serían las últimas lágrimas que labrarían su camino, surcando su cara con el salado rastro de su desconsuelo.

Dos guerreros lo alzan poniéndolo de pie. Frente a él, la mujer se levantó con calma y comenzó a rodearlo, recorriéndolo con la mirada de pies a cabeza. Sus ojos se detuvieron en la joya que ceñía su muñeca.

Con un leve ademán, indicó a uno de los soldados que se acercara. Sin vacilar, el hombre aferró la pulsera y, de un tirón, la arrancó. Las piedras preciosas se dispersaron en el aire como surtidor, antes de caer al suelo, esparciéndose como un puñado de estrellas apagadas.

Chan Ik'Tok' sintió que lo despojaban de algo más que un adorno. Aquella joya era el último lazo que lo unía a un mundo humano, a una vida que ahora se desvanecía. Ver las piedras rodar sin rumbo le provocó una punzada en el pecho, un dolor que se instaló en su garganta, cerrándola, como si una mano invisible lo estrangulara, impidiéndole respirar. Las lágrimas cercaron sus ojos y su visión. Su mente puesta en aquel rostro amado. Deseaba arrastrarse, aferrar con sus propias manos cada piedra dispersa, como si al reunirlas pudiera restaurar el último vínculo que lo ataba a la esperanza.

Fue arrastrado fuera de la estancia y conducido a un lugar gélido. Una habitación implacablemente vigilada. Allí, atado de pies y manos, permaneció hasta que el día avanzó, el silencio y el aislamiento clavándose en su pecho como puñales invisibles. La severa restricción de su movilidad lo reducía a apenas los gestos imprescindibles para sostener el alimento que le era dado. Cada momento en aquel confinamiento parecía alargar la sombra de su desesperación, mientras el mundo, afuera, continuaba indiferente a su sufrimiento.

La oscuridad no sólo cubría su cuerpo, sino que se adentraba en los rincones más profundos de su alma, estrangulando cualquier atisbo de esperanza. Cada latido retumbaba en su pecho como un martillo implacable, recordándole cruelmente que aún estaba vivo. Odió la obstinada fuerza con la que su corazón le recordaba eso. La muerte, con su voz seductora, le susurraba desde un abismo dulce y silencioso, pero él sabía que incluso ese alivio le estaba vedado. No la merecía. No aún.

Con la daga asfixiante de la desesperanza hundida en su pecho, Chan Ik'Tok' estalló en un llanto desgarrador. Su cuerpo, sacudido por los espasmos, se retorcía bajo el yugo de su tormento.

Era un llanto que retumbaba en el frío recinto, lastimero. Era un grito silente, una súplica dirigida a los dioses que lo habían abandonado, a la tierra que había querido defender y a la memoria de su rey a quien había llevado directo a la perdición. Las lágrimas caían como perlas amargas, rodando por su rostro con la misma desolación que sentía en su corazón. En cada estallido de dolor, en cada espasmódica carcajada que emitía involuntariamente causada por el llanto, en cada jadeo entrecortado, se reafirmaba la cruel realidad, su lucha había sido en vano, el amor por su pueblo había sido una cadena que ahora lo mantenía prisionero. Se sentía como un ave atrapada en la oscuridad, ansiosa por volar hacia la luz, pero condenada a permanecer en la penumbra de su desolación. La soledad lo abrazaba con fuerza, mientras la tristeza se cernía sobre él como una tormenta inminente, un recordatorio constante de que la esperanza, esa frágil llama que había iluminado su camino, se había extinguido fatalmente.

—¿Dónde estarás, rey mío? —murmuró, sintiendo cómo el pánico tomaba la peor forma ante él—. Desarmado, anciano, indefenso... ¡Oh cuánto deseo poder estar a tu lado en este momento!, en vez de estar aquí atrapado en esta oscuridad, en esta prisión de desesperanza.

—No...No... No... —gritaba viendo la pesadilla de su infancia, clara premonición aterradora donde ve al rey como prisionero, rodeado de sombras, y luego... el cuchillo de la traición reclamándolo.

En ese instante, su corazón se detuvo, esas imágenes ahora vueltas un implacable reclamo, una certeza.

—¡Maldigo el día en que fui arrancado del vientre de mi madre! Maldigo cada paso que me llevó a ser parte, sin saberlo, de la connivencia de este engaño. ¿Cómo pude ser tan ciego, tan vilmente ingenuo? ¡Yo, el instrumento de la traición! ¡Yo, el artífice de la senda que llevó a mi rey, a mi amigo, directo a una muerte atroz! Esta culpa me consume como un fuego que arde, pero no me destruye. No me aniquila, no me libera. ¿Existe siquiera un resquicio de esperanza? No la encuentro, no la siento. Sólo este deseo absurdo, este anhelo inútil de torcer el destino, que me aplasta con su crueldad infinita. ¡Este es mi verdadero tormento, el más despiadado de todos!

Desconocía los detalles de lo ocurrido con el rey, pero lo presentía con una certeza fría que calaba hasta los huesos. Saber la cuenta de los días, un conocimiento que antes consideraba un don sagrado, ahora le pesaba como una maldición. Aquello que lo había elevado hasta la corte, aquello de lo que antaño se enorgullecía, se había transformado en una losa implacable que lo aplastaba.

Seis días habían pasado de su captura, desde ese fatídico 13 Ajaw. La trecena, que inició en 1 Lamat y concluyó en aquel día aciago del Tzolk'in, dio paso a 1 Imix. Con el sol dividiendo en dos la jornada, en este sexto día, el calendario marcaba desde esta nueva trecena la fecha Wak Kimi. 6 Muerte. El destino no ofrecía lugar para la ambigüedad, aquel sería el día marcado para el ritual del fuego. Ni siquiera él con la astucia que siempre lo distinguió, habría podido concebir una trama tan implacable y perfecta en su fatalidad. Sólo le restaba aguardar resignado que vinieran a buscarlo.

Ix Ub'aah Uw avanzó hacia la plaza, su figura erguida y desafiante, rodeada de guerreros armados. Chan Ik'Tok', apresado y atado de manos, sintió el desprecio en cada insulto que le lanzaban sus captores, mientras sus ojos, llenos de preguntas y desesperación, buscaban a quien había orquestado su tormento. La mirada de Ix Ub'aah Uw se desvió, incapaz de sostener la intensidad del sufrimiento que emanaba de él.

En su interior, un torrente de emociones la invadía, la determinación por cumplir su misión chocaba con una oleada de compasión que nunca había anticipado. A pesar de su firme convicción, ver a Chan Ik'Tok' en esa situación, vulnerable y despojado de su dignidad, sacudía sus fundamentos. Hasta llegó a preguntarse si ella misma no sería más que una pieza de un juego, que no alcanzaba a comprender cabalmente.

Ella debía seguir adelante, la voz del deber llamaba con fuerza, y, sin embargo, la realidad de sus acciones comenzaba a aplastarla. Mientras Chan Ik'Tok' la miraba, sus ojos suplicantes y desolados se convirtieron en un espejo de su propia lucha interna. ¿Acaso había perdido su humanidad en el camino hacia la gloria? La pregunta la atormentaba, pero su misión seguía clamando por cumplimiento, llevándola a un precipicio de emociones en el que la lealtad y la traición danzaban en un delicado equilibrio. Con un leve suspiro, Ix Ub'aah Uw optó por apartarse, consciente de que lo que estaba a punto de desatarse sería un espectáculo que desgarraría el alma. Se alejó, dejando a Chan Ik'Tok' rodeado de guerreros que lo custodiaban con ojos de pedernal, su braguero, la única prenda que portaba. Ubicado en una plataforma, el panorama se extendía ante él, como un escenario cuidadosamente dispuesto para un montaje trágico, donde cada elemento estaba diseñado para intensificar el drama que se avecinaba.

La brisa acariciaba el rostro del prisionero, llevándose sus pensamientos, mientras su mirada se detenía en el centro de la plaza del juego de pelota de Quiriguá. Un punto preciso donde las antorchas, dispuestas con maestría, proyectaban una luz cenital que lo bañaba todo. Las sombras alargadas de los árboles se estiraban hacia él, como si intentaran protegerlo de lo que se avecinaba, pero la realidad era implacable. Era como una cría de venado atado a su destino, a merced de una obra cruel que se desarrollaba ante sus ojos, donde cada movimiento de los guerreros, cada murmullo entre los presentes era una oda a la desesperación y al fatalismo.

Ix Ub'aah Uw, en la distancia, sintió que el corazón la abrumaba con cada latido, como si su propia vida se entrelazara con la de Chan Ik'Tok' en ese preciso instante. Con cada paso que la alejaba, la imagen del humillado noble campesino, firme y vulnerable a la vez se grababa en su memoria. Un recordatorio perpetuo de la batalla entre lo que debía hacer y lo que su corazón deseaba. La escena se desarrollaba como un ritual macabro, y mientras se apartaba, el aire se tornaba más maligno, como si el universo entero contuviera el aliento, esperando el desenlace de una historia hecha con hilos de dolor y desamor.

A medida que la penumbra de la noche se cernía sobre el bosque, Chan Ik'Tok' vio acercarse una grotesca caravana, una procesión que parecía surgir de las sombras más profundas del horror. Su mirada se posó en el claro que presagiaba la muerte, un espacio despojado de esperanza. Un espacio cargado de innegable inminencia. Los guerreros, con sus lanzas en alto, empujaban a los nobles de Copán hacia el centro de la plaza, mientras los estandartes de sus dioses tutelares brillaban tenuemente tambaleándose en risibles y descompasados vaivenes, como si supieran que su destino estaba sellado.

Volvió la mirada hacia la imponente plataforma erigida para el ritual, un escenario diseñado con cruel perfección. Allí estaba el rey de Quiriguá, rodeado de sus nobles y cortesanos, envueltos en ropajes espléndidos, turbantes y tocados que evocaban el refinamiento de Copán. Una ironía amarga. Un golpe al orgullo de su pueblo. Ix Ub'aah Uw orgullosa en su porte sobresaliendo sobre todos. A su lado, el rey Wama'w K'awiil de Calakmul dándole honores, observaba con la serenidad de quien sabe que la victoria está completa. Su corazón se encogió con un dolor lacerante, atrapado en la implacable certeza de que, en apenas unos instantes, la tragedia se abatiría sobre el rey, sobre él mismo, y sobre todo lo que alguna vez fue Copán.

De repente, entre el barullo inconfundible de gritos, improperios y amenazas, Waxaklajuun Ub'aah K'awiil apareció en toda su magnífica figura, escoltado por una guardia implacable. La nobleza de su porte que acusaba signos de cautiverio contrastaba con la brutalidad que lo rodeaba. Imagen chocante. Su poder y divinidad vueltos sólo un frágil vapor en medio del caos.

El horror se intensificó cuando un grupo de guerreros de Quiriguá y Calakmul se abalanzó sobre los portaestandartes, despojándolos de las efigies de los dioses tutelares de Copán con una ferocidad que rozaba los límites de la razón.

K'ahk' Tiliw Chan Yopaat se puso en pie, su silueta imponente proyectándose vigorosa. Alzó la voz, fuerte y profunda. Engrandecida con la gloria de la victoria y la soberbia de quien sabe que el destino le ha favorecido.

—¡Que inicie la ceremonia del fuego! —declaró—. Hoy, presenciaremos una nueva versión de este rito. Las maderas arderán en el corazón de Uxwitik, y las llamas consumirán no solo el cuerpo, sino el espíritu de nuestra antigua opresión.

El silencio se posó como un manto asfixiante, llenando el corazón de Chan Ik'Tok' y de los demás cautivos con una angustia más que tangible. Fue entonces cuando un trueno lejano retumbó en la distancia, la profunda voz de Chaahk, heló el aire. Jamás, en todas las ofrendas y súplicas, la voz de dios tan venerado había sido escuchada con tan ambiguo significado.

El trueno pareció sellar el momento, un presagio inscrito en el mismo cielo. Y como si hubiese sido una señal esperada, el rey de Quiriguá alzó nuevamente su voz, aprovechando ese eco divino para revestir su arenga de un poder aún más imponente.

—Las lluvias descenderán sobre nosotros, alimentando nuestros campos después del fin de la estación seca —continuó, con una sonrisa que mezclaba triunfo y crueldad—. Pues ofreceremos en esta fecha tan propicia la esencia misma de los dioses, encarnada en la persona del rey capturado —extendió su mano señalándolo.

Sin un asomo de remordimiento, los guerreros encendieron las teas impregnadas de resina de las maderas que los sacerdotes habían taladrado produciendo el fuego, llamas que danzaban como serpientes voraces en la penumbra. Aquel fuego se convirtió en el tributo de una crueldad desmedida, consumiendo las imágenes sagradas de los dioses en un espectáculo macabro de desdén y odio. Las llamas devoraban las efigies y mientras el aire se llenaba del aroma a madera quemada los gritos de los apresados se intensificaron sin dar crédito a tan vil sacrilegio. Una profanación que como un lamento se exhaló desde el alma misma de Copán. Un acto que marcaba no solo el final de un rito, sino también el inicio de un abismo del cual no habría retorno. Copán se quedó así, sin la protección de sus deidades.

Acto seguido, los guerreros se acercaron al anciano rey, susurrándole palabras impregnadas de un aparente respeto contrastando con la brutalidad del momento. Sabían que, aunque lo hacían con reverencia, su destino estaba completamente en manos de aquellos que lo rodeaban. Con un gesto que parecía evocar toda la dignidad que le quedaba, el rey estiró sus manos. Un guardia, como un verdugo de un juicio fúnebre, lo despojó de sus pulseras.

Un murmullo de angustia y lamentos se elevó entre la multitud, un canto de desconsuelo que flotaba en el aire, mientras el rey, poco a poco, iba siendo despojado de sus vestiduras, sus sandalias, sus joyas; cada prenda caía como un símbolo de su identidad. Ya habiendo logrado completamente despersonalizarlo, un guardia, colocado detrás del anciano, le propinó una patada que lo hizo caer de rodillas, un golpe penetrante en el pecho de todos los que miraban, y el llanto afloró, irrefrenable, en una marea de dolor compartido.

En ese instante, entre las lágrimas y aún con el dolor de lo contemplado grabado en su alma, Chan Ik'Tok' divisó en medio de la multitud sojuzgada, amordazada y humillada a K'in Nah Taj. Su leal amigo, desgarrado por la brutalidad contra su venerado líder, logró incorporarse para defenderlo, pero un guerrero lo abatió de un golpe certero con una maza, dejándolo inconsciente. Más tarde, Chan Ik'Tok' comprendería que el destino apartaba a su hermano del amargo desenlace de aquel cruel espectáculo.

Chan Ik'Tok' observa de pronto cómo la escena se desconfigura ante él, sus ojos llenos de lágrimas transforman la realidad en un reflejo acuoso de desesperanza. Intentó apartar la mirada, pero un guardia lo sujetó del cabello, forzándolo a ser testigo del espectáculo aterrador. En su interior, comprendía que su suplicio apenas comenzaba. Las palabras de Ix Ub'aah Uw volvieron a su mente como un eco sin fin. Todo esto es tu culpa, Chan Ik'Tok'.

En ese momento, otro personaje, pintado su cuerpo de negro, un sacerdote, se acercó con un gesto deliberado, recogiendo el cabello del rey hacia atrás, y el corazón de los presentes se desmoronó en lamentos colectivos cuando le colocaron las cintas ceremoniales, antítesis de la banda blanca que adornó su joven cabeza en su coronación. Aquellas cintas introducidas por los agujeros en donde portaba sus orejeras eran el primer paso del rito que anunciaba la llegada del sacrificio al estilo Kanuu'l. Cada cinta era una cadena que ataba el destino del rey a la tragedia inminente, un símbolo de la muerte inesquivable que pesaba como una losa sobre sus almas. La atmósfera se tornó opresiva, como si el mismo aire se hubiera vuelto un testigo silente de la pérdida, las lágrimas de Chan Ik'Tok' caían sin cesar, un tributo a la inminente pérdida de su rey y amigo.

En esa posición de completa sumisión, el rey, rodeado por el resplandor de las llamas, elevó la cabeza con un esfuerzo que parecía desafiar la gravedad de su situación. Sus ojos, bañados por el fuego que consumía las maderas talladas con las efigies de los dioses de Copán, encontraron la mirada de Chan Ik'Tok'. Era un encuentro que, en medio de la inminente tragedia, brillaba con una intensidad desgarradora. En sus ojos, llenos de lágrimas que brotaban sin poder ser contenidas, Chan Ik'Tok' le transmitía un mundo de súplica, un llamado desesperado, una disculpa profunda y eterna.

El rey, a pesar de la humillación y el sufrimiento que lo rodeaban, mantuvo una serenidad que asombraba. Con una dignidad que desafiaba su destino, logró esbozar una sonrisa al encontrarse con los ojos de Chan Ik'Tok'. Esa sonrisa hablaba más que mil palabras. En ella, Chan Ik'Tok' encontró el perdón y la comprensión que había estado buscando en medio de su dolor. Esa mirada, portadora de una sabiduría profunda, no solo le transmitía la aceptación de su destino, sino que también parecía liberarlo de las cadenas de culpa que lo oprimían. ¿Cómo era posible que le viera con tal dulzura y profunda comprensión?

En ese instante fugaz, el tiempo se detuvo. Abrumado por la certeza de lo que estaba por suceder, sintió que su corazón se desbordaba de dolor y remordimiento. Las lágrimas se multiplicaron, ahora con un sufrimiento renovado, mientras el entendimiento de su propio papel en esta cruel trama se deslizaba a través de su ser. En esa mirada compartida, se forjaba un lazo irrompible, el rey, al aceptar su destino con dignidad, liberaba a Chan Ik'Tok' del peso del remordimiento que lo atormentaba.

Así, en medio del crepitar de las llamas y el murmullo del viento, se selló un pacto silencioso entre ellos. El rey, sereno en su sacrificio, ofrecía un legado de amor y lealtad, mientras Chan Ik'Tok' prometía llevar la impronta de esa mirada, de ese perdón, en su corazón, como un estandarte de resistencia ante la adversidad que se avecinaba. La escena se tornó un retrato de sacrificio y amor, un eco de esperanza en un mundo que parecía consumirse en la oscuridad.

Nada más doloroso pudo haber presenciado. La imagen de aquel que moría decapitado en sus sueños, trágicamente real, cobró el significado más profundo ante sus ojos. El destino, que parecía acecharlo desde el primer aliento de su vida, se revelaba implacable. Ahora entendía, con una claridad que desgarraba su alma, que no había escapatoria, que su vida estaba marcada desde el momento de su nacimiento. Los dioses lo habían escogido, no como héroe, sino como una pieza oscura de una trama cruel, en la que su voluntad no era más que un susurro perdido en el viento, apagado por fuerzas invisibles y poderosas, pero tan reales como los mismos dioses.

Esa revelación lo aplastaba, lo sumía en una desesperación que se aferraba a su ser como una sombra eterna. ¿Cuántas noches se había lamentado en la soledad de su cautiverio? No podía recordarlo. Las horas se confundían en un remolino de amargura, mientras las lágrimas, incansables y ardientes, le quemaban el rostro hora tras hora. Maldijo ochomil veces en cada lapso de conciencia, su suerte, su nacimiento, el momento en que fue atraído a la red que ahora lo consumía. El hambre, una vez voraz en su juventud, fue sofocada por la tristeza, y se negó a comer, como si cada bocado fuera una aceptación de su papel en ese juego macabro. Afuera, la lluvia se derramaba con violencia. Era el canto agradecido de los dioses por el sustento ofrecido en aquel sublime sacrificio. Pero él, desde su hondura amarga, también maldijo cada gota.

Ya no le quedaban fuerzas, ni siquiera para el lamento. Estaba consumido, vacío, perdido en el laberinto de su propio destino.

—¡Sáquenlo de esa inmundicia! —ordenó Ix Ub'aah Uw con la voz firme y gélida, sin mostrar rastro de compasión mientras señalaba el hoyo donde yacía Chan Ik'Tok', convertido en poco más que un cuerpo pestilente, perdido en su miseria.

Dos guerreros lo sacaron a la fuerza, sucio, con los ojos apagados. El hombre que antaño había sido animoso, agudo, ahora no era más que una sombra, un autómata que apenas se movía bajo las órdenes. Lo llevaron al agua, lo restregaron como a una bestia, obligándolo a comer por la fuerza. Pero Ix Ub'aah Uw no había terminado con él.

—Tienes una misión aún —la voz de la mujer reverberando en la pocilga vacía—. El rey te necesita, y yo también. No puedes seguir sumido en esta angustia. Ya no eres más que un reflejo, pero puedes hacer mucho aún… mucho por mi pueblo.

Chan Ik'Tok' permanecía en silencio, perdido en su propio abismo, sus ojos vacíos apenas registrando las gesticulaciones de Ix Ub'aah Uw. Ella se inclinó hacia él, su rostro frío y hermoso a la vez, como una máscara que ocultaba cualquier emoción.

—El cuerpo de tu rey, de Waxaklajuun Ub'aah K'awiil... lo entregamos a la tierra, lejos de la memoria de su ciudad —dijo con una calma que helaba los huesos—. Pero eso no tiene por qué ser el final. Tú aún puedes salvar algo. ¡Despierta!

Durante siete días, Ix Ub'aah Uw lo hizo cuidar, alimentarlo, recuperarlo lo suficiente. Sabía que aún había un propósito para él. Al octavo día, lo llevaron frente al rey de Quiriguá. El hombre que ahora se proclamaba señor de Copán, el decimocuarto sucesor de K'inich Yax K'uk' Mo', esperaba con una sonrisa burlona en los labios.

—Saluda al nuevo gobernante de Copán —dijo con sorna, su voz como un veneno dulce.

Chan Ik'Tok' levantó la mirada, incrédulo, un latido de ira encendiendo sus entrañas por primera vez en semanas. Quería gritar, pero su voz se ahogaba en su garganta. En un arrebato de rebeldía, escupió al suelo, sus ojos llenos de un odio que luchaba por salir del mutismo que lo había aprisionado.

El rey de Quiriguá dejó escapar un bufido de disgusto.

—Poca gratitud para alguien a quien he salvado del fango —el tono se volvió severo, calculador—. Labrarás en piedra mi nombre, Chan Ik'Tok', tu fama de artista refinado te precede. Tallarás mi ascenso como el nuevo rey de Copán, como el decimocuarto gobernante de esa gloriosa ciudad. Harás que mi nombre quede grabado en la memoria de tu pueblo como captor y ejecutor de tu rey... o te enfrentarás a algo peor que la muerte. Tengo en mente un gran proyecto arquitectónico y de desarrollo para mi amada Ik' Naahb' Nal que mostrarán mi grandeza. Tú serás el artífice principal.

El alma de Chan Ik'Tok' se quebraba más con cada palabra, pero no podía rechazar la orden. No había escapatoria, no había más lucha. Con las manos temblorosas, el hombre que había sido llamado el maestro del arte comenzó a tallar. Cada golpe sobre la piedra era un grito silencioso de desesperación, una negación de lo que su vida había llegado a ser.

—Hazlo bien, Chan Ik'Tok' —susurró Ix Ub'aah Uw, observando desde las sombras—. Es lo único que te queda. Sabes que no te soltaré de mi custodia —continuó con voz grave, deteniéndose frente a él. Su mirada, como dos pozos insondables, se clavaba en los ojos vacíos de su prisionero—. He oído lo que murmuras en sueños, las palabras que se te escapan involuntariamente.

Aquel con los ojos entrecerrados, apenas alzó la cabeza. Sabía lo que venía.

—Has clamado a la diosa Ixtab —continuó ella, casi con un susurro, pero cada palabra era un golpe certero—. Sabes lo que eso significa. Sabes bien lo que buscas.

El silencio se hizo palpable en el aire, pero no era el silencio de la paz. Era el vacío opresivo de una sentencia sellada. Chan Ik'Tok' cerró los puños con fuerza, sus dedos enredándose en el vacío que no podía llenar.

—No te daré la oportunidad de hacer eso —Ix Ub'aah Uw acercó su cara hacia él hasta casi rozar su nariz, su voz ahora más suave, pero implacable—. No dejaré que viajes a la paz perpetua por tu propia mano, no te dejaré la puerta abierta al suicidio. Seré tu sombra.

La miró entonces, por primera vez en días, con una chispa de desesperación en sus ojos. Pero ella ya lo sabía, lo había visto todo. Una leve sonrisa fría cruzó su rostro.

—Así que, pierde toda esperanza —sentenció, su voz envolviéndolo como una araña—. Aquí permanecerás, bajo mi control, hasta que tu destino se cumpla.

Después de años de servidumbre bajo las órdenes del rey de Quiriguá, Chan Ik'Tok' caminaba entre las sombras de lo que alguna vez fue su espíritu. Había sido forzado a emplear su ingenio y talento como escriba, astrónomo, escultor y arquitecto, pero el arte que más amaba, el de la palabra bella, la poesía que fluía como un río cristalino, jamás volvió a renacer en él. Las cadenas invisibles que lo mantenían prisionero no solo ataban sus manos, sino también su corazón.

Su cuerpo, ahora envejecido y gastado por el paso implacable del tiempo, estaba marcado por arrugas profundas, como cicatrices de una vida vivida en lucha constante. Cada línea de su piel hablaba de batallas espirituales, que lo habían dejado minado, exhausto. Aquella imagen ya no correspondía al joven que alguna vez fue, y sus coetáneos, si lo hubieran visto, no habrían logrado reconocer al hombre frente a ellos.

Sus padres, hacía mucho tiempo muertos, solo eran sombras difusas en su memoria, recuerdos desvanecidos que se deslizaban entre los pliegues del olvido. Las presencias veneradas se habían perdido en aquella vorágine, sin ser culpables por ello y la vida tranquila que alguna vez despreciara y esa paz tan deseada ahora en su corazón herido, nunca más regresaron. La búsqueda de algo más grande, que lo había impulsado en su juventud, solo lo había dejado lleno de vacío.

Muerto el rey de Quiriguá, con más de 73 años, a Chan Ik'Tok', se le concedió la oportunidad de volver a Copán, su tierra, aunque nada de lo que había dejado atrás tenía el mismo significado.

Caminando con el paso lento del anciano en que se había convertido, hacia su territorio, los pensamientos se arremolinaban vigorosamente. El más fuerte y acuciante, saberse tan débil ante la fuerza implacable del destino. Con una sonrisa amarga, de burla hacia sí mismo, supo el sentido de su vida.

Aun cuando creía burlar al destino tomando atajos. Cuando sintiéndose victorioso se ufanaba ante sus adversarios. Cuando se alzaba en la corte con gran influencia. Cuando se creía digno del amor de una bella cortesana. Entendió que eran sólo pasos que confirmaban su destino. Las circunstancias recién sufridas de años de cautiverio al servicio de un rey al que despreciaba, pero al que estaba sujeto, fueron su purga y balance. También parte de su destino. Así que jamás se desvió de él.

Creyendo salirle por otro lado, sólo lo cumplía en un mandato inexorable. La misma Ix Ub'aah Uw en quien reconocía su némesis, era parte de ese destino, una pieza que los dioses habían movido en colisión hacia él para cumplir las sagradas cláusulas que le dieron y dan sentido a su existencia. Supo entonces que no hubiera podido vivir su vida de otra manera, a menos que dejara de ser quien pudo ser.

Así, sumido en aquel mar de cavilaciones caminó sin rumbo fijo, intuyendo esta parte de su vida como designio de los dioses, con cierto alivio en su alma. Convencido de que solo podía ser dueño de su destino, aceptándolo y cumpliéndolo tal cual le fue dictado.

Recuerda las caravanas que empezaron a llegar de Copán a Quiriguá durante su cautiverio. Cómo le llegaban noticias que, en ese momento le parecían tan distantes como el eco de una vieja canción.

—Dicen que el nuevo rey de Copán ha elevado a Waxaklajuun Ub'aah K'awiil al rango de deidad —murmuraba un comerciante, sus palabras mezcladas con el silbido del viento—. El héroe, el ancestro divino… Su legado vive entre nosotros.

Chan Ik'Tok' apretaba los puños. La sola mención del rey muerto aún lo atravesaba como un puñal. Sabía que, desde la caída de su amado y recordado soberano y amigo, algo en él se había quebrado para siempre.

—Los nobles de la corte, entre ellos un tal K'in Nah Taj, decidieron no buscar venganza —continuó otro—. En su lugar, han inmortalizado la grandeza del rey, incluso en su derrota.

Chan Ik'Tok' recuerda que apenas pudo contener una mueca de amargura. ¿Grandeza? se preguntó. Recordaba aquel día con dolor. Cuando vio cómo el rey, su rey, fue despojado de todo, incluso de su dignidad. Recordaba el llanto ahogado de sus cortesanos y la crueldad implacable de los enemigos.

—Elevan su figura —prosiguió el comerciante —pero no hay odio en ellos. Pactaron una relación de iguales con Quiriguá, mientras esta florece al amparo de Oxte'tuun, la ciudad de Calakmul.

Una relación de iguales... pensó Chan Ik'Tok', mientras las palabras lo golpeaban. Quiriguá, la ciudad que había manchado sus manos de sangre, que lo había encadenado a su destino, ahora caminaba hombro a hombro con Copán. Y el rey, que en su fatal desenlace había mostrado una grandeza que ni siquiera él como su consejero e íntimo pudo comprender del todo en su momento, era ahora venerado como un dios entre los suyos.

Pero ¿qué queda de mí? Se preguntó en silencio, mientras la tierra que tanto había anhelado volver a pisar se acercaba en el horizonte. He perdido mi alma entre las piedras y los glifos. Ahora que mis versos son sólo polvo y mi espíritu silencio, soy lo que hice de mí movido por las fuerzas y los dioses.

Con un humilde morral al hombro, trayendo apenas lo indispensable para sostenerse en su travesía, sin darse cuenta estaba a la ribera del río que surcaba los contornos del valle, aquel que una vez Yax K'uk' Mo' reclamara como suyo. Se detuvo en un recodo, donde el agua corría tranquila, y se inclinó para beber. Al alzar la cabeza, el reflejo que captó en la superficie lo detuvo en seco. Había algo en aquella figura que le resultaba en extremo familiar. Giró despacio, con el corazón latiendo desbocado, y entonces, como si el destino le tendiera una última emboscada, una voz conocida rompió el silencio.

—¿Chak Jol? —la voz era grave, pero cálida, con un tono de inseguridad.

Se volvió y allí, entre las sombras del crepúsculo, estaba K'in Nah Taj, su amigo de antaño, más viejo, vestido con las insignias de la nobleza, pero con la misma mirada sincera de siempre.

—Volviste —K'in Nah Taj lo observaba, con una mezcla de tristeza y esperanza en los ojos—. Te han creído muerto muchos en Uxwitik, pero quienes te conocemos hemos estado esperando.

Chan Ik'Tok', incapaz de articular palabra, simplemente asintió. Jadeaba. Las lágrimas, esta vez de alivio, cayeron silenciosamente sobre su rostro cansado. Aunque sabía que jamás recuperaría la poesía que había perdido, había algo en esa tierra que aún le pertenecía. Y, tal vez, solo tal vez, aún le quedaba una última canción por escribir.

Con desolación en el alma, al fin bajó la mirada hacia la tierra que alguna vez había sido suya. La voz de su amigo, cálida, rota por el llanto, como un bálsamo, apenas podía mitigar el dolor que le mordía por dentro.

—No podré jamás regresar a la ciudad —murmuró, su voz quebrada por el lamento y la culpa—. Fui pieza fundamental en la caída del rey. Desoí tus palabras de duda, K'in Nah Taj. Tú intentaste persuadirme, advertirme, pero yo, ciego, confié en signos falsos en lugar de escuchar tu voz preclara.

K'in Nah Taj dio un paso hacia él, sus ojos arrasados en lágrimas, pero aquel alzó la mano, deteniéndolo con una súplica silenciosa.

—No merezco nada de lo que la ciudad que me forjó pueda ofrecerme. Jamás podré saldar la deuda que contraje, ni aliviar la culpa que, como un veneno lento, me consume día tras día —las lágrimas se agolparon en sus ojos, pero esta vez no las dejó caer—. Vete, amigo. Mi destierro es la ofrenda que hago a una muerte lenta, pero justa, la única que merezco, aunque, aun así, desearía morir de un solo tajo, como mi amado rey.

El viento de la tarde sopló entre ellos cálido. K'in Nah Taj abrió la boca, intentando encontrar las palabras, pero no halló nada que pudiera cambiar el destino ya sellado en el alma de Chan Ik'Tok'.

—Déjame —concluyó su voz era apenas un hilillo—. No me busques. Sé dónde esconderme, y allí esperaré a la muerte.

Sin esperar respuesta, se volvió hacia el oeste, la brisa jugando con sus cabellos. Su figura se fue perdiendo en el horizonte, cada paso alejándolo de la vida que una vez conoció. K'in Nah Taj, con el corazón doliéndole por la despedida, no intentó detenerlo. El silencio que quedó entre ellos era más profundo que cualquier palabra que se pudiera haber dicho.

Y así, bajo el cielo que ya caía en sombras, K'in Nah Taj se quedó inmóvil, observando a su amigo que desaparecía en la distancia, para siempre.

CONTENIDO

www.ingramcontent.com/pod-product-compliance
Lightning Source LLC
Chambersburg PA
CBHW031455120626
46545CB00005B/1621